suhrkamp taschenbuch 140

Françoise Dolto wurde als Kinderanalytikerin bekannt durch ihr 1939 erschienenes Buch *Psychoanalyse und Kinderheilkunde,* das der Suhrkamp Verlag gleichzeitig in der Reihe »Literatur der Psychoanalyse« zum ersten Mal in deutscher Übersetzung vorlegt.
Wir haben es hier mit dem ganz seltenen Glücksfall des lückenlosen Berichts einer gelungenen Kinderanalyse zu tun. Dieser Bericht der berühmten Kinderanalytikerin läßt uns den erregenden Behandlungsprozeß miterleben, in dem ein vierzehnjähriger Junge, der wie ein Schlafwandler in einer völlig irrealen Welt lebt, allmählich die Realität zu akzeptieren lernt und ein wirklichkeitsgemäßes Verhältnis zu seiner Umwelt findet. Aus diesem Krankheitsfall und seiner Heilung werden vor allem Eltern, Lehrer und Erzieher viel über die Psyche des Kindes und über einen der aufregendsten Bereiche der Psychoanalyse lernen können.
Als Einführung in diesen Themenbereich erscheint ebenfalls in den *suhrkamp taschenbüchern* (st 119) E. C. M. Frijling-Schreuder, *Was sind das – Kinder?*

Françoise Dolto

Der Fall Dominique

Suhrkamp

Titel der Originalausgabe *Le cas Dominique*
Aus dem Französischen von Eva Moldenhauer

suhrkamp taschenbuch 140
Erste Auflage 1973

Druck: Ebner, Ulm · Printed in Germany. Umschlag nach Entwürfen von Willy Fleckhaus und Rolf Staudt

Inhalt

Erster Teil

Die klinische Geschichte

Zwölf Sitzungen psychoanalytischer Behandlung eines von Kindheit an apragmatischen Heranwachsenden. Protokoll und theoretische Reflexionen

In der psychoanalytischen Therapie sind die klinischen Schriften im Sinne von Sitzungsprotokollen äußerst selten. Doch die mündliche und graphische Dokumentation, die Freud uns von einigen seiner Fälle hinterlassen hat – bei der Kinderanalyse denke ich hier an den kleinen Hans, den Wolfsmann –, ist uns, neben theoretischen Folgerungen, die er daraus gezogen hat, eine große Hilfe. Damit öffnete er das Tor zu unserer persönlichen Reflexion und Kritik.

Heutzutage liest man viele kleine und kleinste Fragmente, die einer Gesamtheit von mehreren Hunderten Sitzungen entstammen; es sind Fragmente von Reden, Träumen oder Verhaltensweisen, die meistens dazu dienen, eine technische Untersuchung oder eine Diskussion über die Übertragung und die Gegenübertragung zu rechtfertigen. Über den Grund für die Auswahl solcher Fragmente kann der Kliniker nur den Kopf schütteln.

Im übrigen war ich immer der Meinung, daß die Mitwirkung anderer Psychoanalytiker bei der therapeutischen Arbeit von beträchtlichem Nutzen sein könnte, nämlich bei der spezifischen Arbeit, uns bei der Orientierung zu helfen, die ihren Sinn im genauesten Zuhören und in der größten Achtung vor allem findet, was der Analysand von seinem Unbewußten zum Ausdruck bringt. Auf diese Weise wird eine Kritik der unbewußt verfügbaren Aufnahmefähigkeit des Zuhörenden möglich, und so auch wird es uns möglich, die analytische Begegnung, die uns unsere Gegenübertragung stets verhüllt, in ihrer Authentizität wiederherzustellen.

In meiner Krankenhauspraxis habe ich festgestellt, daß diese Arbeitsweise (mit Zeugen) das Subjekt während der Psychotherapie mit mir nur dann störte, wenn mich selbst die Anwesenheit der Assistenten in der Spontaneität meiner Aufmerksamkeit und Rezeptivität störte.

In diesen Sitzungen protokolliert einer der psychoanalytisch geschulten Anwesenden alles, was auf beiden Seiten gesagt wird, vom Patienten wie vom Analytiker. Die Zeichnungen der Kinder werden sorgfältig aufbewahrt, ebenso Skizzen über den jeweiligen Stand ihrer Knetfiguren, die ich selbst im Laufe der Sitzung vor dem Kind anfertige. Die Rolle des Skriptgirls scheint undankbar zu sein, ist jedoch später von großem kritischem Interesse. Was die Mimik des Patienten wie des Therapeuten, die unbewußten, parallellaufenden Gesten und Handlungen betrifft, so können sie von allen vollständig beobachtet werden. Auf diese Weise ergibt sich ein richtigeres kritisches Verständnis aus dem späteren Studium solcher Sitzungen.

Bei einer derart modifizierten Technik der analytischen »Begegnung« müssen die Übertragungsreaktionen mit einer parallelen Anwesenheit rechnen, die zuweilen die Übertragung oder vielmehr ihre emotionalen Komponenten sichtlich ablenkt: mit der Anwesenheit und dem Zuhören der anderen Beteiligten. Die Eingriffe des Psychoanalytikers tragen dieser Tatsache offen Rechnung.

Alle diejenigen, die bei Kuren im Krankenhaus zugegen waren, wissen, welche Lehre man daraus ziehen kann und welche Entmystifizierung des Analytikers und der Analyse, nicht ohne persönliche Gegenübertragungsmechanismen, eine solche Zuhörerschaft ermöglicht. Sie wissen, welche persönliche Erfahrung mit den Modalitäten des residuellen Narzißmus des Analytikers, der in der analytischen Begegnung stets im Spiel ist, sie daraus gewonnen haben.

Leider läßt sich eine solche Technik nicht verallgemeinern, sowohl aufgrund von Widerständen wie aus der Sorge um das Berufsgeheimnis. Oft sind wir zu manipulierten und stark verkürzten Berichten genötigt, sowohl durch unsere eigene, willentliche Entscheidung wie aus narzißtischen Gründen, die uns bald erlauben, bald daran hindern, unsere Gegenübertragung anzuerkennen. Und das Problem bleibt immer, unsere Arbeitserfahrungen wahrheitsgetreu weiterzugeben.
Um zur psychoanalytischen Forschung beizutragen, hielt ich es für interessant, einen Fall in seiner Gesamtheit darzulegen. Das Dokument, das detailliert und mehr oder weniger im Telegrammstil aufgezeichnet wurde, ist einfach abgeschrieben worden. Die Skizzen den Knetfiguren habe ich selbst im Laufe der Sitzungen angefertigt; ich »skizziere« die verschiedenen Phasen der Knetform, welche die Rede des Patienten begleiten. Dieses Verfahren, das ich mir angewöhnt habe, ist für mich fast automatisch und setzt meine »gleichschwebende« Aufmerksamkeit frei.
Der Fall, von dem ich hier berichte, wurde nicht in der öffentlichen Sprechstunde im Krankenhaus behandelt; die Besonderheit der Übertragung auf mehrere Anwesende erhöht die Problematik, so daß ich es vorzog, einen Fall zu veröffentlichen, der in einem »Zweiergespräch« in der Sprechstunde einer medizinisch-pädagogischen Zentralstelle behandelt wurde. Daß ich diesen Fall ausgewählt habe, liegt an der geringen Zahl der Sitzungen, was die Lektüre nicht zu langweilig macht und mir ermöglicht, nichts auszulassen, so daß dem Leser ein authentisches Dokument vorliegt.
Der Unterschied zwischen diesem Fall und jenen, die zu Hause betreut werden, besteht darin, daß der Preis für die Sitzungen an eine Spendenkasse und nicht dem Analytiker selbst bezahlt wird. (Wir werden im übrigen sehen, wie diese Zahlungsweise einmal durch die Phantasie von der Bahnkarte in die Übertragung einging. Eine Summe wird über einen Schalter hinweg einem Sekretär überreicht, der eine Quittung aushändigt.) Die Termini und der Rhythmus der Sitzungen werden zwischen

dem Subjekt, seiner Familie und mir abgesprochen. Ausgefallene Sitzungen werden nicht bezahlt. In diesem Fall war an versäumten Sitzungen niemals das Subjekt selbst schuld, sondern entweder die Begleitperson oder kleine Schulferien, die mit dem vereinbarten Sitzungstag zusammenfielen. Einmal habe ich einen Termin verschoben, aus persönlichen Gründen.

Was die Auswahl dieses Falles betrifft, so könnte der Leser vielleicht glauben, es liege ein ganz besonderes Zusammentreffen realer Ereignisse vor; das ist ein Irrtum. In der Geschichte eines jeden Menschen, sei er nun ein Neurotiker oder nicht, gibt es viele besondere Ereignisse. Nicht diese Ereignisse sind psychoanalytisch bedeutsam, d. h. bedeutsam in der unbewußten Dynamik, welche die Entwicklung des Subjekts strukturiert; sondern die Art und Weise, wie das Subjekt aufgrund seiner derzeitigen Trieb- und Persönlichkeitsorganisation auf sie reagiert hat. Die in der Familie erlebten Ereignisse erhalten nur dann eine traumatische Bedeutung, wenn das Subjekt ihretwegen auf den verschiedenen Ebenen seiner libidinösen Entwicklung die humanisierende Kastration verpaßt.[1] Im folgenden Fall haben die Instanzen der sich herausbildenden Persönlichkeit in der elterlichen Umgebung nicht die zumindest verbale oder gestische Stütze gefunden, die für eine menschliche Symbolisierung kennzeichnend ist, eine Stütze für die verstümmelnde Hilflosigkeit, die in ihm Angst hervorrief. Im Gegenteil, seine Angst hat den Wert einer prinzipiellen Realität der familiären und sozialen Umwelt angenommen, für ihn ein Leidens-

1 Diese Worte werden, so hoffe ich, im Kontext klar werden. Ich meine damit, daß jedes menschliche Wesen im Laufe seiner Entwicklung schwere, aber dennoch notwendige Beschränkungen seiner Wünsche erfährt. Die Realität dieser Beschränkungen bringt wirkliches und imaginäres Leid, Empfindungen körperlicher Verstümmelung und Angst mit sich. Daraus erfolgt entweder eine pathogene Regression oder eine Progression (kulturelle und soziale Sublimierung), je nach dem Niveau des strukturierten Körperbildes des Subjekts, dem Niveau seiner Sprache und den Reaktionen, denen es in seiner Umwelt begegnet: Sprache, Verhalten, Worte und begleitende Angst.
Diese Vorgänge sind vor der Spiegelstufe ganz anders; denn hier weiß das Kind noch nichts von der Existenz seines Gesichts. Die Pathologie der Psychotiker bezieht sich, wie mir scheint, auf präverbale und präskopische Erfahrungen des eigenen Körpers. Dies ist bei Dominique der Fall.

Dominique hat die Statur seines Alters; er ist hoch gewachsen, aber nicht mager, braun; er hat sehr kurzgeschnittene dichte Haare, eine ziemlich niedrige Stirn und bereits Flaum um den Mund. Er hält sich nicht gerade, sondern etwas primatenhaft. Sein Lächeln ist stereotyp und seine Stimme »süßlich«, sehr hoch und bitonal, als hätte er keinen Stimmbruch gehabt. Er folgt der Mutter mit angewinkelten Ellbogen und abgeknickten Händen, wie Hunde es mit den Vorderpfoten tun, wenn sie darauf dressiert sind, auf den Hinterbeinen zu laufen. Der Knabe ist völlig desorientiert in Zeit und Raum. »Er ist nicht in der Lage, allein zu leben, er kann noch nicht mal auf die Straße gehen, um für seine Mutter kleine Besorgungen zu machen. Er ist so zerstreut, daß er im Schlafanzug aus dem Haus gehen würde und im Winter mit Mantel und Handschuhen zu Tisch käme, wenn man ihn nicht darauf aufmerksam macht.« Ein rätselhaftes Lächeln huscht bei halbgeschlossenen Augen über sein starres, ausdrucksloses Gesicht.
Sein älterer Bruder, der seit zwei Jahren in dieselbe Schule geht wie er und ihn immer begleitet, war einmal zerstreut gewesen (das war nur ein einziges Mal vorgekommen!), so daß Dominique sich verirrte und in einen anderen Zug stieg als sonst; er kam in irgendeiner Provinzstadt an, schaffte es jedoch allein, sich wieder nach Hause bringen zu lassen, während die Familie einen ganzen Tag lang in Sorge war. Wenn die Lehrerin ihn nicht daran hindert, folgt er nach Schulschluß irgendwem. Er selbst scheint nicht zu wissen, weshalb. Im übrigen antwortet er, wenn er spricht, nicht auf Fragen, wie wir sehen werden. Er hat Lesen gelernt, wir werden später erfahren, auf welche Weise; aber das ist auch alles. Vom Rechnen begreift er trotz fortschrittlichster pädagogischer Techniken absolut nichts, was ihm schwer zu schaffen macht: immer wieder sagt er sein Einmaleins auf, so gewissenhaft wie erfolglos. Die Mutter sagt, daß er manchmal eine wahre Verbissenheit an den Tag legt, um etwas zu lernen, andere Male verzweifelt aufgibt, weil er nichts behalten kann.
Er hat keine Freunde, aber auch keine Feinde. Zu Hause spielt

Von der Mutter mitgebrachte Zeichnungen
(aus der Zeit vor der Behandlung)

1

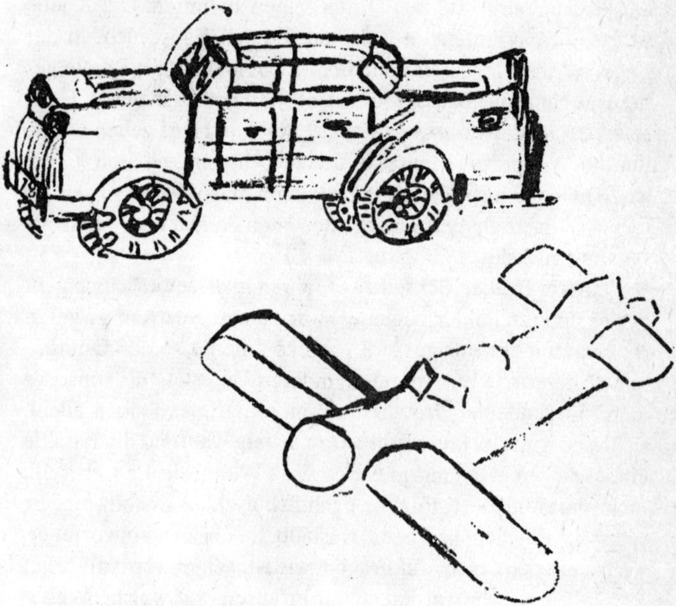

2

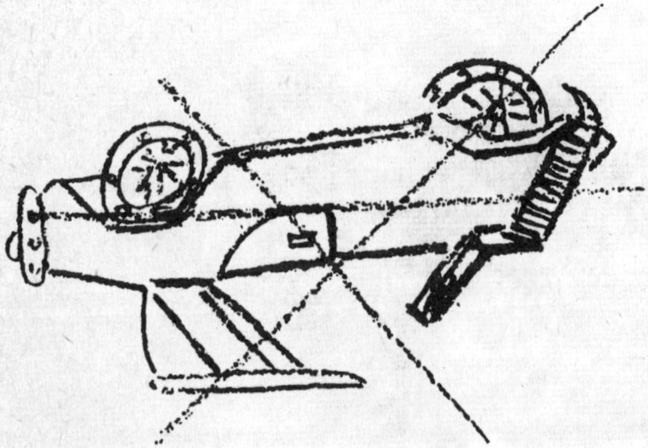

Geisterbahn auf
einem Jahrmarkt

Typus der stereotypen Knetfiguren aus der Zeit vor der Behandlung
(die Oberfläche, die sie einnehmen, ist immer sehr groß)
Höhe: 40 cm

3

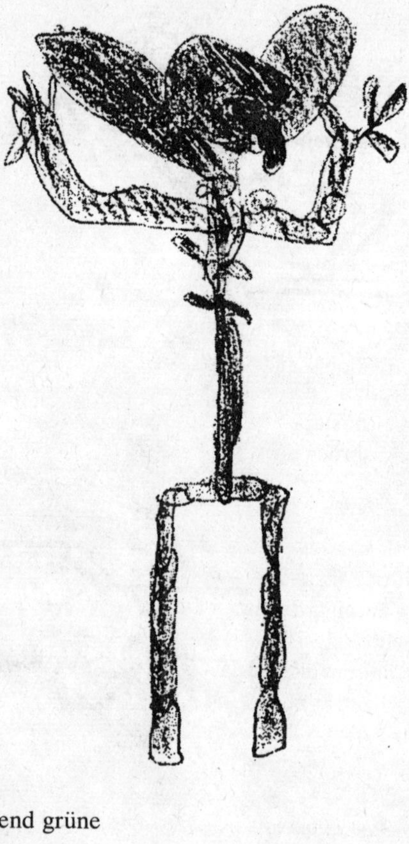

überwiegend grüne
Knetmasse

er ein wenig mit kleinen Autos, beschäftigt sich jedoch mit nichts Praktischem. Dabei ist er, sagt die Mutter, gar nicht ungeschickt mit seinen Fingern (?); vor allem zeichnet er gern. Auch knetet er gern: lange Schnüre, die er dann zusammensetzt. Seit einem Jahr »plagt ihn die Pubertät«, sagt die Mutter, obwohl er keinerlei Scham und keinerlei Neugier für sein Geschlecht zu haben scheint; doch dies sei nur »der Eindruck einer Mutter«, fügt sie hinzu. »Er liest gern und erzählt seit neuestem erfundene Geschichten, vielleicht will er damit den Eindruck erwecken, daß er viel Phantasie hat. Man hört ihm zu, um ihm Freude zu machen, oder tut vielmehr so, aber man begreift nichts.« In Wahrheit deliriert er mehr, als daß er fabuliert.
Dominique ist das zweite von drei Kindern. Das erste ist ein Knabe, Paul-Marie, zweieinhalb Jahre älter; das dritte ein Mädchen, Sylvie, zweidreiviertel Jahre jünger als Dominique. In den Notizen, die mir die Schule zukommen ließ, die Dominique seit zwei Jahren besucht, heißt es, er sei ein sanftes, leicht zu behandelndes, gutwilliges, völlig unbegabtes Kind; man bezeichnet ihn als sympathisch.

Der Mutter zufolge hat Dominique eine ausgezeichnete körperliche Gesundheit. Die Kinderkrankheiten, unter denen seine Geschwister stark gelitten haben, sind bei ihm nur schwach zum Ausbruch gekommen. Er verträgt jede Nahrung und jedes Wetter.

Auch die Schulzeugnisse sagen aus, daß das Kind körperlich gesund ist und auch charakterlich gesund war bis zur Geburt seiner kleinen Schwester; damals habe er starke Reaktionen der Eifersucht gezeigt, denen man die Zerrüttung seines derzeitigen Verhaltens zuschreibt. In einem Montessori-Kindergarten in der Nähe der elterlichen Wohnung, in den er sehr früh, schon vor der Geburt seiner Schwester kam, wurde er gut aufgenommen, und es gefiel ihm dort; doch nach zwei Monaten, die er während der Geburt seiner Schwester bei den väterlichen Großeltern verbracht hatte, wollte diese Schule ihn nicht mehr haben. Die Mutter versuchte es später mit anderen Kindergärten, doch keiner mochte ihn behalten.

Hier nun die Einzelheiten, die ich mir zu diesem Thema von der Mutter präzisieren lasse: Dominique fand, als er von seinen Großeltern zurückkehrte, den Platz in seinem eigenen Kinderbett, im Zimmer der Eltern, belegt, in dem er bis zu seiner Abreise geschlafen hatte. Er bekam ein großes Bett im Zimmer seines älteren Bruders. Er hat sich dazu nicht geäußert, jedoch eine sehr starke Reaktion gezeigt, als seine Schwester gestillt wurde; er riß ihr die Brust weg, weil er nicht sehen wollte, wie sie »Mama ißt«. Er fing wieder an, sich zu beschmutzen. Das Bettnässen hatte praktisch nie aufgehört, doch nun kotete er sich nachts auch ein, und tagsüber urinierte und defäkierte er in die Hose. Dies war im übrigen der Grund, warum er aus dem Kindergarten verwiesen worden war, während er sich vor seiner Abreise sehr gut in die Gruppe integriert hatte. Nach seiner Rückkehr beschmutzte er alles, war unerträglich, labil, aggressiv. So blieb das Kind in der Familie.
Im folgenden Sommer fuhr er mit seiner Mutter und seinen beiden Geschwistern zu den Großeltern (diesmal) mütterlicherseits. Es wurde ein grauenvoller Sommer: ständige Trotz- und Wutausbrüche. Diese Anfälle beunruhigten die Mutter wegen ihrer Heftigkeit; ständig mußte man ihn vor sich selbst schützen, und seine Schwester vor ihm. Es folgte eine Zeit der Stummheit und Schlaflosigkeit. Nach der Rückkehr ins elterliche Heim ging es wieder besser; er blieb in der Familie, und man konnte mit ihm auskommen. Als er sechs Jahre alt wurde, kam der Zeitpunkt, da man ihn zur Schule schicken mußte. Hier zeigte er sich überaus labil, hatte keine Kontakte mit anderen, war im übrigen aber nicht aggressiv; er beschmutzte seine Hefte, machte wieder in die Hose, nachdem es seiner Mutter inzwischen gelungen war, ihn zur Sauberkeit zu erziehen. Angesichts dieser Unangepaßtheit hatte ihn die Lehrerin nach einigen Monaten zum ersten Mal zur Untersuchung in die neuropsychiatrische Abteilung für Kinder in einem Pariser Krankenhaus geschickt.
Dort unterzog man das Kind psychotechnischen Tests, verschiedenen Prüfungen und einem EEG; bei alldem kam nichts

Pathologisches zum Vorschein. Der Arzt verschrieb Medikamente, durch die er reizbar und schwierig wurde, während er bisher zwar labil, aber sehr lieb war. Nun wurde eine Psychotherapie durch eine Psychoanalytikerin beschlossen. Dieser Behandlung unterzog er sich sechs Monate lang zweimal wöchentlich. Man entdeckte die alte Eifersucht, die seit langem nicht mehr klinisch sichtbar war. Deshalb auch konnte die Mutter uns so viel darüber erzählen: damals wurde sie aufgefordert, sich an alles zu erinnern, was vorgefallen war, sowie an das Verhalten ihres Kindes im Alter von zweieinhalb bis drei Jahren, an all das, was sie zu jener Zeit einer vorübergehenden Überbeanspruchung durch den Luftwechsel und dem Wachstum zugeschrieben hatte; denn sie hatte zunächst keinen unmittelbaren Zusammenhang zwischen der Charakterstörung und der Geburt der Schwester gesehen, um so weniger, als die Eifersucht sich nicht zu erkennen gegeben hatte.
Mit Hilfe der Psychoanalytikerin hatte sie die Etappen der schweren Prüfung, die ihr Kind durchgemacht hatte, verstanden und deutlich ins Gedächtnis zurückgerufen, und noch heute spricht sie voller Mitgefühl davon. Doch sie fragt sich, ob es wirklich »das« (eine psychotherapeutische Behandlung) war, was er brauchte, denn im ganzen war keine Besserung eingetreten. Der Knabe war vor der Behandlung sehr lieb und war danach sehr lieb. Es hieß, sein geistiges Niveau sei gut. Er konnte sich gut ausdrücken. Nur war er nicht gesellig. Er mochte die Schule nicht. Noch immer urinierte er ins Bett und beschäftigte sich mit nichts. Verträumt und passiv verweigerte er alle Kontakte, ohne die anderen zu stören.
Nach sechs Monaten dieser Psychotherapie, die keine Besserung brachte, soll die Psychoanalytikerin geraten haben, die Behandlung abzubrechen: die Dinge würden sich mit der Zeit ändern; man solle ihm die Gewißheit geben, genauso geliebt zu werden wie seine kleine Schwester, man solle sie »gleich« behandeln und ihn wieder zur Schule schicken. Das geschah.
Er ging also die ersten beiden Jahre, von 6 bis 7 und von 7 bis 8, in die Grundschule, ohne lesen zu lernen und ohne viele

Kontakte zu haben; draußen war er brav und furchtsam, in der Schule blieb er den anderen fern. Zu Hause war er sehr »lieb« zu seiner kleinen Schwester und bewunderte gutwillig, im Chor der Familie, alle ihre Fortschritte. Die Psychoanalytikerin soll auch den Rat gegeben haben, ihn eventuell, falls es nötig erscheine, nach einiger Zeit aufs Land zu schicken; denn das Kind liebte die Tiere sehr. Angesichts seines schulischen Versagens hatten sich die Eltern an diesen Rat erinnert und ihn für ein Jahr zu den väterlichen Großeltern geschickt, die in der Gegend von Perpignan lebten. Dort sah er die Kinder seiner väterlichen Tante. Er war übrigens sehr froh darüber und soll dort sehr glücklich gewesen sein. Als er mit 8 Jahren zurückkam, konnte er lesen, fand aber zu Hause eine kleine Schwester vor, die nun ihrerseits zur Schule ging und in seiner Abwesenheit Fortschritte gemacht hatte: er verlernte wieder das Lesen. Nun ist sich die Mutter, wie sie erklärt, völlig darüber klargeworden, daß er an Eifersucht litt, sobald er nicht allein mit ihr war. Sie hat sich um ihn gekümmert, soviel sie konnte, sich an die erhaltenen Ratschläge erinnert und ihn soweit irgend möglich verwöhnt, um ihm zu zeigen, daß seine Schwester nicht vorgezogen wurde. Doch der Erfolg in der Schule blieb aus. Dabei hatte die Mutter in der Grundschule eine verständnisvolle Lehrerin für ihn gefunden. Mit deren Hilfe lernte er wieder lesen, und vier Jahre lang, von 8 bis 12, blieb er bei dieser Kenntnis stehen, was ihm erlaubte, sich in Geschichts- und Märchenbücher zu vertiefen, seine einzige Lektüre.

Seit dem 8. Lebensjahr hat sich sein Charakter nicht verändert. Er ist immer noch ein fügsames Kind, nur muß man alles für ihn tun, er ist zerstreut, kümmert sich überhaupt nicht um sich; er würde sogar vergessen, zu essen, sich anzuziehen, sich zu waschen; er hat keinerlei Gedächtnis und macht immer noch ins Bett, was sehr unangenehm ist. Es sieht so aus, aber das weiß man nicht bestimmt, als sei das Bettnässen bei der väterlichen Großmutter mit 8 Jahren kein Problem gewesen, »aber da lebte er ja auf dem Land«. Er spielt mit sich allein, indem er sich Geschichten erzählt, die keiner versteht, die ihn aber sehr zu belustigen scheinen. Er jagt gerne Angst ein, verkleidet sich gern »als Geist«, aber niemand achtet mehr darauf, und er ist sehr enttäuscht, daß er nicht wirklich die Angst einjagt, die man zuweilen vortäuscht, um ihm Freude zu machen. Er hat keine Alpträume, schläft gut. Das Essen ist kein Problem, scheint auch nie eins gewesen zu sein, nicht einmal zur Zeit seiner ersten schweren Störung mit Stummheit, Schlaflosigkeit und absoluter Inkontinenz. Er ißt, was die Mutter ihm auf den Teller tut, ganz gleich was, zerstreut, sauber.

Die Mutter sagt auch, er habe, »was die Ärzte Phobien nennen«, panische Ängste, z. B. Angst vor Fahrrädern; nicht um die Welt würde er versuchen, eins zu besteigen; er hat auch Angst vor Pferdekarussells. Wenn er in Panik gerät, preßt er sich an die Mutter und wagt keinen Schritt mehr vor oder zurück. Doch bei einem Dorffest war er fasziniert von der Geisterbahn: geradezu ekstatisch, kein bißchen in Panik. Die Mutter sagt auch, daß er Ticks habe, immer dieselben sinnlosen Gesten (welche?), oder vielmehr Manien, merkwürdige Verhaltensweisen. Einige Dinge dürfen nicht von ihrem Platz verrückt werden, und die schmutzige Unterwäsche muß man ungewaschen wieder in den Schrank legen. Ihm graut davor, daß seine Socken und seine Wäsche durchs Wasser gezogen werden. Er wechselt sie zwar bereitwillig, aber er möchte, daß seine schmutzige Wäsche gleich wieder aufgeräumt wird, damit er sie in der nächsten Woche, so wie sie ist, wieder anziehen kann. Er hat eine panische Angst vor dem Baden, aber gar nicht vor dem Hände- und Gesichtwaschen, bei dem ihm die Mutter noch helfen muß.

Dominique hat nicht nur keinerlei Begriff vom Rechnen, sondern auch kein Gefühl für Proportionen: z. B. meint er, daß man in eine große oder eine kleine Schachtel unterschiedslos etwas Umfangreiches und Großes packen kann. Er ist sich nicht klar darüber, was ihrer Form und Dimension nach in einer Schachtel enthalten sein kann oder nicht. Auch hat er keinen Begriff vom Wert des Geldes. Es fehlt ihm an logischer Strukturierung. Das einzige, was er richtig kann, ist Zeichnen; seine

Strichführung ist gut, man erkennt die dargestellten Gegenstände (immer die gleichen), und die Eltern hoffen, daß man ihm später einen Beruf »im Zeichnen« geben kann.
Die Ärzte, die ihn sahen – er hat zahllose EEGs hinter sich –, ihn betreuten, sowie die Krankenkasse, wo er kürzlich zwei Tage hintereinander untersucht worden war – sie alle sagen der Mutter dasselbe: daß man diesen Fall nicht verstehe. Man vermutet, daß »es sich geben werde«, etwa mit 11 oder 12 Jahren, wenn der Knabe heranwachse; doch nur das Bettnässen hat im Sommer zwischen dem 11. und 12. Lebensjahr aufgehört, zur gleichen Zeit, als er in die Pubertät kam, die Mutter hat das an den Pollutionen in den Laken gemerkt; doch der Knabe hat nichts dazu gesagt. Er hat nie onaniert. Alle Ärzte haben ihr diese Frage gestellt, sie wußte nichts davon. Sie hat ihn nie dabei gesehen. Er kennt keine Scham; und wie wir sehen werden, ist sie darüber sehr zufrieden.
Dominique ist auf seinen Vater »fixiert«, wie sie sagt. Es ist übrigens das erste Mal, daß von diesem gesprochen wird, doch mehr sagt sie dazu nicht. Er soll seinem mütterlichen Großvater ähneln, der braun ist wie sie, die Mutter, worunter er, ihr zufolge, sehr leidet; der Vater, der Bruder und die Familie des Vaters, die Bels, sind groß und blond.
Im übrigen flieht Dominique die körperliche Berührung mit ihr und allen, und zwar von klein auf, wie es ihr bei einigem Nachdenken vorkommt, schon vor der Geburt der kleinen Schwester: außer in den Augenblicken seines panischen Schreckens vor den Karussells oder den Fahrrädern, wo er sich an sie oder irgend jemand anderen kauert, wenn sie nicht da ist.
In den Schulen, die er seit seinem 6. Lebensjahr besucht hat, konnte man sich nie über ihn beschweren; doch zu Hause macht er das Leben unerträglich, ohne daß man genau wüßte, auf welche Weise. Unerträglich heißt, daß er alles durcheinanderbringt. Dabei weint er nicht, klagt über nichts; doch seine Anwesenheit macht das Leben beschwerlich; aber wenn man es recht bedenkt, tut er nichts besonders Unerfreuliches. Die Mutter kann nicht so recht erklären, warum das Leben uner-

träglich ist. Ihre eigene Mutter, die mütterliche Großmutter also, sagt ihr, das komme nur daher, daß man ihm alles hat durchgehen lassen, als die kleine Schwester geboren wurde, man hätte ihn damals lieber bändigen sollen, nicht mit ihm sprechen, wenn er nicht sprechen wollte, ihn nicht waschen, wenn er sich schmutzig machen wollte, sich nicht um ihn kümmern, wenn er nicht schlafen wollte, etc. In Wahrheit ist die Mutter durch ihre eigene Mutter sehr verunsichert, weil sie Dominique vielleicht keine gute Mutter gewesen ist. Auch die erste Psychotherapie hatte sie sehr verunsichert, weil sie nichts von der für ihren Sohn so leidvollen Eifersucht geahnt hatte. Heute zögert sie, die Möglichkeit einer erneuten Behandlung ins Auge zu fassen, wenn davon die Rede ist. Sie fürchtet im übrigen, daß ihr Mann nicht damit einverstanden ist, denn er glaubt nicht sehr an die »Medizin«. Er hat sich damit abgefunden, daß sein Kind geistig zurückgeblieben bleiben werde. Im übrigen ist sie nicht in die psycho-pädagogische Zentrale gekommen, um ihn behandeln zu lassen (vor einigen Wochen hat die Krankenkasse eine medizinische Bilanz gezogen, ohne zu einer Behandlung zu raten), sondern um eine schulische Lösung für das kommende Jahr zu finden. »Was tun?« Der ältere Bruder wird nämlich von der Schule gehen und kann Dominique dann nicht mehr in seine Sonderschule bringen. Dominique hätte dort bleiben können; man wollte ihn gern behalten, denn er stört die anderen nicht; aber er ist nicht imstande, allein hinzugehen, man muß morgens und abends mit dem Zug fahren. Und auch die Mutter kann ihn nicht begleiten, denn sic kann ihre »Tochter nicht allein lassen«. Sie sucht also ein Heim oder etwas Ähnliches, das sich für diesen Fall eignet, und das ist der Grund dafür, daß sie in die Zentrale gekommen ist; die erste Person, die Mutter und Sohn dort gesehen hat, bat um meine Meinung. Madame Bel erwartet also von mir den Hinweis für die Unterbringung in einem Sonderschulheim.

Ich bitte die Mutter um nähere Angaben über sich und ihren Mann:

Die Mutter ist die einzige Tochter eines Ehepaares, das in Afrika gelebt hat, wo der Vater eine Stellung hatte. Ihre Eltern wohnen heute im Osten Frankreichs, der Gegend ihrer Herkunft. Ihre Kindheit hat sie in Äquatorialafrika verbracht, wo ihr Vater Unternehmer war, dann im Kongo, wo sie in ein Pensionat ging. Sie hat ein sehr freudloses Leben gehabt. Sie sagt, ihre einzige glückliche Zeit sei im Kongo gewesen, da war sie in einem Nonnenpensionat, wo sie den ersten Teil ihres Abiturs machen konnte. Als die Familie infolge des Kriegs heimgekehrt war, wollte sie Lehrerin werden wie die Nonnen, die sie erzogen hatten, und bereitete sich im nichtbesetzten Frankreich auf eine Deutschlizenz vor, nachdem sie den zweiten Teil ihres Abiturs in einer Stadt im Osten bestanden hatte. Mit 18 Jahren fühlte sie sich so schlecht, daß sie sterben wollte und dick zu werden begann. Sie wog etwa 98 kg (bei 1,65 m) und war sehr unglücklich, konnte sich weder anziehen noch kämmen, war äußerst schüchtern. Ihren Unterhalt verdiente sie bereits als Deutschlehrerin, als sie ihren Mann kennenlernte, einen ehemaligen Gefangenen, der geflohen war. Er studierte an einer Ingenieurschule, lebte dort allein, auch von seiner Familie entfernt. Sie meint, daß sie ungeheures Glück gehabt hat, ihrem Mann zu begegnen, sie seien beide »Zwillinge im Leid der Jugend«. Eigentlich wollte sie ihr Studium beenden, aber sie wurde sofort schwanger. Sie hat Paul-Marie zur Welt gebracht, der keine Probleme stellte, dann Dominique, der ein Wunschkind war, außer daß man eher ein Mädchen erwartet hatte, mehr nicht.

Dominique: über sein Säuglingsalter ist nichts zu berichten. Er war ein strammes Baby, sowohl hinsichtlich des Gewichts wie der Vitalität; aber sie muß »gestehen«, daß sie ihn sehr häßlich fand, denn er war behaart und braun wie ihr Vater. Sie hat ihn ein Jahr lang gestillt, mit einem Jahr konnte er laufen, er bekam sehr früh Zähne, konnte im normalen Alter sprechen, vielleicht sogar etwas früher, eigentlich sprach er schon vor der Entwöh-

nung recht gut. Dagegen haperte es mit der exkrementiellen Sauberkeit, die der Ältere »gleich« erworben hatte, denn dieser hat fast nie seine Windeln beschmutzt. Dies ist wohl sehr relativ zu verstehen, denn sie sagt, daß Dominique bei der Geburt der Schwester mit zweieinhalb Jahren »wieder angefangen« hat, sich zu beschmutzen; also war er vorher sauber.
Sie spricht von einer Übergangszeit des »Schmutzes«, die sie »Enkopresis« nennt, mit 20 Monaten. Bei einigem Nachdenken war es die Zeit, als sie mit der Kleinen schwanger wurde. Sie fügt hinzu, daß Dominique wieder sauber wurde, als sie ihn in die Montessori-Schule gab und als er bei seiner väterlichen Großmutter war, zu der sie ihn am Ende ihrer Schwangerschaft und bei der Geburt von Sylvie geschickt hatte. Doch sobald Dominique wieder nach Hause kam und die kleine Schwester vorfand, hat er nicht nur all die beschriebenen Regressionen gezeigt, sondern wollte auch in Windeln gewickelt werden wie seine kleine Schwester, an der Brust saugen wie sie, im übrigen alles Dinge, denen sie damals nachkam. Es änderte nichts. Außerdem konnte er fast nicht mehr sprechen. Das hat sich nach und nach wieder gelegt, die Stummheit dauerte nur einen Moment, höchstens einen Monat. All dies war ihr zur Zeit der ersten Behandlung von Dominique wieder eingefallen, als man ihre Aufmerksamkeit auf die Periode vor Sylvies Geburt gelenkt hatte.
Die Mutter fügt hinzu, daß es einmal so ausgesehen habe, als würden die Dinge sich plötzlich ändern. Es war einige Zeit nach der Geburt seiner Schwester, als er aus den Sommerferien zurückgekommen war und der Umzug in eine größere Wohnung stattfand. In diesem neuen Haus hat Dominique angeblich sofort wieder sprechen können, ist wieder artig und sauber geworden, abgesehen vom nächtlichen Bettnässen.
Dominique hat einen gleichmäßigen Charakter, er lacht nie, höchstens für sich allein. Er weint nie, ist manchmal unruhig, wütend, wenn Dinge getan werden, die er nicht leiden kann, aber er sagt es nicht. Man sieht es ihm an. Sie kennt ihn gut. Über ihren Mann sagt Madame Bel, daß er seit der Geburt von

Dominique »im Industrieexport« arbeite. Seit ihr Mann diese Stellung hat, ist sie sehr einsam; »ich bin Vater und Mutter gleichzeitig«. Ihr Mann ist zu sehr »wechselnden« Zeiten zu Hause; man weiß nie, ob er am Abend heimkommt, manchmal bleibt er 14 Tage oder einen Monat weg, ohne es anzukündigen. Man darf auch in seinem Büro nicht anrufen, weil ihn das stört. »Anfangs fiel mir das schwer, doch Gott sei Dank habe ich die Kinder. Da wir uns sehr gut verstehen, sehen die Kinder nicht den Unterschied, und außerdem, es fehlt ihnen an nichts, auch wenn der Vater nicht da ist.«

Geldsorgen kennen sie nicht, denn ihr Mann hat eine sehr gute Stellung. Um mir ein Bild von ihrer Lebensweise zu geben, sagt sie: »Gestern abend zum Beispiel, da ist mein Mann um Mitternacht heimgekommen, wir haben bis zwei Uhr morgens geredet, und um sechs Uhr früh ist er mit seinem Koffer schon wieder weggefahren. Die Kinder haben ihn nicht gesehen, dabei war er schon 14 Tage nicht mehr zu Hause.« Ein weiteres Beispiel: »Es war abgemacht, daß er die Pfingstferien mit uns zusammen verbringt. Die Kinder freuten sich schon darauf, ja und dann kam morgens um sieben ein Telefonanruf, und er mußte weg; sein kleiner Koffer ist immer gepackt.« Er ist Ingenieur, muß oft nach Deutschland reisen, meistens dringend; immer ist er bereit, auf einen Telefonanruf hin irgendwohin zu fahren. Es sind zwei assoziierte Ingenieure, der andere ist ein tüchtiger Mann einfacher Herkunft, Ingenieur einer großen Schule, wo man einen höheren Titel erhält, als ihr Mann einen hat. Dieser andere Mann, glaubt sie, führt eine unglückliche Ehe; er hat eine reiche Frau geheiratet; ihre Kinder sind von klein auf im Internat, und der Mann interessiert sich nur für seine Arbeit. Er und ihr Mann sind eher Freunde als Geschäftspartner. Sie können sich aufeinander verlassen. »Aber trotzdem, mein Mann, soviel er zu tun hat, er schafft es immer, wenn es sein muß: bei den Entbindungen war er immer da. Ich kann mich auf ihn verlassen, wenn es nötig ist. Er bleibt bei den Kindern und kümmert sich um den Haushalt, und dann ist er sehr mütterlich mit ihnen. Letztes Jahr konnten wir 14 Tage zusammen

in Ferien fahren, wie das Jahr davor, wo wir, ich und die Kinder, zum ersten Mal mit ihm zusammen Ferien gemacht haben. Wenn mein Mann zu Hause ist, faßt er mit an; er arbeitet gern im Garten, er bastelt gern und fährt gern Boot. Mein Mann mag Kinder, wenn sie klein sind, aber er mag es nicht sehr, wenn die Kinder ihm helfen, denn er macht gern eine ordentliche Arbeit, bei der was herauskommt, und dabei stören ihn die Kinder ein bißchen; und da er zu Hause wenig Zeit hat, kann er sich nicht um sie kümmern und nicht viel mit ihnen reden; doch durch mich ist er über alles auf dem laufenden, und er hat volles Vertrauen zu mir.«
Ich frage sie, wie sie mit seiner häufigen Abwesenheit fertig wird. Sie sagt: »Gott sei Dank habe ich viel zu tun, da sind die drei Kinder, ich mache alles selber, das gefällt mir, und dann habe ich viel zu tun mit meiner Tochter; ich kümmere mich um ihre Schularbeiten, sie braucht mich sehr; und da ist auch das ganze Haus. Natürlich sehen wir zu Hause keine Leute; und deswegen sieht auch Dominique außer seinem Vater keinen anderen Mann, denn in der Schule hat er immer nur Lehrerinnen gehabt. Ein- oder zweimal im Jahr sind wir bei dem Ingenieur eingeladen, der mit meinem Mann zusammenarbeitet, sonntags; wir nehmen den Ältesten und Sylvie mit, aber Dominique nicht, weil das meinen Mann vor der Frau seines Chefs genieren würde. Die drei Kinder bewundern ihren Vater sehr, sie mögen die Bootsfahrten in den Ferien, außer Dominique, er hat Angst vorm Wasser, obwohl er die Schwimmbewegungen kann; Dominique spielt dann am Strand in einem Club, wo Kinder betreut werden, während wir mit meinem Mann Boot fahren.«

Ihre Eltern? Deren Charakter?

Von ihrer Mutter erzählt sie nichts; ihr Vater sei sehr streng mit ihr gewesen, als sie jung war; aber seit sie verheiratet ist, zerreißt er sich fast, um ihr eine Freude zu machen; »aber ich bin überzeugt«, sagt sie, »wenn es zwischen mir und meinem Mann zu einer Meinungsverschiedenheit käme, dann würde er meinem Mann recht geben, denn mein Vater und meine Mutter haben meinen Mann wie einen Sohn aufgenommen, den sie leider nie bekommen haben. Meine Eltern wollten kein Mädchen!«

Ihre Schwiegereltern?

Sie sagt, daß sie in den Pyrenäen leben. Ihr Schwiegervater ist ein pensionierter Offizier, mit dem man nicht diskutieren darf; er hat immer recht; aber er scheint herzensgut zu sein. Ihr Mann versteht sich nicht mit seinem Vater. Beide haben ihre eigenen Ideen und reden lieber nicht miteinander. Der Ehemann, Georges, ist der älteste Sohn und heute 42 Jahre alt. Er hatte eine schwierige Kindheit: Offizierssohn, siebzehn Umzüge, kein glänzender Schüler, wie es scheint, doch damals kümmerte sich niemand darum, und trotz miserablen Zeugnissen wurde er immer wieder versetzt, um so mehr, als er jedes Jahr in ein anderes Gymnasium kam. In der Familie gab es mehrere Tragödien: »Der nächst jüngere Bruder meines Mannes starb an einem Unfall, als er eineinhalb Jahre war, mein Mann war damals fünf. Das Baby hatte einen Teil der Eisenbahn verschluckt, mit der mein Mann gerade spielte.« Ihr Mann hat ihr erzählt, daß er sich ganz genau daran erinnern könne und daß diese leere Wiege ihn furchtbar getroffen habe. (Behalten wir das im Auge, denn diese berüchtigte Wiege wollte er zwischen seinen eigenen Kindern nie leer lassen; Paul-Marie hat seine Wiege nur geräumt, um sie Dominique zu überlassen; diese leere Wiege im ehelichen Schlafzimmer hätte den Vater zu sehr getroffen. So wie Dominique sofort den Platz von Paul-Marie eingenommen hatte, so hat Sylvie dann Dominiques Platz eingenommen, als er zu seiner mütterlichen Großmutter gefahren war, ohne daß man ihm vor dieser dritten Geburt ein eigenes Bett gekauft hätte.) So durften die Kinder, als sie klein waren, nicht mit der

Eisenbahn spielen, wegen der Erinnerung und der möglichen Gefahr; »aber es sieht so aus, als ob die Angst meines Mannes jetzt vorbei sei, denn seit einigen Jahren haben wir eine elektrische Eisenbahn im Haus, und mein Mann scheint nicht mehr an Unfälle zu denken.«

Nach diesem verunglückten Bruder wurde eine Schwester geboren, die sieben Jahre jünger ist als Georges und Monette genannt wird, fast der gleiche Spitzname wie der von Madame Bel. Sie ist verheiratet und lebt bei ihren Eltern. Sie hat fünf Kinder; eigentlich wären es sechs, aber auch hier ist ein Unglück passiert. Ein Knabe hatte die »blaue Krankheit« und starb mit 6 Monaten, als Dominique gerade dort war; und da sie aus Prinzip ihren Kindern immer die Wahrheit sagt, im Gegensatz zu ihrer eigenen Mutter, die behauptet, man dürfe ihnen nicht die Wahrheit sagen, weder über das Leben noch über den Tod, wollte Madame Bel, daß Dominique seinen toten kleinen Vetter sieht; sie hat ihm erklärt, wie er begraben wird und wie sich sein Körper in Erde verwandelt; damals war er acht Jahre alt.

In der Familie Bel gibt es also nur noch ihren Mann und ihre Schwägerin, zwei Kinder von vier: denn Monsieur Bel hat noch einen zwölf Jahre jüngeren Bruder gehabt; aber der ist in den Bergen verschwunden, als er 17 war, genau in dem Jahr von Dominiques Geburt. Es war eine schreckliche Tragödie gewesen, die sie wie folgt erzählt: »Er war mit seiner Schwester und einem jungen Mann in die Pyrenäen gegangen, und als sie gerade auf einem Pfad am Berghang waren, hat sein Kamerad einen schönen Dolch verloren, der ins abschüssige Gestrüpp gefallen ist. Mein Schwager hat gesagt: ›Ich suche ihn und werde ihn schon wiederfinden, geht nur weiter, ich komme auf einer Abkürzung nach‹, und man hat ihn nie wiedergefunden. Man dachte, er sei für einen spanischen Flüchtling gehalten worden oder hätte das Gedächtnis verloren; man hat in Francos Gefängnisses nachgeforscht; drei Jahre lang haben seine Eltern noch Hoffnung gehabt. Man konnte ihn nicht für verstorben erklären, denn es braucht drei Jahre, glaube ich, bis ein Vermißter für verstorben erklärt werden kann. Es war furchtbar, eine schreckliche Qual, ich ging gerade mit Dominique schwanger. Drei Jahre später, als ich meine Tochter erwartete, wurde auf dem Friedhof ein Marmorstein aufgestellt, zur Erinnerung an Bernard, aber eine kirchliche Feier konnte man nie abhalten, weil man immer noch die vage Hoffnung hatte, er könnte vielleicht noch einmal auftauchen. Meine Schwiegereltern sind fromm katholisch, meine Eltern praktizieren nicht; ich praktiziere wegen der Nonnen, die mich aufgezogen haben.«

Ihre anderen Kinder?

Sie sagt, daß der Älteste Maler werden möchte, daß er seit zwei Jahren in der Schule schlecht arbeitet, doch daß sein Vater ihn zuerst zwingen wollte, sein Studium fortzusetzen: trotz dem Rat der Schule, wo man der Ansicht war, daß er niemals ein Examen bestehen würde, das zu einem höheren Studium berechtigt. Er ist in der dritten Klasse. Er muß aufgeben, was übrigens beschlossene Sache ist für das nächste Jahr, trotz dem Wunsch des Vaters; und ebendeshalb muß Dominique anderswo untergebracht werden. Der Vater, der nach seiner Flucht aus Deutschland Ingenieur geworden ist, wäre lieber Zahnarzt oder Dekorateur geworden, doch das Studium hätte zu lange gedauert. Paul-Marie, der älteste Sohn, hat einen sehr sicheren Geschmack in der Kleidung, wie sein Vater; die Mutter dagegen behauptet von sich, überhaupt keinen Geschmack zu haben. (Notieren wir, daß Dominique keinen »Geschmack« für die Dinge des Mundes hat.) Über ihren ältesten Sohn sagt sie: »Er ist ziemlich reif für sein Alter, und er mag keine Mädchen; er kann nicht verstehen, daß die Buben mit den Mädchen flirten, und es geht über seinen Horizont, daß ein Mann und eine Frau miteinander schlafen.«
Er ist zu »prüde«, und sie wiederholt: »Er ist auch sehr reif für sein Alter, ich glaube, das kommt daher, daß wir viel zusammen sind.«

Mehrere Male kehrt das Wort »*wir*« wieder; sie und ihr ältester Sohn bilden ein Paar. »Beunruhigt es Sie, daß er ein Frauenfeind ist?« – »Nein, seine Haltung gegenüber Mädchen stört mich nicht sehr, denn mein Mann ist genauso, er findet es sehr gut, wenn die einzige Frau, die ein Mann kennenlernt, zum ersten Mal und für immer, seine Frau ist. So war es auch bei uns beiden, und mein Mann interessiert sich nicht für Frauen, da kann ich beruhigt sein. Er hat nur mich und seine Arbeit.« Paul-Marie verkehrt mit Kameraden, spielt Gitarre, tanzt gern, aber er schätzt Mädchen nur in ästhetischer Hinsicht. Er wird eine Zeichenschule besuchen.

In diesem Augenblick spricht sie etwas ausführlicher von Dominique.

Sie sagt: »Er hat ein Gefühl für den Rhythmus; wenn sein Bruder Freunde zu Besuch hat, die Schallplatten mit Tanzmusik spielen, dann tanzt Dominique ganz allein im Nebenzimmer; aber wenn er merkt, daß man ihn sieht, hört er sofort auf. Dominique ist sehr scheu: auf der Straße läuft er immer zehn Meter vor uns her, wenn wir zusammen ausgehen, immer an den Mauern entlang, aus Angst vor den Autos, oder zehn Meter vor seinem Bruder her, wenn sein Bruder mit ihm geht, und sein Bruder mag das nicht, weil er dann in den falschen Bus oder den falschen Zug steigen könnte. Heute war Dominique sehr ängstlich. Man hatte ihm gesagt, daß er eine Frau Doktor sehen werde. Er hat Angst, daß es ein Arzt für Verrückte ist, und fürchtet sich, daß man ihn behält und einsperrt.« Er hat seiner Mutter gesagt: »Ich bin intelligent, aber ich bin nicht gebildet, und man schickt mich in eine Schule mit zurückgebliebenen Kindern«, und sie sagt: »Das beweist, daß er den Sinn der Sätze nicht versteht, die er wiederholt.«

»Sie sieht meinem Mann sehr ähnlich. Sie opfert sich gern auf, sie möchte Ärztin werden, sie ist nicht sehr geschickt mit ihren Händen, aber sehr geschickt beim Kochen und in der Säuglingspflege. Sie lernt gern und hat viele Freundinnen.« Hat sie, die Mutter, Freundinnen? »O nein, dafür habe ich keine Zeit, und ich war zu lange in den Kolonien, alle meine früheren Freundinnen sind verstreut. Ich wäre gern in den Kolonien und im Pensionat geblieben, wenn wir nicht hätten zurückkehren müssen und wenn ich nicht schnell hätte Geld verdienen müssen. Für mich war das Pensionat das Paradies; wir schrieben unseren Eltern nur einmal im Monat, und das war sehr gut so. Es hat mir sehr gefallen, Pfadfinderführerin bei den schwarzen Kindern zu sein. Ich hatte nie Angst, mit Schwarzen zu verkehren; im übrigen habe ich eine erbärmliche Erziehung bekommen, ich wußte absolut nichts. Ich weiß nicht, ob meine Mutter recht hat, sie meint, Dominique sei ein zu verwöhntes Kind, ich weiß nicht.« Madame Bel sagt noch, sie wäre gern ins Kloster gegangen, um im schwarzen Afrika Unterricht zu geben, aber sie sei auch sehr glücklich über ihr Leben als Gattin und Mutter. Damit endet das Gespräch, das vor meinem ersten Kontakt mit Dominique stattfindet. Bevor ich ihn sehe, kündigt mir Madame Bel an, daß sie, unabhängig von meiner Ansicht und meinem Rat, keine Entscheidung treffen werde, bevor sie mit ihrem Mann gesprochen habe.

Zweiter Teil
Gespräch mit Dominique allein

Dominique tritt ein mit der Knetfigur, die er »für die Dame aus der Zentrale« gemacht hat; er hat grünen Knet dafür gewählt[1]; eine jener typischen stereotypen Figuren, die er seit langem anfertigt. Er präsentiert sich so, wie ich es vorhin beschrieb, mit

1 Siehe S. 16, Abb. 3.

einer näselnden, manierierten, sehr hohen Stimme; er sieht mich nicht an – flieht er den Blick absichtlich? –, sondern blickt zur Seite, wobei die Augäpfel unter die Lider rollen, zu seiner Knetfigur, die er mit den Fingerspitzen berührt und zart abtastet. Ich stelle mich vor und frage ihn, ob er mir etwas zu sagen habe, um mir zu erklären, wie er sich fühlt. Er sagt, mit seinem ängstlichen, starren Lächeln: *Nämlich, ich bin nicht wie die andern, manchmal beim Aufwachen denke ich, daß mir eine wahre Geschichte passiert ist.* (Dies sind, wortgetreu wiedergegeben, die ersten Worte, die er an mich gerichtet hat.)

Ich sage: *Wer hat dich unwahr gemacht?*

Er: *Ja, genau, das ists! Aber woher wissen Sie das?*

Ich: *Ich weiß es nicht, ich denke es mir, wenn ich dich sehe.*

Er: *Ich dachte, ich bin wieder in dem Saal als ich klein war, da fürchtete ich mich vor den Einbrechern, die können das Geld nehmen und das Silber nehmen, was meinen Sie, was die alles mitnehmen können.*

Er schweigt. Ich denke: »*La salle*« (der Saal), könnte das vielleicht »*la sale*« (die Schmutzige) sein, und sage: *Oder vielleicht deine kleine Schwester?*

Er: *Oh! Also Sie, wieso wissen Sie alles?*

Ich: *Ich weiß nichts im voraus, nur weil du mit deinen Worten Dinge sagst, und weil ich dir zuhöre, so gut ich kann; nur du weißt, was dir passiert ist, ich nicht. Aber zusammen können wir das vielleicht verstehen.*

Pause. Ich warte eine geraume Zeit, dann:

Ich: *Woran denkst du?*

Er: *Ich suche, was nicht stimmt im Leben. Ich möchte gern so sein wie alle. Zum Beispiel, wenn ich mehrmals eine Lektion lese, aber am nächsten Tag kann ich sie nicht. Manchmal finde ich mich dümmer als die andern, ich sage mir: da stimmt was nicht, ich spinne ja!* (Das Wort wird abgehackt und in überscharfem Ton ausgesprochen.)

Ich: *Aber es ist wahr, daß du spinnst. Ich sehe, du merkst es. Vielleicht hast du dich als Irrer verkleidet, damit man dich nicht schimpft.*

Er: *Oh, das muß es sein. Aber woher wissen Sie das?*
Ich: *Ich weiß gar nichts, aber ich sehe, daß du dich als Verrückter oder als Idiot verkleidest, aber daß du keiner bist, denn du merkst es ja und willst anders werden.*
Mehrmals kommt er auf seine fixe Idee mit dem Einmaleins zurück. Ich sage ihm ein für allemal, daß *mir das egal sei, daß diese Rechnungen für die Schule mich nicht interessieren; er sei nicht zu mir gekommen, weil ich eine Schullehrerin bin, sondern eine Ärztin, um zu erfahren, wie er nicht mehr verrückt sein könnte und dann wirklich werden könnte wie alle, wenn er den Wunsch danach habe, und zwar überall und nicht nur in der Schule mit den Zahlen.*
Ich sage auch: *Wichtig im Leben ist nicht, was du mit deinen Lektionen, deinen Heften und Schulbüchern machst, sondern die ganze Art, wie du bist, unwahr bist, und alles, was in deinem Herzen vorgeht und was du nicht sagen willst. Vorhin habe ich mit deiner Mutter gesprochen. Ich werde auch deinen Vater sehen.* Hier erkläre ich ihm – aber hört er überhaupt zu? – das Berufsgeheimnis, und daß wir nichts ohne den Vater unternehmen werden, ohne seinen Wunsch oder zumindest seine Genehmigung: er muß einverstanden sein, daß Dominique zu mir kommt und daß wir alle beide zu begreifen versuchen, warum er nicht sein kann wie alle andern.

Ich spreche noch einmal mit der Mutter in Anwesenheit von Dominique und sage ihr, daß ich ihn mit seinem Vater sehen möchte; oder wenn der Vater in 14 Tagen vor den großen Ferien nicht zusammen mit ihr und dem Sohn kommen kann, solle er allein kommen, an welchem Tag und zu welcher Zeit er wolle, auch spätabends in meine Sprechstunde außerhalb der Zentrale. *Sein Kommen ist unbedingt erforderlich. Vor der Mutter sage ich nochmals zu Dominique, daß sein Vater, auch wenn er nicht oft zu Hause sei, trotzdem zählt (sic!), und daß die Mutter im übrigen immer nach gemeinsamer Entscheidung gehandelt hat.* Ich sage für Dominique nochmals, daß die Leiterin der Zentrale (die er einmal gesehen hat), ich selbst und vielleicht auch seine Mutter der Meinung sind, daß man mit Madame Dolto (mir) eine Arbeit versuchen könnte, aber nur, wenn der Vater einverstanden ist.

In diesem Augenblick will Dominique, der sichtlich nicht betroffen zu sein scheint, fortgehen. Er wartet auf seine Mutter im Wartezimmer, und Madame Bel, mit mir allein, fragt: »Frau Doktor, was halten Sie davon?«

Bei dem Gespräch mit Dominique haben wir zwar bemerkt – der Leser und ich –, daß ein Kontakt hergestellt worden ist; doch bei dem distanzierten Auftreten, der gekünstelten Stimme, dem starren Lächeln, dem Fehlen eines Blicks und Händedrucks, dem Fehlen einer Verabschiedung, jener katzenartigen Flucht oder der Flucht eines Babys, das sich langweilt, wenn ich mit der Mutter spreche, erschien der Gesamteindruck vollkommen psychotisch und gleichzeitig intelligent.

Ich erkläre Madame Bel, was ich denke: »Es handelt sich keineswegs um einen leichten Debilen, sondern um ein intelligentes psychotisches Kind, und meiner Meinung nach liegen die Schwierigkeiten nicht in der Schule, sondern in seinem geistigen Gleichgewicht und seinen fehlenden sozialen Zukunftsaussichten. Meiner Ansicht nach muß unbedingt noch einmal eine Psychotherapie versucht werden, bevor man sich entschließt, ihn seinem Alter entsprechend irgendwo unterzubringen, d. h. nicht in einer Schule, sondern in einer Art geschützter Spezialwerkstätte für Unangepaßte; aber eine solche Entscheidung darf erst dann getroffen werden, wenn die Psychotherapie scheitern sollte, mit der man es nochmal versuchen kann, denn er ist gerade in die Pubertät gekommen, und dies ist eine günstige Situation für die Psychotherapie. Sein Kontaktmangel, sein abgesondertes Leben, das ist das wahre Problem, dessentwegen er sich, ob gebildet oder analphabetisch, nicht anpassen kann, auch wenn er intelligent ist.«

Sie sagt nun: »Mein Mann wird alles zugeben, was Sie wollen, aber wissen Sie, er ist skeptisch, er glaubt nur an die Chirurgie, aber überhaupt nicht an die Medizin. Es sei schade, daß man solche Fälle nicht operieren könne.« Und sie fügt hinzu: »Wenn wir eine Meinungsverschiedenheit haben, mein Mann und ich, dann sagen wir es nie den Kindern, es sieht immer so aus, als seien wir gleicher Meinung. Mein Mann wird sicher nicht verhindern, daß Sie Dominique wiedersehen, aber er hat eine schlechte Erinnerung an die Psychotherapie mit Dominique, als er klein war. Damals hat man uns gesagt, wir sollten alles genauso machen wie bei der kleinen Schwester, ihm unsere Liebe zeigen, es würde sich schon geben, und mein Mann glaubt jetzt, wo wir doch alles getan haben, was uns gesagt wurde, und sich nichts geändert hat, daß eben nichts zu machen sei; er hat sich damit abgefunden. Und außerdem hat man uns gesagt, es würde sich mit der Zeit geben, mit viel Geduld und Zuneigung, aber er wird immer seltsamer. Jetzt merkt man es; früher fiel es nicht auf.« Ich sage: »Eben darum, meine ich, daß man versuchen müßte, die Entwicklung zum ›Wahnsinn‹ aufzuhalten.«

Acht Tage nach dieser Konsultation erhalten wir einen Brief von Madame Bel, in dem es unter anderem heißt:
»... Ich gestehe, ich war tief erschüttert, als Sie mir in aller Ruhe erklärten, daß Dominique verrückt ist und als solcher behandelt werden muß. Seit zwölf Jahren sagt man uns immer wieder: er ist zurückgeblieben, mit Geduld und viel Liebe wird sich das geben. Nachdem nun der erste Schock vorüber ist, glaube ich, daß ich Ihre Diagnose vorziehe, denn sie stimmt wirklich mit vielen Dingen überein, die uns Sorgen machen. Ich verstehe nicht, warum die Gesundheitskommission, die ihn zwei Tage lang untersucht hat, uns das nicht gesagt hat. Hätte man uns gesagt: es muß alles versucht werden, um ihn zu behandeln, es kann noch in Ordnung kommen! Aber statt dessen hieß es: Sie müssen eine Schule finden, ihn bei sich behalten, solange er nicht stört. Mit der Zeit kann es in Ordnung kommen. Und ich kann Ihnen sagen, daß Dominique, seit er Sie gesehen hat, in seinem Verhalten völlig verwandelt ist. Bisher lebte er wie ein Fremder im Haus, aber jetzt verbringt er seine Zeit damit, sich nützlich zu machen, ohne daß man ihn um ir-

gend etwas bittet. Er macht sich im Haushalt zu schaffen, räumt gründlich die Schränke auf, stürzt in die Küche, um mir Arbeit abzunehmen, sobald er sieht, daß irgend etwas auf dem Tisch fehlt. Er ist überaus gefällig und nett zu jedem von uns, er will uns nur Freude machen, lauert auf die kleinste Gelegenheit, um sich nützlich zu machen. Ich muß sagen, er ist rührend; und wenn ich nichts mehr von ihm höre in seinem Zimmer, gehe ich nach oben und sehe, wie er verzweifelt mit leiser Stimme das Einmaleins aus seinem Schulbuch vor sich her sagt. Er möchte so gerne in der Schule mitkommen. Neulich sagte er mir: ›Glaubst du, ich werde einmal arbeiten können?‹ Ich habe geantwortet: ›Mach dir keine Sorgen, laß dieses Rechenbuch liegen, jetzt kommen die großen Ferien, und Madame Dolto hat gesagt, daß du dir damit nicht den Kopf zu zerbrechen brauchst, und daß du nicht dumm bist, sondern daß in deinem Kopf etwas durcheinandergeraten ist, das vielleicht wieder in Ordnung kommen könnte...‹«

Es folgte ein *weiterer beunruhigter Brief,* weil mit ihrem Mann kein Termin vereinbart worden ist, denn er ist fest entschlossen, uns zu sehen.
Der Vater wird geladen.
Monsieur Bel, der Vater von Dominique, kommt am 30. Juni zusammen mit seiner Frau und seinem Sohn.

Zweite Sitzung

14 Tage nach der vorhergehenden

Erster Teil
Gespräch mit dem Vater

Ich sehe den Vater allein und lasse ihn reden. Er sagt mir, daß er nie dasei, beschreibt seinen Beruf; er erzählt ungefähr dasselbe wie seine Frau. Er versteht sich sehr gut mit seinem Chef, er ist ein Freund; er hat keine feste Arbeitszeit, immer muß er zur Verfügung stehen. Aber die Arbeit wird sehr gut bezahlt und ist sehr interessant. Über Dominique sagt er, daß er schon als kleines Kind, noch vor der Geburt seiner Schwester, schwierig und eigenwillig war; er schlug mit dem Kopf gegen seine Wiege, damit die Mutter kommt, und bekam blaue Flecken davon, wie der Vater kommentiert, »die uns so erbarmten, daß wir nachgaben«. Monsieur Bel sagt über seine Frau, daß sie sich um alles kümmert, sehr aktiv ist, ein ungemein großes Pflichtgefühl hat, »und wenn ich nach Hause komme«, sagt er, »werde ich festlich empfangen«. Sie ist nicht nur Frau, sondern auch eine 150prozentige Mutter. Sie tut alles, was die Kinder wollen. »Hat sie denn gar keine Fehler?« frage ich lachend, »nicht den geringsten?« Er lacht und sagt: »Manchmal ist sie ein bißchen jähzornig, aber es hat keine Folgen. Sie regt sich auf, schreit herum und dann ist alles wieder vergessen.«
Ich frage Monsieur Bel nach seiner Jugend. Sein erster kleiner Bruder, zwei Jahre jünger[1], starb an einem idiotischen Unfall: »Er hat ein Stück von der Eisenbahn verschluckt, mit der ich gerade spielte.« Auf meine Frage, was er dabei empfunden habe: »Meine Eltern haben mir keine große Schuld daran gege-

1 Und nicht vier Jahre, wie seine Frau gesagt hatte. Es waren nun aber wirklich vier Jahre: durch diesen Lapsus bezeichnet Monsieur Bel eine Identifizierung seiner selbst mit Paul-Marie und seines kleinen Bruders mit Dominique.

ben, denn das Baby hat alles in den Mund gesteckt, was es sah. Zwei Tage rätselte man, ob er es geschluckt hat oder nicht geschluckt hat, und suchte jenes fehlende Stück; schließlich wurde eine Röntgenaufnahme gemacht: das Stück befand sich im Magen, und er sollte operiert werden. Das Baby ist auf dem Operationstisch gestorben.« *Sein anderer Bruder* ist mit 17 Jahren bei dem Unfall verschwunden, den er wie seine Frau erzählt. Er sagt mir, daß seine Mutter geträumt hat, der Knabe sei von den Bären gefressen worden, daß es vor allem für seine Mutter ein furchtbarer Schlag gewesen ist. Das größte Drama dabei war, daß man niemals eine Spur von ihm gefunden hat – nichts ... »Mein Bruder war zwölf Jahre jünger als ich, ein sehr sympathisches Kerlchen, ganz das Gegenteil von mir.«
Ich frage: »Wie das Gegenteil?«
»Ja, er war geizig, während ich freigebig bin, er war sehr verschlossen, und ich bin gesellig. Es gab offene Schlachten zwischen meinem Bruder und meiner kleinen Schwester; sie war sieben Jahre jünger als ich und fünf Jahre älter als er.« *Seine Schwester* sei wie seine Tochter, ihr Charakter gleiche dem ihren aufs Haar, nur mit etwas mehr Selbstvertrauen; aber seine Tochter sei beherzter, als seine Schwester es war. Über *seinen ältesten Sohn, Paul-Marie,* hingegen sagt er: »Er ist wie ich, schüchtern, aber gesellig, wenn er jemand kennt; er traut sich nicht, an eine Tür zu klopfen.« Und *Dominique?* »Das ist schwer zu sagen, er ist von einem anderen Stern. Er ist nicht jemand wie wir.« Etwas anderes vermag er nicht zu sagen.
»Ist er liebevoll zu Ihnen?« – »Er hängt vor allem an seinem Onkel Bobbi, dem Mann meiner Schwester.« Über seine Schwester sagt er noch, daß sie seit 150 Jahren das erste Mädchen auf seiten der Bels gewesen ist, aus diesem Grund sei sie sehr verwöhnt worden; auch seine Tochter war für alle eine große Freude gewesen, eben wegen dieses Mangels an Mädchen in der Familie Bel. *Seine Frau?* Er sagt: »Sie ist schüchtern wie ein Bär, wenn sie zu andern gehen soll, aber unser Heim ist das Haus des Herrgotts, jeder kann kommen; aber sie hat einen zu weichen Charakter, sie tut wirklich alles, was die Kin-

der wollen, und manchmal machen sie sie ganz verrückt.« Er sagt auch: »Seit ungefähr zwei, drei Wochen ist Dominique sehr verändert. Meine Frau sieht einen Zusammenhang, ich weiß nicht, ob man einen Zusammenhang sehen kann mit seinem Besuch bei Ihnen, oder ob es Zufall ist. Immer fragt er, ob es nicht etwas zu tun gibt, ob er sich nützlich machen kann. Neulich hat er mit Hilfe eines Kochbuchs ganz allein einen wirklich vorzüglichen Kirschauflauf gebacken, das hat mir Zuversicht gegeben, denn Koch zu sein, ist wahrhaftig kein schlechter Beruf, wenn ihn das wirklich interessiert; und ich dachte, er könnte auch Schuster werden; das ist auch kein unangenehmer Beruf, nicht zu schwierig, er verlangt keine große Ausbildung.«
Der Vater macht sich keine Illusion über die Fähigkeiten von Dominique, aber er schöpft wieder Hoffnung, daß »Dominique vielleicht umgänglich werden könnte«. Der Vater sagt, er sei bei allen Entbindungen seiner Kinder dabeigewesen, Dominique habe er sogar ganz allein entbunden, mit seiner Schwiegermutter, denn die Schwiegermutter kommt zu allen Entbindungen. »Meine Schwiegermutter hat ein sehr gutes Herz, sie würde ihr Hemd hergeben; sie wurde als Bäuerin erzogen und ist sehr abergläubisch; z. B. schneidet sie die Pfoten von Murmeltieren ab und hängt sie den Säuglingen um den Hals, bei meinen Kindern hat sie viele solche Sachen gemacht; ich lasse sie machen, sie hat den rauhen Charakter einer Bäuerin; sie hat ihre Geschwister allein aufgezogen, denn die Mutter ist jung gestorben; sie ist eine Frau, die das Leben nicht verwöhnt hat. Als ich meine Frau kennenlernte, haben sie sich ständig gestritten, doch seit unserer Heirat ist es durch meine Anwesenheit sehr viel besser geworden. Mein Schwiegervater ist ein sehr rechtschaffener Mann, etwas rauh, er war in den Kolonien gewesen, und das sieht man ihm an...«
Er erzählt mir von Dominiques Entbindung; er erinnert sich daran, »als wäre es gestern gewesen«. Sie waren alle ins Kino gegangen (»wenn meine Schwiegermutter da ist, gehen wir ein bißchen aus«). Madame Bel hat Wehen bekommen, und sie sind in aller Eile nach Hause gegangen, und der Kleine kam zur

Welt, noch bevor man Zeit hatte, den Arzt zu rufen; der kam, als alles vorbei war. Bei seiner Geburt war Dominique über und über mit Flaum bedeckt, es sah sogar aus, als hätte er Haare, die bis zu den Augen und Wangen reichten. Er sah aus wie ein Affe, bemerkt er lachend, und seine Frau fand ihn so häßlich, daß er ihr Mut machen mußte.

»*Mein ältester Sohn, Paul-Marie?* Er schwärmt für Kinder, vor allem für die Kinder aus anderen Familien. Aber trotzdem, er hat einen guten Charakter in der Familie; er ist faul, passiv. Meine Frau sagt, er sei anders, wenn ich nicht da bin.«

»*Meine Tochter?* Sie ist ganz anders, sehr tapfer bei der Arbeit. Sie ist eine gute Schülerin, hat viele Freundinnen. *Paul-Marie* ist ein ziemlicher Einzelgänger. Er scheint Freunde zu haben, sagt meine Frau, aber ich kenne sie nicht. Mir vertraut er sich nicht an.«

»*Dominique* freundet sich nicht leicht an, aber am Strand spielt er mit sieben- bis achtjährigen Kindern.« – »Er spielt?« – »Das heißt, das sind die einzigen, vor denen er nicht wegläuft, aber lieber ist er allein und amüsiert sich mit fast nichts, indem er Selbstgespräche führt. Er geht den andern aus dem Weg, und die andern laufen ihm nicht nach.«

Nach diesem Gespräch ist Monsieur Bel völlig damit einverstanden, daß Dominique zu Schulbeginn mit mir eine psychotherapeutische Behandlung versucht. Er will alles für seinen Sohn tun. Er macht sich jedoch nicht allzu viele Hoffnungen und wäre nicht enttäuscht, wenn Dominique so bliebe, wie er seit 14 Tagen geworden ist, d. h. ein Knabe, der aufzuwachen scheint.

Aus diesem Gespräch zeigt sich, daß Monsieur Bel ein sehr beschäftigter Mann ist, mit dem sich leicht auskommen läßt und der keinen großen Familiensinn zu haben scheint, aber er ist gutmütig und fleißig. Vielleicht ist er auf seinen Partner, Chef und Freund, fixiert? Er schätzt sehr seine Frau und beschwert sich über niemanden; mehr könnte ich nicht sagen. Ich habe ihn aber gefragt, ob er meine, daß Paul-Marie in sexueller Hinsicht, im Hinblick auf die Frauen, über die Realitäten des Lebens Bescheid wisse. Er hat mir gesagt, daß er neulich ein kurzes Gespräch mit ihm geführt habe und sehr zufrieden darüber gewesen sei, daß sein Sohn beschlossen hat, vor seiner Heirat nicht mit Mädchen zu verkehren, genauso habe er selbst es gehalten und sei froh deswegen. Sonst haben sie keinen Meinungsaustausch. Er ist zu selten zu Hause, und wenn er da ist, hat er viel zu tun.

Monsieur Bel ist gegangen, nachdem er Dominique auf meine Bitte hin gesagt hatte, er sei damit einverstanden, daß er und Madame Dolto nach den Ferien zusammen arbeiten; er hat sich von seiner Frau und seinem Sohn verabschiedet, weil er nach Deutschland reisen mußte. Er hat sie im Sprechzimmer zurückgelassen, und ich hatte mit Dominique eine Sitzung, die eigentlich kurz sein sollte, die ich jedoch wegen des diagnostischen Interesses, das sie aufwies, verlängert habe.

Zweiter Teil
Gespräch mit Dominique

Dominique tritt ein und sagt mit gekünstelter, näselnder und ziemlich schmetternder Stimme: *Um ihnen zu ersparen, daß sie mir dauernd nachlaufen, muß ich wohl da herauskommen.*

Ich: *Möchtest du da herauskommen?*

Er: *O ja, unbedingt. Und dann habe ich Träume gehabt, als ich zehn war.* (Ich hatte ihm das letzte Mal gesagt, er könne mir seine Träume erzählen.)

Ich: *Ist das lange her?*

Er: *O ja, das ist lange her.*

Ich: *Wie alt bist du denn?*

Er: *Sie sagen, ich bin 14, aber ich glaube, es ist sehr lange her, daß ich 10 war. Wissen Sie, ich kann nicht rechnen. Und im Traum, da habe ich mich in einem Bahnhof verirrt, und da bin ich einer Hexe begegnet, und die sagte nur krack, krack, krack* (er drückt beide Hände in einer Geste des Zerquetschens gegeneinander). *Ich wollte eine Auskunft haben, das wurde langsam sehr ärgerlich, und ich wollte keinen Ärger kriegen, besonders, wo das in einem Bahnhof passierte. Manchmal wollte ich es fertigbringen, nützlich zu sein, aber ich schaffte es nicht, und niemand brauchte mich. Und sehen Sie, immer wenn ich 500 Franken habe, ich brauche nur darauf zu warten, daß ich 500 Franken habe, und dann bin ich reich. Aber das dauert halt lang, man muß Geduld haben,* fügt er mit veränderter Stimme hinzu, als wäre nicht er es, der spricht (wo er doch schon von Natur aus eine näselnde Stimme hat, die verstellt zu sein scheint).

Da er eine Pause macht, spreche ich mit ihm über den Besuch seines Vaters; ich betone die Mühe, die das für ihn gewesen ist, und das Interesse, das sein Vater für ihn hat, und ich bitte ihn, mir zu erzählen, was er unterdessen für mich gemacht hat. (In meiner Technik werden die Kinder vor der Sitzung aufgefordert, eine Zeichnung oder eine Knetfigur anzufertigen.)
Seine Knetfigur[2]
Es ist eine »Person« – Diese Person? – Sie soll ihre eigenen Ideen haben.
Es folgt eine lange genäselte, offensichtlich delirierende Rede, der auch akustisch schwer zu folgen ist, so daß ich sie nicht notieren konnte. Ich weiß nur, daß in der Nähe eines Bahnhofs – eine Geschichte, in die sein Vater verwickelt ist – die Autos auf die Bäume fuhren. Alles erzählt er mit sehr lauter Stimme, die zuweilen sich senkt wie für ein Geheimnis, was ich jedoch ebensowenig verstehe wie das, was er laut erzählt. Ich sage zu allem einfach ja, bis er aufhört; dann:
Ich: *Ich muß alles besser verstehen lernen, was du mir sagst. Schauen wir uns deine Zeichnung an* (sie ist nicht fertig). *Was ist das?*[3]

2 Siehe S. 44, Abb. 4.
3 Siehe S. 45, Abb. 5.

4

Ein Mann (aus zusammengesetzten Knetstückchen wie Kotbröckchen).
40 cm lang

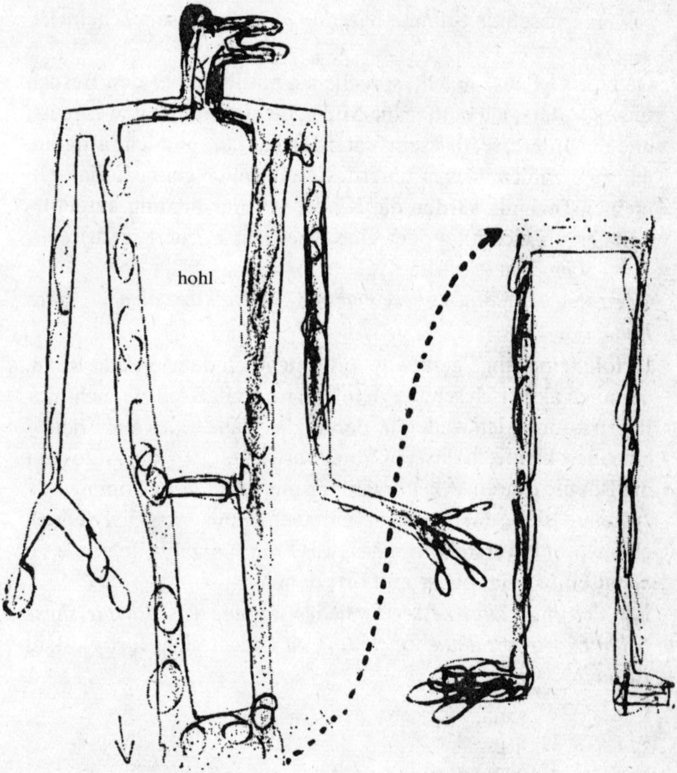

Er: *Das ist ein Boot aus dem Trojanischen Krieg, ein Boot der Trojer; sie waren drin. Sie hätten tot sein können, die Toten auch. Auch Häuser für sie auf den Booten, alles wird mitgenommen, man glaubt es nicht! das ist kein Wasser.*
Ich denke Ägypten, Totenschiff, Trojanisches Pferd. Er sagt noch eine Reihe von Wörtern, aus denen ich »*trois*« heraushöre, was eher nach der Zahl als nach der Stadt klingt (*Troye*/ Troja; *trois*/drei).

5

Angedeutet, unfertig.
Ich habe meine Meinung geändert. Mir gefiel die Knetfigur besser. »Es war ein Schiff.«
11 cm lang.

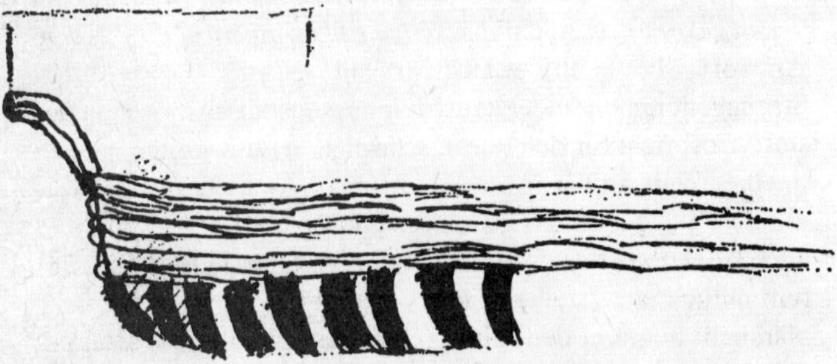

Boot von Troja. »Die Trojaner waren drin. Sie hätten tot sein können. Die Toten auch (halb delirierend). Auch Häuser für sie auf den Booten, alles wird mitgenommen, man glaubt es nicht! das ist kein Wasser.«

Ich sage: *Erzählst du mir etwas über die Zahl 3?*
Er: *3 mal 3 macht 9 und 9 geteilt durch 3?* ... Und mit veränderter Stimme: *Er weiß es nicht!!! aber man sagt, das ist dasselbe, man braucht bloß eine Division umzukehren, damit eine Multiplikation daraus wird ..., aber er, er versteht nichts von den drei!*

Nachdem ich versucht habe, ihn mit mir eine Reihe von Strichen auf dem Papier zählen zu lassen, was ihm auch gelingt – es sind zwanzig –, gruppiere ich sie zu 4 oder 5, um ihm das Verfahren der Multiplikation und der Division zu veranschaulichen. Dominique zeigt eine absolute Unfähigkeit, eine Aufgabe mit drei Elementen zu erfassen.
$20 : 4 = 5$ bedeutet für ihn: $4 = 5$; und auch $20 : 4$ hat für ihn keinen Sinn, es sei denn $20 = 4$. Zwischen Zahlen bestehen nur additive oder subtraktive Relationen, und die Zeichen $=$ und $\times$ nennt er »das ist«.
Auf meine wiederholte Frage bezüglich seiner Worte: *Der Trojanische Krieg? – Das ist die Geschichte von einem Boot, das mit Toten gekommen ist, um den Krieg zu gewinnen. – Wo?* Keine Antwort. Man kann ihn nichts fragen.
Strenggenommen findet kein Meinungsaustausch zwischen uns statt. Er spricht für sich selbst, schweigt, erzählt weiter; jedoch in einer Welt, in der ich, wenn er mich zuweilen anredet (zumindest glaube ich das zu spüren), ihn nicht finden kann und auch keinen wörtlichen Sinn in seinen Worten finden kann. Offensichtlich umschreiben sie etwas anderes.
Nämlich: heute in der Klinik (einer Art Bahnhof, Wartesaal, Schalter, man zahlt für einen Fahrschein) kommt man wegen einer Auskunft und findet eine Hexe (Madame Dolto), die von drei kracks redet (später sagt er einmal von seiner Schwester, sie sei ein *crack,* eine Kanone). Ein *crack* ist jemand Tüchtiges. Kurz, für mich ist heute dieses *crack* mit der Geste des Zerquetschens die einzige Dynamik, die eine bildhafte Darstellung des formalen Körpers ist: zwischen ein zermalmendes Gebiß zu geraten. Dies muß er wohl auf meine seltsame und tüchtige

Person übertragen, wie im übrigen auf jeden Anflug eines Kontakts. Soviel begreife ich von dieser Art gefährlichen Kontakts, die er in bezug auf die Oralität empfindet. Unter uns ist es ein Inter-Konsum, gemäß dem, was er unter den libidinösen Beziehungen versteht.

Wir geben keinen Rat für die Ferien, aber zwischen der Mutter und mir wurde der Beschluß gefaßt, ein Beschluß, der ihm durch mich mitgeteilt wird, daß wir uns im Oktober wiedersehen.

Was wird mit der Schule? Die Mutter fragt, was im nächsten Jahr geschehen soll. Dominique mag bei dem Gespräch nicht dabeisein und schleicht sich davon wie das letzte Mal, ohne Abschied. Ich empfehle eine Fortbildungsklasse der Grundschule in seinem Stadtviertel; oder er soll die Sonderschule weiterbesuchen, in der er seit zwei Jahren ist, aber mit einer Spezialbetreuung, die in der Nachbarschaft gefunden werden müßte. Ich füge hinzu, daß *nur die Behandlung* vielleicht die schulische »Angleichung« ermöglichen kann, und keine noch so vollkommene Pädagogik. Der Beweis dafür sei das Scheitern der beiden letzten Jahre in einer ausgezeichneten und pädagogisch fortschrittlichen Sonderschule. Da die finanziellen Mittel begrenzt sind – zumindest behauptet man es –, meine ich, es sei besser, sich für eine kostenlose Grundschule zu entscheiden und dafür eine finanzielle Anstrengung bezüglich der Behandlung zu machen, wenn auch nur auf Probe.

Im September erhält die Zentrale *mehrere Briefe von der Mutter.* Im ersten, der mich nicht erreichte, hieß es, daß in ihrer Nähe eine Fortbildungsklasse für Kinder in Dominiques Alter eröffnet werde, doch daß der Direktor sich entschieden dagegen ausgesprochen habe, ihn aufzunehmen. In diesen Briefen bittet sie Madame Dolto inständig, ein paar Zeilen zu schreiben, um Dominiques Aufnahme zu unterstützen; das sei die einzige noch bleibende Hoffnung. Ihn mit einer Begleitperson weiter auf die Sonderschule zu schicken, würde so teuer werden, daß sie es nicht bezahlen könnten; und die Schule, in der die Fortbildungsklasse eingerichtet wird, liegt nur ein paar Minuten von ihrer Wohnung entfernt. Nach den Auskünften, die der Direktor von der Beratungsstelle (der Krankenkasse und des OPHS*) erhalten hat, meint er, er könne Dominique nicht aufnehmen, da die Klasse weder für Kinder mit Charakterstörungen noch für Verrückte eingerichtet werde. »Jaja«, hat er der Mutter geantwortet, »immer heißt es, die Kinder seien sehr brav, und dann stören sie alle. Diese Schule ist nur für Kinder eröffnet worden, die wegen häufigen Fehlens in der Schule zurückgeblieben sind, aber nicht für Problemkinder.« Der Direktor behauptet, daß Dominique, nach den erhaltenen Auskünften, nicht in diese Klasse passe, und Madame Bel fragt, ob ich nicht durch einen persönlichen Brief den Direktor bewegen könne, Dominique aufzunehmen. Dies tat ich. Aus einem anderen Brief erfahre ich, daß er zumindest für einige Wochen probeweise aufgenommen wird, wie ich es gefordert hatte. Die Mutter *schreibt mir noch mal Ende September* und bestätigt mir, daß sie zu dem Termin kommen werde, den ich mit ihr für Anfang Oktober vereinbart hatte. Sie sagt, daß Dominique seit einigen Tagen in jener Schule sei und daß die Lehrerin noch nie ein so fleißiges Kind gesehen habe wie ihn: »Er trinkt förmlich jedes ihrer Worte, sie ist sehr zufrieden mit diesem Schüler, und wenn es so weitergeht, wird er seinen Rückstand sicher bald nachholen, weil er aufmerksam und willig ist, was selten vorkommt. Nicht nur hat sich sein Verhalten in der Familie verändert, sondern erstaunlicherweise begrüßt jetzt der Hund, den Dominique früher immer terrorisiert hatte, ihn freudiger als irgend jemand sonst, und Dominique sagt: ›Sieh nur, wie der brave Hund mich lieb hat, wie fröhlich er mich begrüßt‹, und das stimmt. Der Hund verhält sich zu Dominique wie Dominique zu den anderen Buben. Ich habe Ihnen schon gesagt, wie sehr er vor jedem Angst bekam, der etwa so groß und so alt war wie er, und daß er lieber mit kleineren Kindern spielte. Jetzt spielt er mit Kameraden und sagt sogar zu seiner Schwester: ›Weißt du, jetzt kann ich mich beeilen und dich schnell mit mei-

* Office Public d'Hygiène Sociale

nem Fahrrad abholen‹, denn seine Schwester beschwerte sich darüber, daß Buben aus der Schule von gegenüber sie auf dem Heimweg ärgerten. ›Ich bin jetzt groß und stark wie die andern, du kannst dich auf mich verlassen.‹ Er, der doch eine Phobie vor Fahrrädern hatte, ist diesen Sommer viel Fahrrad gefahren; kaum hat man es ihm gezeigt, da konnte er es schon. Als ich ihm sagte, daß wir einen Termin mit Ihnen hätten, war er gar nicht froh, er sagte: ›O verdammt, da werde ich die Schule versäumen, ich weiß gar nicht, was wir da wollen, mir geht es jetzt sehr gut; ich brauche überhaupt keinen Doktor.‹ Und ich habe ihm geantwortet, daß Papa und ich gerne möchten, daß er behandelt wird. Ich schreibe Ihnen das alles, damit Sie sich ein Bild machen können, wie sehr sich sein Verhalten verändert hat; trotz der Schule ist er nicht nur weiterhin zuvorkommend, liebevoll und gefällig zu mir, sondern auch zu seiner Schwester. Wenn er zum Beispiel ein Bad nahm, ließ er sich gewöhnlich viel Zeit; er hinterließ die Wanne in ekelhaftem Zustand, aber jetzt, da läßt er ihr sogar warmes Wasser ein. Wir haben kein fließend Wasser, man muß es erst heiß machen und ins Bad tragen; er hat ihr warmes Wasser geholt, auf der Heizung ein trockenes Handtuch für sie zurechtgelegt; und als Gipfel der Freundlichkeit hat er ihr Zahnpasta auf ihre Zahnbürste getan, um ihr Freude zu machen. Meine Tochter kann es gar nicht fassen. Früher dachte er gar nicht daran, guten Morgen oder guten Abend zu sagen, und jetzt umarmt er uns jeden Abend.«
Als ich diese Nachrichten erhielt, sagte ich mir: der Knabe hat gespürt, daß man an seine Tiefenstrukturen rühren werde, und jetzt verteidigt er sich auf eine andere Weise.[4]

4 Manche Therapeuten, über die offensichtlichen Erfolge des Kindes, seine bessere »Anpassung« an das familiäre oder schulische Milieu befriedigt, sind versucht, die Behandlung abzubrechen. Dann besteht die Gefahr, daß sich unbewußte Widerstände einkapseln, die sich hinter für die Umwelt befriedigenden, zwanghaften Ritualen des Über-Ichs verbergen.

Dritte Sitzung: 18. Oktober

Wir sprechen vorher nicht mit der Mutter. Ich muß Dominique an der Hand nehmen, damit er mir folgt. Vielleicht erwartete er, daß ich wie vor den Ferien zuerst mit dem Erwachsenen rede; oder aber er drückt auf diese Weise seine Ablehnung aus. Er tritt ein, setzt sich hin. Er sagt nicht, daß er nicht kommen wollte, wie mir die Mutter schrieb, oder daß es ihm lästig war; doch es geht aus dem Zusammenhang hervor. Er hat Angst, daß ich, wenn er mir seine Unzufriedenheit enthüllt, sehr ärgerlich werde (vielleicht würde ich ihn beißen?). Ich erinnere ihn daran, daß beschlossen war, alle 14 Tage ein Gespräch zu führen, in dem er mir alles sagen könnte, was er denkt, auch die Träume, an die er sich erinnert, mit Worten, Zeichnungen und Knetfiguren. Ich sichere ihm das Berufsgeheimnis bezüglich des Inhalts dieser Sitzungen zu, ein Geheimnis, dem er selbst nicht unterliegt, und ich warte.
Er hat denselben gekünstelten Ton und auch dieselbe näselnde Stimme, denselben ausweichenden Blick; aber ich kann hören und notieren, was er sagt.

Da ist ein kleines Mädchen, das ungeheuere Kraft hat, Fifi Brin d'Acier. Sie hat viel Kraft in den Armen. Sie ist komisch, sie schläft mit verkehrtem Kopf. Sie ist nett, sie ist sehr amüsant, sie hat zwei kleine Freunde im Zoo. Zwei Tiger, die ausgebrochen sind. Der Wärter und dann zwei Polizisten, die wollten »ihn« wieder einfangen (es ist nicht mehr die Rede von zweien), *aber Fifi hat dem Tiger gesagt: »Wenn du beißt, werde ich dich auch beißen.« Er war verwegen, aber nicht sehr mutig ... und er hatte große Angst vor ihr. Da sang sie ihm vor: »Es war einmal ein kleiner Cha-cha-cha«, um ihm zu schmeicheln, er war nicht sehr zufrieden, aber er ließ sich schmeicheln ...*
Er sagte noch einige andere Dinge über diese mutige, waghalsige, wahre und unwahre Fifi Brin d'Acier, mit der er zuerst

mich identifiziert hat, und mit der er sich dann selbst identifizieren kann, indem er sagt:
Die Mama machte sich ein bißchen Sorgen, daß »er« einen Tiger zum Freund hatte, aber »sie« sagt ihr: »Keine Angst, Mama, wenn ich groß bin, werde ich mich schon durchschlagen. Dann senkt er die Stimme und sagt leise wie ein Geheimnis: *Wissen Sie, die Lehrerin bei uns, die hat vier Gruppen gemacht, da gibt es solche, die voraus sind (sic!) und solche die zurück sind, aber ich weiß nicht, ich bin in einer Gruppe, einfach so, aber in der Gruppe weiß man nicht, wer man ist. Sie macht einfach Gruppen, und dann gibt sie Arbeit, und dann weiß man, daß man in einer Gruppe ist.* Und ganz laut fährt er fort: *Fifi, »der« hat rote Haare, und die Mutter ist gestorben, als »sie« noch ein Baby war. Sie hat viel Dummheiten gemacht, auf die nie jemand kommen würde, aber manche davon sind nicht übel... Einmal hat sie ein rotes und blaues Kleid und einen braunen Strumpf gemacht; einmal war ihr Namenstag, ein tolles Fest.* Ganz leise: *Sie hat die Schuhe von ihrem Papa angezogen. Und dann hat sie grüne Schleifen drangebunden.* Laut: *Was mich wundert, wenn ich mich zu meinem kleinen Schrank umdrehen würde, da hatte ich Soldaten aus dem Mittelalter reingetan. Leute, die man nicht auf der Straße treffen möchte; ich tat sie in den Schrank. Und dann hatte ich Angst in der Nacht, und da wollte ich nicht schlafen gehen vor dem Schluß, weil ich sie doch wiedersehen will, sie wird nämlich auf mich einwirken!*[1] Er schweigt. Ich denke: Er räumt auf, verschließt, was ihm Angst macht, in seine Phantasien; er selbst stellt das »Mittel«alter in der Familie dar, zwischen dem Älteren und der Jüngeren. Schließt er vielleicht seine dentale phallische Aggression ein?
Ich sage: *Wer wird auf dich einwirken?* Er antwortet nicht. Doch ganz offensichtlich ist von mir die Rede in seiner Übertragung delirierenden Typs. Pause. Ich warte ziemlich lange, dann spricht er:

1 Man sieht, daß die Phobie, die bei der Beobachtung der täglichen Verhaltensweisen für verschwunden gehalten wurde (Fahrräder, Hunde, Kameraden) sich in Wahrheit in der Übertragung fokalisiert hat.

Angenommen, sie ist aus den Ferien zurück und ein bißchen braun geworden (das trifft für mich zu, verglichen mit letztem Juni), oder *sie hat eine kleine Kreuzfahrt in ihrem Keller gemacht* (?). *Sie hat eine schwarze Seite und eine rote Seite. Wenn ich einen Kameraden habe, dann frage ich, was »sie« spielen will.* (Anspielung in der Übertragung darauf, daß ich ihm nichts vorschlage und stumm bleibe. Siehe die Person, die einem zweifarbigen Lutschbonbon mit zwei Spindelbeinen ähnelt.[2])
Ich: *Was ist das für ein Kamerad, ein Junge oder ein Mädchen?*
Er: *Aber nein, ein Junge. Und Sie, haben Sie Fernsehen? Es gibt nämlich Stadtviertel, wo man keins hat... Und dann, welche Farben hatten seine Augen? Ja, welche Farbe?* Diese Frage stellt er, als er seine schwarzrote Knetfigur in Form einer Zunge oder Stele betrachtet... Er denkt darüber nach: *Na ja, sie hatten keine Farbe, sie waren lebhaft!* Das Wort bricht mit emotionaler Intensität aus ihm hervor; dann schweigt er. Er fährt fort: *Einmal, bei meinen Großeltern, da war ich in einem Zimmer mit meiner Kusine, und dann gab es Lärm auf dem Dachboden. Mein Großvater hat mir gesagt, das wäre eine Katze, die sich herumschlägt, oder Ratten. Das ist eine alte Erinnerung, wissen Sie, von 1960, aber sie stammt von heute, nicht aus der Vorgeschichte.*
Ich: *Wer ist deine Kusine?*
Er: *Ich glaube, das ist die Tochter von der Schwester von meinem Vater. Babette heißt sie, sie ist 7* (später erfuhr ich, daß seine Kusine in der Tat 7 Jahre alt war, als er 8 war), *sie hatte keine Angst, aber sie hat sich gefragt, und ich auch, wir haben uns gefragt, was ich auf meinem Kopf hatte.* Dann ganz leise: *Na ja, ich sehe oft Mäuse.* Ich weiß nicht, wo ich die sehe, aber ich sehe sie; aber als ich mein ganzes Schlachtfeld in meinem Kopf aufgebaut habe, *da habe ich meinen Militärlastwagen getarnt, und dann die Soldaten, und wenn da eine Maus durchläuft, dann bringt sie alle Soldaten durcheinander.* (Es ist eine Erinnerung, die sich auf eine Person seiner Realität bezieht, der einzigen Realität, die er zu kennen scheint, die der genetischen Bezie-

2 Siehe S. 53, Abb. 6.

6

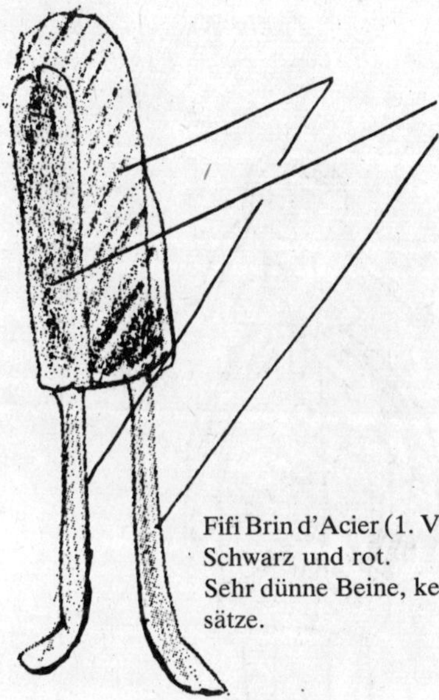

Fifi Brin d'Acier (1. Version).
Schwarz und rot.
Sehr dünne Beine, keine Absätze.

Zuerst ähnelt die Knetfigur einem Lutschbonbon oder einer Zunge. Sie liegt flach. Dann wird sie zerstört und neu gemacht und verwandelt sich in das Mädchen von Abb. 7

Zwischenform zwischen der 1. und der 2. Knetfigur

Zweite Knetfigur: 3. Sitzung

7

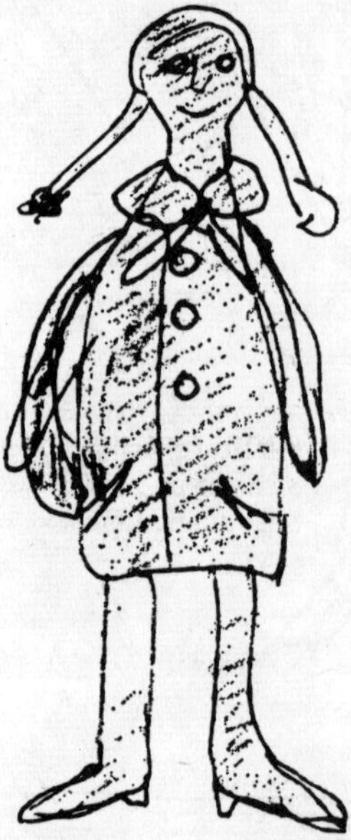

Fifi Brin d'Acier (2. Version). Knöpfe und Augen in Form von Kugeln (er hat violett statt schwarz und rosa statt rot genommen).

An der Form, die als rechter Arm aus einem flaschenförmigen Körper hervorragt, knetet er lange herum, ohne mir zu sagen, um was es sich handelt, »es ist nichts«.
D. macht mit Absicht ein winkliges Loch »für die Taschen« und fügt die hohen Absätze hinzu, aber keine Hände.
D. versucht, die Figur aufzustellen, indem er sie hält.

hungen zwischen den Mitgliedern der Familie. Er beschreibt hier *Halluzinationen oder Halluzinosen.*)
Pause. Er knetet eine andere Figur.[3] Dann sagt er sehr laut und schmetternd: *Meine Lehrerin hat gesagt, wenn eine Ratte durch ein Zimmer läuft, dann meint man immer, es sind mehrere. Es scheint, wenn man einer Schlange auf den Fuß tritt, aber das ist es ja, die sind in den Bäumen versteckt, die Schlangen.* (Ich erinnere mich, daß auch die Autos in den Bäumen versteckt waren, sage es aber nicht.) Er fährt fort: *Und dann, sehen Sie, sie hat Zöpfe, aber ich habe keine Knoten reingemacht, weil ich sie aufgespult habe; und dann, wissen Sie, Babette, na ja, lieber stellt man sich gut mit ihr als schlecht. Zwei Buben haben sich einmal über ihre roten Haare lustig gemacht, und da hat sie sie mit der Haut vom Hals an einen Baumast gebunden, und dann, also dann hat sie die großen Schuhe mit den Absätzen von ihrer Mutter angezogen.* (Wieder Babette, seine Kusine, mit dem unerschrockenen Charakter, den der Vater als den seiner Tochter beschreibt, die ein Ebenbild seiner Schwester ist, nur noch wagemutiger.)
Er: *Im Augenblick habe ich mir eine Sammlung von den Soldaten aus dem Mittelalter zugelegt, und auch eine Sammlung von Streichholzschachteln, und auch eine Sammlung von Keksschildchen*[4]*, und zu Hause habe ich einen ganzen Bauernhof... Mit meinem Kusin spielen wir Viehhändler.*
Ich: *Dein Kusin?*
Er: *Ja, Bruno, das ist der Sohn von der Schwester von meinem Vater. Das Ärgerliche ist bloß, daß meine Kusine, o lala, wie die verwöhnt worden ist von meiner Großmutter. Jetzt ist das anders. Das ist »meine« Mutter und »mein« Vater, weil die andere, die heißt Mémé. Sie trägt nämlich ein Pony unterm Arm. Ihr Vater hat es ihr gegeben, das ist allbekannt* (?), *ein kleines Pferd, und es ist stärker als ein Fohlen. Also, wie die stark ist, o lala!* Er be-

3 Siehe S. 54, Abb. 7.
4 Man konstatiert den vorhergesehenen Versuch zur Strukturierung der zwanghaften Abwehrreaktionen.

trachtet seine Knetfigur; die kleine, 15 cm hohe Person liegt auf dem Tisch, ihre Beine würden sie nicht tragen.

Man sieht, daß diese Knetfigur und ihre Merkmale neu sind im Vergleich zu denen aus den beiden letzten Jahren. Bei dieser Sitzung habe ich nur zugehört und so gut irgend möglich zu verstehen versucht, worum es ging, d. h. um die Übertragung der Abhängigkeit auf mich. Dominique drückt seine Furcht vor den weiblichen Vertretern der Familie aus, die faszinierte Sorge, die er seit langem gegenüber seiner Kusine hat, eine Sorge, die er auch bei mir empfindet, die Phobie vor Tieren, vor jeder kämpferischen Aggression. Er drückt etwas von der Sexualität aus – jedoch vollständig verschlossen –, die mit Babette zu tun hat, *alias* der Schwester: die Geschichte der Schlange, die mit Babettes aufgespulten Zöpfen assoziiert wird, mit den Ratten, die die im Schrank[5] versteckten gefährlichen Soldaten in die Flucht schlagen, mit den in den Bäumen[6] versteckten motorischen Impulsen, mit den sexuellen Regungen, die von denen bestraft werden, die auch die Verführerinnen sind (was auch auf mich zutrifft).
Man sieht, daß es sich unbedingt um die Sprache eines Psychotikers handelt; aber strenggenommen kann man für diejenigen, die kleine Kinder kennen, auch sagen: um die Sprache eines Kindes unter drei Jahren. Denn so drücken sie sich häufig aus, vor allem, wenn sie mit sich allein reden und niemand im Zimmer ist, der ihnen zuhört. Dann sprechen sie von sich in der dritten Person, die, wenn sie die erste Person zu entdecken beginnen, mit einem »ich« abwechselt, welches das »er« oder ihren Vornamen ersetzt, um sie als Subjekte zu bezeichnen. Könnte man nun sagen, daß dies die Worte eines einfachen Debilen sind, als der er bei den Tests aufgrund eines Intelligenz-

5 Bekanntlich kann der Schrank eine Darstellung des Unterleibs sein; und wir wissen, daß die Körperwäsche ungewaschen in diesen Schrank geräumt werden muß.

6 In der Imagination der Kinder sind die Bäume eine anthropomorphe Darstellung des vegetativen Empfindens. Schweigen der Eingeweide bei den Gefühlen des Wohlbefindens oder beängstigendes Unbehagen in den Därmen.

quotienten diagnostiziert wurde, der ihm ein geistiges Alter von 4 bis 5 Jahren bescheinigte? Nein, denn kein Kind dieses Alters kann, so desorientiert es sich in der Zeit und in seinem eigenen Raum bewegt, mit solcher Gewißheit über die geographischen Stätten und vor allem die genetischen Familienbeziehungen sprechen, bei denen er, wie wir in allen Sitzungen sehen werden, keinerlei Verwirrung zeigt.

Vierte Sitzung: 16. November

4 Wochen nach der vorhergehenden

Eine Sitzung ist wegen der Ferien von Allerheiligen ausgefallen.
Durch die Mutter, die vor Dominique im Wartezimmer mit mir spricht, als ich ihn hole, erfahre ich, daß alles gutgeht und die Lehrerin mit ihm zufrieden ist; aber er erzählt nichts davon. Sobald er eingetreten ist und sich gesetzt hat: *Ich will einen Schäferhund kneten. Wissen Sie, Brin de Fer, mit der Geschichte bin ich fertig.* (Wir erinnern uns, daß er sie »Brin d'Acier« genannt hatte.)
Ich: *Ach ja?*
Er: *Sie ist mit meinem Vater fortgegangen, und als sie erfahren hat, daß die Freunde weinten, da wollte sie lieber bei ihren Freunden bleiben. Dabei machte sie sich gar nichts draus, in einer Bambushütte zu wohnen. Aber sie ist bei ihnen geblieben, damit sie nicht weinen. Gerade eben lese ich ein spannendes Buch. Die Geschichte von einem Schäferhund. Die Hündin hat Junge bekommen, eins davon ist rot, entzückend.* (Sein Tonfall ist merkwürdig, seine Mimik mitleidvoll.) *Und der Junge hat gesagt: den will ich behalten. Der Vater hat das nicht gewollt, er hat ihn mit den anderen in einem Lastwagen weggebracht. Durch ein Holpern* (wahrscheinlich des Lastwagens auf der Straße, wodurch die Kiste herausgeschleudert wurde, aber er erzählt keine Einzelheiten) *ist der Hund wiedergekommen; es war im Bahnhof, und dann hat er nach dem Weg gefragt* (auch er ist zurückgekehrt, nachdem er sich einen ganzen Tag lang verirrt hatte). *Und der Junge, er heißt Paulo, der hat seinem Vater gesagt: »Siehst du, man will ihn loswerden, und dann kommt er zurück.«* (Sein Bruder heißt Paul-Marie, manchmal nennt man ihn Paulo. Den Eltern zufolge hätte unsere Zentrale ihnen eine Adresse geben müssen, wo er untergebracht werden kann.) Ich sage kein Wort, und nach einer Pause fährt Dominique fort:

Knetfigur des »Schäferhunds«: 4. Sitzung

8

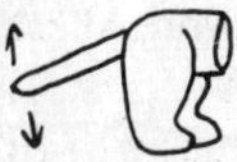

Erste Form: ein Hinterteil. Er hantiert eine Weile mit dem Schwanz, der bald nach oben, bald nach unten weist, bevor er mit der Form des Hundes fortfährt.

Zweite Form: der ganze Schäferhund.
Das Tier steht fest auf seinen Füßen.

1. Stand A, gespaltenes Maul, Verdickung am Schwanzende.
2. Stand B, verkürztes Maul, ohne dargestellte Öffnung; Schwanz, der in zwei Spitzen endet.
3. Stand B', er senkt den Schwanz ganz nach unten. Pfoten und Krallen sind sehr realistisch. Die Ohren haben keine Gehörmuschel. Die Augen: zwei ovale Formen in Hochrelief, rechts in vertikaler, links in horizontaler Richtung.

Dritte Form des Schäferhunds: er schläft, die Augen sind entfernt worden. In Höhe des Halsbands wird ihm der Kopf abgetrennt. Der Körper des kopflosen Hundes modifiziert sich und wird zum Körper einer Kuh.

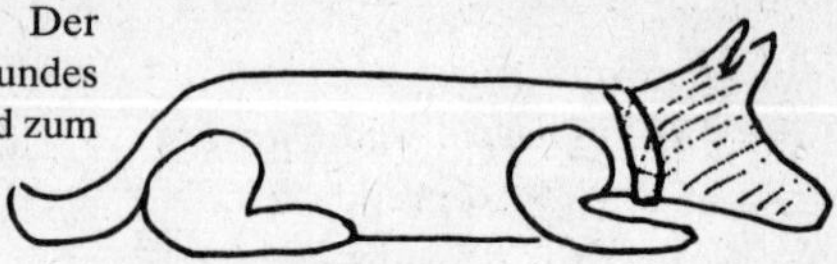

Vierte Form: der Schäferhund wird eine Kuh. Das Halsband hat zwei Reihen abgerundeter Zähne.
Er wird ohne Kopf wieder aufgestellt, Schwanz und Körper werden länger, die Pfoten verlieren die Form von Hundepfoten.

Fünfte Form: heilige Kuh (heiliger Ochse), Höhe 7 bis 8 cm. Zerstört und wiederhergestellt, bleibt sie als Zeuge der folgenden Szene auf dem Tisch.

Ja, der Anfang der Dressur war verpfuscht, aber wenn man sich viel Mühe gibt, und wenn das klappt, dann könnte er einen Preis kriegen. Im nächsten Jahr kann er den Platz eines anderen einnehmen. Hier verstummt er und knetet seine Figur: *Paul-Marie, der erlaubt nicht, daß man redet, ich nicht, meine Schwester nicht, weil wir klein sind. Nur er redet mit Mama.* Ich aber, ich erlaube ihm, daß er redet, und höre ihm zu. Er knetet jetzt seinen Schäferhund[1] und rackert sich mit dem »Schwanz« und einem Hinterteil ab, die eine lange Weile getrennt bleiben. Er weiß nicht, ob er den Schwanz oben oder unten anbringen soll. Schließlich läßt er ihn oben; dann fährt er mit dem Rumpf fort, dann mit dem Kopf und den Ohren; das Ganze steht sehr breitbeinig und fest auf vier Füßen auf dem Tisch.

Er: *Immer hat er recht, Paul-Marie. Sonst ist er ja nett, aber vor allem nett mit den Kindern der andern Familien ... Aber trotzdem, da gibt es die Brüderlichkeit! ...* Pause. *Ach, er hat eine kleine Maus!* (In aller Geschwindigkeit knetet er eine kleine längliche Form.) Pause. Ganz leise: *Er wird die Maus fressen.* (Er gibt sie ihm zu »fressen«. Dadurch wird die Schnauze verändert, die zuerst gespalten und lang war und nun kurz wird und ungespalten. Den Schwanz schließt Dominique mit einer Art Kugel ab. Er entfernt die Augen.) *Das ist der Kopf, und dann alles andere. So. Jetzt schläft er wieder ...* (sein Vater hatte gesagt, daß Dominique immer aufwachte) ... *und er verdaut. Und jetzt wollen wir ihm mal das Laufen beibringen! Aber wo ist die Maus?* (Er tut, als suche er sie.) *Ach so, er hat sie ja aufgefressen, es ist nichts mehr von ihr da. Er stellt den Hund wieder auf und nimmt ihm in diesem Augenblick den Kopf ab und verlängert seinen Schwanz bis zur Erde. Pause ... Also, wir haben mit einem Hund angefangen, und dann kommen wir zu einer Kuh. Der Hund hat geträumt, daß er eine Kuh wird. Und dann ...*

In diesem Moment bemerke ich, daß der Hund statt Augen zwei scharf hervortretende Ovale hatte, wie Fliegenaugen, eins in vertikaler, das andere in horizontaler Richtung. Dieser Tierkopf hat keine anderen Sinnesorgane mehr als Augen und Oh-

1 Siehe S. 59f., Abb. 8.

ren ohne Gehörmuschel. Dann entfernt Dominique die Ohren und setzt »Hörner« auf, d. h. eine Sichel, und klebt den neuen Kopf an.

Er: *Da ist eine Fliege, die will sie ärgern, sie ist unsichtbar. Und dieser Ochse träumt, daß er eine Milchkuh ist.* Schweigen.

Ich: *Wie alt warst du, als du erfahren hast, daß es keine »Pipimacher« sind, was die Kühe zwischen den Beinen haben?* Er antwortet nach einer Pause und errötet: *Ach, ziemlich spät, wissen Sie. Ich glaubte nämlich, sie hätten vier davon ... O ja. Also, einmal in der Schule, aber ich war nicht sicher ...* Eine erste, rasch abgewehrte Antwort, aber mit dem Wert einer akzeptierten Deutung, die den bestehenden Sinn, sich phallisch zu äußern, berührt: meine »Assoziation« mit Deutungswert raubt ihm die Phantasie von urethralen Brüsten.

Er fährt fort: *O ja, aber diese Kuh, die träumt, daß sie ein Ochse ist. Die Kuh, das ist der Traum des Ochsen. Aber der Ochse, von dem sie träumt, der träumt, daß er eine Kuh ist.*

Ich interveniere: *Meinst du, die Kuh träumt von einem Ochsen oder von einem Stier?*

Er: *Also das, das, ich weiß nicht!*

Ich: *Weißt du, daß es zwischen einem Stier und einem Ochsen einen Unterschied gibt?*

Er: *Ach, ja also, ich glaube, die Stiere, von denen habe ich gehört, daß sie viel böser sind. Aber diese Kuh ist eine heilige Kuh, und was glaubt sie wohl, was sie ist!! Also!* Ganz leise: *Sie glaubt, sie ist ein heiliger Ochse. Aber das ist ein Trugbild!* Dann hebt er wieder den Ton und sagt mit einer Frauenstimme: *Wissen Sie, die Trugbilder sind manchmal historisch.*[2]

Ich: *Ich glaube, der heilige Ochse oder die heilige Kuh, das ist vielleicht, weil du ein bißchen verliebt bist in Madame Dolto; du willst sie zur Heiligen machen.* Er wird rot bis über die Ohren und sagt: *Ja;* und schweigt. *Das ja,* wiederholt er mit dumpfer Stimme und konzentriertem Ausdruck.

2 Merken wir an, daß Dominique gelegentlich nur die Tonbandwiedergabe von Reden ist, die er von anderen gehört hat.

Ich: *Vielleicht warst du auch schon einmal in jemand anders verliebt?*
Mit demselben Ausdruck sagt er ganz leise: *Ja, in meine Lehrerin.* Dann ändert er den Tonfall: *Aber ich, wissen Sie* (sehr aggressiv), *ich will nicht, ich will nicht! Das ist nicht gut! Ich will nur meine Eltern liebhaben!* Sein Ton ist viel anteilnehmender, er scheint ängstlich, gereizt; die Stimme wird höher und schließlich sehr scharf.
Ich sage: *Du kannst doch deine Eltern liebhaben wie deine Eltern, aber du kannst dich in deine Eltern nicht verlieben. Seine Eltern lieben und die anderen oder die Frauen lieben, das ist nicht dasselbe.* Und ich erkläre ihm das Gesetz der Liebe außerhalb der Familie: *Es ist schön, verliebt zu sein, das nimmt die Liebe zu den Eltern nicht weg, das ist nicht dasselbe; und später, wenn man öfter so verliebt gewesen ist, dann kommt eine stärkere Verliebtheit, damit man sich verloben und heiraten und Kinder haben kann. So hat dein Vater deine Mutter kennengelernt, als er ein junger Ingenieur war und sie eine junge Lehrerin; und dann haben sie geheiratet und Kinder bekommen.*
Er hört sehr aufmerksam zu, sagt dann mit moduliertem Ton, wieder ruhig: *Ach! Ach so!... Sieh da! sieh da!... Meine Kuh ist aufgewacht. Also, sie ist überhaupt nicht mehr heilig. Sie ist wie alle Kühe... Sie träumt, sie gehört einem Nomaden.* (Ich denke: ist das sein Vater und sein immer gepackter Koffer?) Er singt auf eine Melodie, die ich nicht erkenne: *Pum pum, pum pum.* Er zerstört die Kuh.
Ich: *Was ist das für ein Lied?*
Er: *Das ist das Lied des Nomaden. Während sie die Fliegen verjagte mit ihrem Schwanz, da hat der Nomade geschlafen.* Dann schweigt er und stellt die Kuh wieder her, die er in dem Augenblick der Deutung seiner Übertragung des phallischen, mamillären und urethralen Idealichs auf mich völlig zerstört hatte. *Und jetzt werde ich den Nomaden machen: das ist ein kleiner Mann mit einem Bart, der in einem Baum schlief. Immer wenn er lachte, lachte er in seinen Bart, und sein Bart war im Baum.* (Siehe erster Stand der Knetfigur.)

Der Bart ist vielleicht eine Anspielung auf die Murmeltiere, denen der Nomade ähnelt und deren Pfoten die Großmutter um Dominiques Hals gelegt hat, als er ein Baby war. Wir erinnern uns auch an die Dynamik der Autos und Schlangen in den Baumzweigen. Ich sage nichts und warte. Er fährt fort: *Einmal mußte er sich von seiner Kuh trennen, denn er war ein armer Bettler, und dann hatte er es satt, immer Milch zu trinken, also ist er losmarschiert und zog seine Kuh hinter sich her*... (Zweiter Stand der Knetfigur. Siehe die sogenannte Kuh, ein vertikales Etwas mit einem klammerartigen Kopf mit zahnlosem Gebiß, sowie ihre Verbindung mit dem Nomaden, eine Art »Nabelschnur«.) *Er fand viel mehr Gras als Nahrung für sich. Da mußte er wohl oder übel Blätter fressen wie sie. Er war mager, der Arme. Früher war er einmal Maharadscha, aber wegen einem unfehlbaren Beschluß; und auch die Kuh hat früher Gold gelegt, statt ein Kalb zu machen. Aber ein eifersüchtiger Fakir hat es weggenommen, er hat ihr eine Spritze gegeben, dann einen vergifteten Grashalm, und sie hat überhaupt kein Gold mehr gemacht. Und eines Tages hat sie ein Kalb gemacht wie eine normale Kuh*... *Dann ist sie dreimal mager geworden, und das Kalb dreimal fett. Und natürlich, sie ist gestorben*... *Der arme Mann fand wirklich, daß er sehr einsam war, und dann wollten die bösen Leute nichts von dem armen Alten wissen. Viele Monate lang wanderte er, er wanderte dreimal mehrere Monate, sein langer Bart hing auf die Erde, und dann sagten ihm alle Leute am Weg: »Guten Tag, Mademoiselle.« Und das, das hat ihn geärgert; und dann sagten die Leute das, um ihm zu schmeicheln. Eines Tages sah er in der Ferne eine Kamelkarawane.* In diesem Augenblick knetet er winzige Kamele, die dem Nomaden etwa bis zu den Füßen reichen (siehe Skizze), und singt dabei eine rhythmische Melodie. Diese »Kamele« sind durch ein sehr dünnes Band miteinander verbunden.

Dann sagt er: *Oh, was ist los?* (All dies mit manierierter Stimme.) *Mein armes Geißlein (biquette), ich muß dich verkaufen!* (Er stellt die sogenannten Kamele dicht neben den sogenannten Mann.) *Und dann fiel die Kuh auf seine Füße, so müde*

9

(Höhe ca. 2,5 cm)

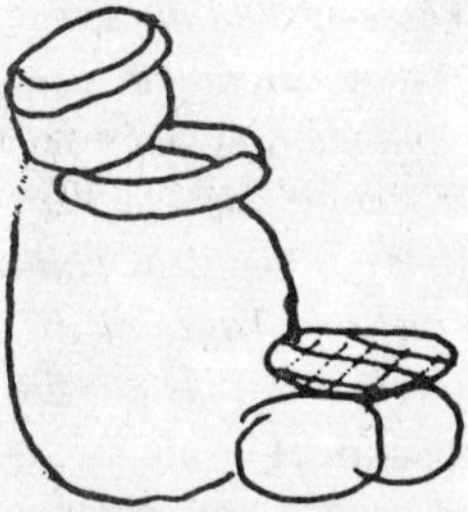

Erster Stand: der Nomade, er ist Maharadscha.

Seine Geiß-Kuh

Zweiter Stand des Nomaden, der seine Kuh zieht (sie wird »Mademoiselle« genannt). Eine Kopfmasse, eine Körpermasse und eine Kopfbedeckung zwei Augen, zwei Zöpfe und ein Bart, der auf der Erde schleift.

Dritter Stand: der böse Mann oder der erschöpfte Nomade? Nur ein Auge, eine Öffnung, Schlitz in der Kopfbedekkung, eine abgeflachte Kopfmasse, zwei weitere kubusförmige Massen, ein Anhängsel zwischen Ober- und Unterleib.

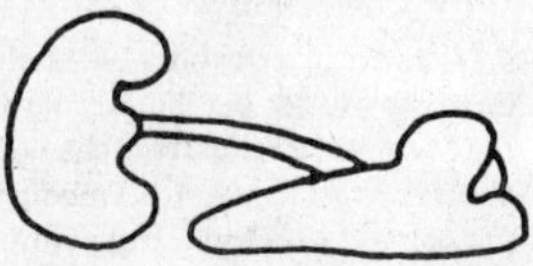

Die Kamele

war sie. Also nein, ich will dich nicht gleich verkaufen, aber ich werde diesen Mann da um Wasser bitten. Bis später... Er erzählt weiter und schiebt dabei die kleinen Knetstücke hin und her, von denen ich kaum begreife, was und wen sie darstellen: *Dann erzählt er alles dem Nomaden: daß mein armes Geißlein* (die ehemalige Kuh) *Durst hat, daß er mir Wasser geben muß, daß ich ihm das Geißlein verkaufen würde, das den Ehrenplatz hatte. Adieu, adieu, mein Geißlein! Und der Nomade, der hatte sein Kamel verloren, es war krepiert. Und er kaufte das Geißlein. Nein, du mußt diesem Herrn da folgen. Aber das Geißlein wollte ihm nicht folgen! Also verbietet man ihm mehrere Tage, mit diesem Mann zu reden. Es war ein viel böserer Mann als der das Geißlein gekauft hat.* Diese letzten Worte spricht er mit strenger Miene und seltsam tiefer Stimme aus. Auch verwandelt er die erste vierbeinige Kuh, die er die ganze Zeit über liegengelassen hatte, indem er ihr die Schnauze übermäßig verlängert, um sie an der Nase zu ziehen. Er sagt: *Der Mann, der war kräftig, er sagt dem Tier, daß es dem Mann gehorchen muß. Die Tiere sind da, um zu gehorchen. Und sie mußte ihn auf dem Rücken schleppen, denn der Arme hatte bloß noch einen Fuß.* (Siehe dritter Stand der Knetfigur.)

Diese halbdelirierende Sitzung ist interessant wegen der Verschiebung der Identifikationen. Zu Beginn gibt es die Phantasie des Mädchens (der letzten Sitzung), die mit dem Vater des Subjekts fortgegangen ist. Und man versteht nicht recht, was geschehen ist. Es scheint, als habe sich das Mädchen verdoppelt, als sei ein Teil von ihr aus Mitleid mit den Unglücklichen und jenen beiden aus dem Zoo entflohenen wilden Tieren in einer Hütte geblieben, Tieren, von denen Dominique im Singular spricht (vielleicht sein kannibalischer Instinkt bezüglich der Brüste seiner Mutter, die durch kein Tabu bewacht sind[3]). Dominique bemerkt die Widersprüche nicht. Dann kommt der

[3] Nicht kastrierte oder vielmehr künstlich reaktivierte kannibalische Triebe, denn die Mutter hat ihm bei der Geburt der Schwester wieder die Brust gegeben; die Stummheit scheint durchaus die Folge der Destrukturierung des verbalisierten Worts gewesen zu sein, Symbolisierung der oralen Beziehung, nachdem der Körperkontakt durch die Entwöhnung verboten war. Die Identität kannibalischen

Schäferhund. Wir bemerken, daß dieser Lieblingshund rot ist wie das kleine Mädchen der letzten Sitzung. Und diesen Schäferhund will man loswerden, aber es gelingt nicht. Genau das ist Dominique passiert. »Man« ist ihn ein Jahr lang losgewesen, »man« hat ihn nach Perpignan geschickt, aber er ist wiedergekommen, und »man« ist ihn nicht losgeworden. Und augenblicklich dachte Paulo (*alias* Paul-Marie), daß »man« ihn durch die Unterbringung in einem Heim loswürde, aber er ist immer noch zu Hause. Dann kommt die Geschichte mit der Hundekette; in Grün (*en vert*/in Grün; *envers*/umgekehrt?) wie die Schnüre, die das kleine Mädchen um die Schuhe ihres Vaters gebunden hatte und die sich in ihre Zöpfe verwandelt hatten (2. Version, als das Mädchen phallisch gewertet wurde), in die Stöckelschuhe ihrer Mutter. Da ist, auf den Hund projiziert, die Phantasie – die Dominique in seinem Knetspiel darstellt –, in dem Augenblick den Kopf zu verlieren, da man sich auf den Weg macht. Aber hat sich das nicht in Dominiques Leben ereignet? Laufen bedeutet aufstehen, phallische Stellung des eigenen Körpers in bezug auf seine Unterlage, den Boden. Es herrscht Verwirrung zwischen der Tatsache, eine sinnvolle Beherrschung seines phallischen Hinterteils zu haben, und derjenigen, Füße mit Schuhen zu haben; Füße von Menschen, deren Geschlecht durch den schwankenden phallischen Wert zwischen dem Mann und den Tieren, zwischen Mann und Frau indifferenziert ist. Dann folgt jener Übergang vom Hund zur Kuh über den »Schwanz«, wobei zuerst der Kopf und die Augen verlorengehen. Dann die Kuh, die träumt, sie sei ein Ochse, welcher Ochse im Traum der Kuh träumt, er sei eine Kuh. Es besteht ein Argwohn, ein Zweifel, eine Unfähigkeit, sich für das geträumte, d. h. das gewünschte Geschlecht zu entscheiden; zu wissen, welches Geschlecht die Leute haben und welches Geschlecht er selbst hat. Wenn er sich in ein Tier projiziert und dies

Verhaltens des zweieinhalbjährigen Knaben mit diesem Mädchen-Baby hat sein Körperbild enthauptet und seine Struktur abgeschliffen, so daß sie nicht nur das mit der Sprache verbundene Körperbild berührte, sondern auch das mit den Mund-Brust-Euter-Empfindungen verbundene Körperschema.

auch mit mir und der Lehrerin tut, welches Geschlecht haben wir dann? Wir sind heilig, d. h. »anbetungswürdig«, göttlich, außerhalb des Bezugs auf sexuierte Wünsche im Hinblick auf Heirat und Kindschaft. Man sieht auch, daß Unkenntnis, Ausgeschlossenheit herrscht hinsichtlich der Frage der Fruchtbarkeit des Hornviehs, der Kastration der Ochsen, des Problems des Stiers. Aber Dominique hat auf dem Land bei einem Tierzüchter, seinem Onkel, gelebt und mag Tiere sehr. Er sagt, daß das Männchen, der Stier, böse ist. Dominique selbst schlug mit seinem Kopf (seinen Hörnern) gegen die Wiege und die Wände, und er siegte über seinen Vater, indem er ihm seine Milch gebende phallische Mutter wegnahm, an der er noch saugte, als er schon gut sprechen konnte.
Und dann ist da die Geschichte von der heiligen Kuh, die er sicher irgendwo gelesen hat – der Apis-(*à pisse*)-Stier, wie das ägyptische Schiff und der Trojanische Krieg. Sichtlich wurde sie mit der Lehrerin oder mit mir identifiziert, mit besonderen Personen, die nicht wie die anderen Personen waren, weder männlich noch weiblich, *über* den anderen. Die Übertragung mythischen Typs im Augenblick der Deutung hat diesem »Idol« seinen normalen weiblichen Status zurückgegeben, es gebiert nun seiner Art gemäß und nicht nur anal Goldwert (*veau*/Kalb; *vaut*/ist wert). Da ist die Geschichte von dem Bärtigen in einem Baum, die Geschichte von einem heruntergekommenen Bärtigen, der ein Maharadscha, ein Prinz, war. Es ist wirklich seine eigene Geschichte: klein, König seiner Mutter, behaart bei der Geburt, wie es hieß, mit seinen langen Haaren; er war sanft wie ein Schäfchen, Zicklein, Geißlein.
Als sich sein Trauma endgültig festgesetzt hatte, war er nur noch ein Geißlein (*biquette*), eine verdurstende *quéquette** (pissende Kuh), denn die Mutter schränkte ihn im Trinken ein wegen des Bettnässens. Da sieht man nun eine magere, verdurstende Kuh, die vor Erschöpfung hinfällt, und an ihrer Stelle ein Kamel, ein genügsames und widerstandsfähiges Tier. (Es liegt

* Argot für männliches Glied.

auf der Hand, daß ich alle diese Überlegungen erst nach nochmaliger Lektüre dieser Sitzungen angestellt habe. In deren Verlauf war ich ganz Auge und Ohr, mir der Bedeutung einer Wahrheit bewußt, die mit all ihren Ausdrucksmitteln ans Licht drängte.)
Aber Dominique fährt fort. Ich höre immer noch zu, warte zwischen seinen Pausen.

Er: *Der Mann erzählt alles dem Nomaden, und dann geht er zu seinem Kuh-Geißlein zurück und sagt: »Mein armes Geißlein, dieser Mann will mir nur Wasser geben, wenn ich ihm mein Geißlein verkaufe, das den Ehrenplatz hatte. Adieu, mein Geißlein.«*

In dieser Geschichte, in der das Geißlein, alias *quéquette,* alias phallisches Partialobjekt geehrt wird, ein Objekt, dem das Subjekt Leben geben will, indem es ihm zu trinken gibt (lebendes, fließendes Wasser), ist er zu folgender Absurdität gezwungen: sein kostbares Objekt zu verkaufen, um Wasser zu haben, d. h. um das am Leben zu erhalten, was er nicht mehr braucht, wenn er dieses Objekt nicht mehr besitzt. Es ist ein betrügerischer Handel. Im Hinterkopf denke ich, daß diese Phantasie allegorisch wiedergibt, was sich für dieses Kind ereignet hat, nicht eine Kastration, die zur Kultur initiiert, sondern eine Verstümmelung. Nach dem Verzicht auf das Partialobjekt, die urethrale Rute, hat es keine Symbolisierung gegeben: sondern Betrug. In der Tat gab es keine Bewahrung des Zugangs zum Phallus durch den Verzicht auf eine erotische Lust oraler Absorption mit emissivem urethralen Ziel, sondern die Befriedigung des Bedürfnisses verlangte die totale Aufgabe des Objekts, den Verzicht auf die Liebe und den Wunsch selbst, um zu überleben. Diese Geschichte eines Partialobjekts ist nicht nur die seiner Rute bezüglich des eigenen Körpers, sie ist auch die seine insgesamt, insofern er das Partialobjekt gewesen war, Fetisch des imaginären Penis seiner Mutter bis zur Geburt der kleinen

Schwester.[4] Dieses kostbare, vom Subjekt, seinem Besitzer, getrennte Objekt kann nur überleben, wenn es verkauft, d. h. einem bösen Herrn ausgeliefert wird, der ihm nichts mehr zu leben (zu trinken) geben wird, sondern ihn an der Nase zieht (siehe die Nabelschnur, die Nasenspitze der Knetfigur). Dieses Geißlein ist sein Geschlecht zur Zeit des Stillens, von nun an abgeschlossen in seinem lebendigen Wunsch, und dessen totes Gewicht er folglich tragen muß. Anders gesagt, die mütterliche Instanz, die ihn an der Nase führt, ihn, Dominique, besteigt ihn gleichzeitig wie ein Reittier zwischen den Beinen; doch dies geschieht nur unter der Bedingung, daß dieses berittene Objekt jede eigene Initiative verloren hat. Es ist wirklich die Entfremdung des Wunschs des Subjekts für die Befriedigung eines perversen Wunschs des anderen, ko-narzißtisch, unfähig, sich allein zu leiten. In dieser Geschichte heißt es auch, daß das Geißlein seinen neuen Besitzer ziehen mußte, der sich nicht einmal mehr um es kümmerte, weil dieser zweite Besitzer nur noch einen Fuß hatte, eine einzige Ex-Brust, die als Fuß dient, einen Rumpf mit einem »vereinzelten« Glied. Dominique hatte nicht mehr seinesgleichen, keinen Mitmenschen mehr, niemand mehr, mit dem er sich identifizieren konnte; er war gezwungen, in seiner zwischenmenschlichen Beziehung in eine körperliche Abhängigkeit zu regredieren; war er selbst geworden in seinem eigenen Körper nur als Penis, Partialobjekt eines anderen, typische Metapher der fötalen Beziehung.[5] Es sind Abwehrmittel angesichts der überschwemmenden Phobie des drohenden Todes in einer Situation fälschlicher Übertragung. Es ist eine Re-

4 Sylvies Geburt hat in der Tat die libidinöse Ökonomie der Mutter modifiziert. Madame Bel war ein Kind und ein junges Mädchen gewesen, das ihre Eltern wegen seines Geschlechts verleugneten. Die Mutter hatte sich nicht um ihr Studium gekümmert. Und sie hatte einen »Zwilling im Leid« geheiratet. Sie sah, daß Sylvie von der Familie Bel so gefeiert wurde wie ihre väterliche Tante. Der Vater sagt von seiner Tochter: »Sie ist wie meine Schwester, nur noch tapferer.« Sylvie ist also eine Bel; und die Mutter sagt: »Ich habe viel zu tun mit meiner Tochter, ich kümmere mich um ihre Schularbeiten, sie braucht mich sehr«: sie selbst ist es, die Sylvie braucht.

5 Siehe die beiden »Kamele« und ihre winzigen und merkwürdigen Formen, S. 65.

gression in ein präverbales Stadium, ein Stadium des Primärprozesses, dessen Ausgang versperrt ist, da er das Funktionieren der Selbstverschlingung implizieren würde, während zur realen Zeit des Primärprozesses die Verschlingung nur phantasiert wurde und die reale Absorption der Muttermilch das Leben des Austauschs (den Strom)[6] zwischen dem Präsubjekt-als-Partialobjekt und seinem Präobjekt aufrechterhielt: das totale Bild des Erwachsenen, mit dem er sich, dank einer wechselseitigen Anziehung, in seiner Totalität als eigener Körper und erogene Zone identifizieren kann.

6 Das Band dynamischer Partizipation.

Wenn wir nun, bevor wir mit dem Bericht der Sitzungen fortfahren, das klinische Bild zusammenfassen, das dieser Knabe aufweist, sehen wir eine Verkennung des Raums, eine Verkennung der Zeit, und natürlich auch ihrer Wechselbeziehung, d. h. der Art und Weise, die Zeit und (durch experimentelle Verfahren) den Raum zu messen. Daher ist das Sehen gefährlich. Diese Verkennung erlaubt es nicht, im Raum Dimensionsunterschiede, d. h. virtuell Greifbares darzustellen. Wie seine Mutter sagte, glaubt Dominique, daß in einem kleinen Päckchen ein sehr großer Gegenstand enthalten sein kann, daß entfernte Dinge auch in Wirklichkeit klein sind (die perspektivischen Täuschungen sind Realität). Was die Zeit und die Beziehungen in der Zeit betrifft, so interessiert sich Dominique sehr für die Geschichte, er liest historische Erzählungen, wie es scheint, ist jedoch, wiewohl mit Geschichte und Vorgeschichte befaßt, unfähig, das Früher und das Später zu erkennen. Wir werden es im übrigen bei den folgenden Sitzungen noch sehen. Angesichts dieser Verkennungen begreifen wir besser den Sinn der Abwehrhaltungen gegenüber Gefahren des Angriffs; die Angst, betrachtet zu werden, zu sehen und gesehen zu werden: ebendies verleiht Dominique jenen fliehenden Blick, der sich auf niemanden richtet, der hinter gesenkten Augenlidern zur Seite abrutscht; und die Angst, gehört zu werden und zu hören, was durch plötzliches Absinken der Stimme zum Ausdruck kommt, so als ob Dominique ein Geheimnis verriete oder von sehr weit her spräche und wieder näherkäme. All dies ist die Angst, eingefangen, gebissen, angegriffen zu werden. Diese beiden Phobien stehen zweifellos in Beziehung zur gesehenen oder miterlebten Urszene. Dominique hat bis zum Alter von zweieinhalb Jahren in seiner Wiege im elterlichen Schlafzimmer geschlafen (d. h. bis zur Geburt von Sylvie). Latent scheint er in Panik zu sein durch die Furcht, ergriffen, gebissen, fortgebracht, getrennt zu werden. All dies führt zu Verhaltensweisen der Vermeidung, der Vermeidung von Begegnungen, und verursacht bei den anderen Menschen wie bei den Tieren (ist es spiegelbildlich?) eine Haltung der Scheu und Nicht-Begegnung gegenüber seiner Person. Er läuft nie, fürchtet sich vor laufenden Kindern und vor Hunden. Alles Belebte, das sich ihm nähert oder dem er selbst sich nähern könnte, wird als eine räuberische, zerstückelnde Belebung empfunden: Dominique bezeichnet das Unerträgliche dieser Situation, an der eine ständige Folter schuld ist, durch die chronische Mimik, die seine versteinerten, reservierten Gesichtszüge mit dem Lächeln, das freundlich tut, zum Ausdruck bringt. Er vermeidet es, irgendeine Initiative zu zeigen, durch ein naives, entwaffnendes Verhalten von Apragmatismus; ein im übrigen absolut unwirksames Verhalten, denn, da unveränderlich, erscheint es nicht mehr als mimischer Ausdruck, sondern als Maske geistiger Debilität; Dominique legt einen Habitus und eine Miene totaler Ohnmacht an den Tag. Eine Miene, die ebenso wie seine Haltung und seine Worte von einer magischen Versöhnungssprache herrührt.

Die Symbolisierung, welche die Gestik des Körpers zur Zeit der oralen Phase bedeutet, wenn sie zwischen Personen entstanden ist, die darauf verzichtet haben, sich gegenseitig zu essen und zu trinken (das Kind nimmt die »Milch von der Mutter«, die ihm Fäzes und Urin abnimmt), führt gewöhnlich zu symbolischen Beziehungen ausgedrückter Zärtlichkeit: Umarmung, Kuß, zärtliche Berührung, die nicht sexuell erforscht, sondern die Welt und den eigenen Körper statt den aufgegebenen Körper der Mutter erforscht.[7] Nichts von alledem bei Dominique; das war niemals so und ist nicht möglich. Alles führt zu dem verschlingenden Kontakt, zum erotisierten und verschlingenden Ausgang eines seinerseits verschlingenden und plündernden Anderen. Der Ernährungsstil, vergessen wir es nicht, hat bisher jede quantitative und qualitative geschmackliche Aufwertung oder Abwertung ausgeschlossen. Dominique hat niemals irgendeine alimentäre Vorliebe oder Abneigung, weder

7 Erinnern wir uns, daß Dominique schon sprechen konnte, bevor er entwöhnt wurde, daß er sich von selbst entwöhnt hat und daß er während der ganzen Zeit, da seine Schwester gestillt wurde, erneut an seiner Mutter saugen durfte, sooft und solange er wollte.

Widerstand noch Naschhaftigkeit gezeigt. Dazu ist auch zu sagen, daß in dieser Familie den Kindern jede Freiheit gelassen wird, zu jeder Tageszeit *nach ihrem Bedürfnis* zu essen, ohne um Erlaubnis zu fragen. Die Mutter bereitet alles vor, aber sie erlegt *den oralen Wünschen der Kinder keinerlei Beschränkung* auf. Das gleiche gilt für die Gestik der analen Symbolisierung: loslassen, auf die Erde oder ins Wasser werfen, eine Masse kneten (siehe den Stil seiner Knetfiguren); Dominique ist niemals räuberisch, macht nie eine gewalttätige Geste, schreit nicht, muckt nicht zielgerichtet auf, er hat keine Bitte und keinen Wunsch. In der Familie und in der Gesellschaft ist er »abwesend«.

Dieses Kind weist noch Phobien auf, von denen einige ausgeprägt genug sind, daß alle Welt davon sprechen kann. Niemand jedoch spricht von seinen Verkennungen und der phobischen Struktur, die ihnen zugrunde liegt. Man sagt zwar, daß er sich verirrt, daß er so zerstreut ist, daß er nicht weiß, wie er angezogen ist, usw., aber man sagt nicht, daß er latent von allem verfolgt wird, was in der Zeit und im Raum existiert, sowie von allem, was sich in irgendeiner Weise bewegt. Bemerkt wurde seine Phobie vor allem, was sich dreht, vor Karussells, vor Fahrrädern. Er hat auch »Manien«: Riten des Aufräumens und stummer Zornausbrüche, die sich kaum äußern. Er ist voller Angst, wenn man Gegenstände von ihrem gewohnten Platz nimmt. Er hat die Phobie vor dem Waschen, vor dem Spülen. Alles, was sich bewegt, und alles, was modifizierbar ist, ist beunruhigend, befremdlich. Jedes dynamische Bild scheint ein Signal für Dominiques Existenz zu sein, *insofern er noch lebt, also noch annulliert, getötet werden kann (s'il vit*/wenn er lebt; *Sylvie*/Name der Schwester).

Diese Verkennungen existieren normalerweise bei allen kleinen Kindern, und wir sehen auch, daß ihre rettenden Abwehrmechanismen meist glücken, die durchaus üblich sind und niemanden schockieren. Kleine Kinder, die vor Personen, die sie nicht kennen, ängstlich werden, verstummen, machen den Mund nicht auf; »sie verlieren die Sprache«, wie man sagt. Sie kehren zu einem präverbalen, regressiven Verhalten zurück, sie sehen, hören, ich würde sogar sagen: wittern alles, was vorgeht, und sagen kein Wort dazu, oder sie zeigen eine Regression vom Typus der Teilhabe am Körper der Mutter, so wie angesichts beunruhigender Dinge oder Tiere: sie verkriechen sich wieder in ihre Röcke, verstecken sich hinter der Mutter, die ihnen als Schutzschild gegen die Gefahr dient. Am Körper der Mutter, zuweilen mit dem Rücken am Körper der Mutter liegen sie auf der Lauer; oder sie verbergen das Gesicht in ihrem Schoß und weichen den beunruhigenden Wahrnehmungen aus. Doch auf dieses Verhalten, das wir bei allen Kleinkindern beobachten, folgt sichtbar eine totale Beruhigung durch eine beschützende und keusche, sexuell nicht provozierende Geste seitens der Mutter. Einige verfallen, neben der Tendenz, ein Nest zu suchen, in den Ritus des Daumenlutschens, kratzen sich am Ohr, wobei sie sich pseudo-fötal zusammenkrümmen, sei 's in sich selbst, sei 's in den Armen oder auf den Knien der Mutter, und sich abwenden von dem Schauspiel, das sich ihnen bietet. Dominique aber hat als Kind niemals solche Verhaltensweisen gezeigt. Mit seiner Mutter befand er sich ungemein früh in einer Beziehung des Sprechens von Angesicht zu Angesicht, da er schon deutlich zu sprechen begann, bevor er, als Einjähriger, entwöhnt wurde, und er mochte die körperliche Berührung mit ihr nicht sonderlich, nicht einmal vor der Geburt seiner Schwester; der Vater bestätigt es. Seine Mutter beherrschte er (entsprechend seinem Vornamen). Durch seinen Willen, durch plötzliches masochistisches Verhalten[8] bändigte er sie; er machte sie zu seinem aufmerksamen Sklaven und trennte sie damit von seinem Vater, mußte jedoch geduldig, bis zur Geburt seiner Schwester, in seiner Wiege die nächtlichen Umarmungen und die körperliche Nähe der Eltern während der flüchtigen väterlichen Anwesenheit ertragen, Anwesenheiten und Abwesenheiten, die nicht vorhersehbar, vom Vater nicht angekündigt, d. h. für das Kind gleichsam magisch waren.

8 Die Schläge mit dem Kopf (eines Tiers mit Hörnern) nachts in seiner Wiege, von denen er sogar blaue Flecken bekam.

Ich habe in meiner Arbeit über die Eifersucht auf den Nachgeborenen[9] eine theoretische und klinische Untersuchung der sogenannten Eifersuchtsreaktionen geliefert und gezeigt, daß sich bei verschiedenen Beobachtungen und seither bei allen mir bekanntgewordenen Fällen die Hypothese bestätigte, daß die Störungen des um weniger als 4 Jahre älteren Kindes immer einem Konflikt in der Strukturierung der Identität des Subjekts entstammten. Diese Identität ist eine Funktion der Gesamtheit der Instanzen der Persönlichkeit, deren ethische, orale und anale Organisation bei der Geburt eines Zweitgeborenen erschüttert wird. Wir sehen, daß es bei Dominique einerseits diesen Identitätskonflikt gegeben hat: er war nicht mehr derselbe wie zuvor, die Rolle, die er inne hatte, war nicht mehr dieselbe, da er nicht mehr der Liebling, der Beschützte war und es einen anderen gab. Dies entspricht, wie man täglich beobachten kann, der Eifersucht eines Haustiers, das auf seinen Herrn fixiert und eifersüchtig ist, wenn dieser sich mit einem anderen Gegenstand befaßt. Kurz, es ist eine Enteignung. Doch beim Menschen vollzieht sich etwas weit Komplizierteres. Die Liebe, die das menschliche Wesen in seiner sich strukturierenden Person der Mutter und der Umwelt entgegenbringt, ist eine Liebe, deren effektive Resultante eine Mimik der Identifikation ist, der der Introjektionsvorgang folgt. Das menschliche Kind verhält sich so, wie es die Älteren beiderlei Geschlechts sich verhalten sieht, und gleich um welche Familienmitglieder es sich handelt, sie sind auf dem Lebensweg weiter fortgeschritten als es. Indem es sie introjiziert, sie sich symbolisch einverleibt, entwickelt es sich gemäß der Richtung jeder Dynamik. Mit der Entwöhnung von der Brust verzichtet das Kind auf die kannibalische Einverleibung, doch statt dessen hat es die mit der Assimilierung der Laute und Bilder verknüpfte Introjektion kennengelernt, einen strukturierenden symbolischen Prozeß, und mittels dieser Introjektion die Gunst der Umwelt sowie einen sprachlichen Austausch gewonnen, Zeugnis seiner Zugehörigkeit. Und dann

9 F. Dolto, »Hypothèses nouvelles concernant les réactions de jalousie à la naissance d'un puîné«, *Psyché*, Nr. 7, 9, 10, Paris 1947, vergriffen. (In Vorbereitung.)

taucht magisch eine kleine Schwester auf und wird zu einem unbestrittenen phallischen Wert, d. h. für alle Mitglieder der Familie zu einem Zielpunkt. Gemäß seiner oralen Dialektik von Identifizierung und Introjektion muß Dominique *sie introjizieren*, d. h. für das 20 bis 30 Monate alte Kind geht es darum, das Verhalten jenes Säuglings als tüchtiges Verhalten anzusehen, eines Säuglings, der nicht sprechen und sich nur an der Brust erhalten kann, dieses inkontinenten Säuglings, der, befremdlicherweise, der Mutter so große Freude macht, die doch sonst so zornig wird, wenn sie schmutzige Hosen sieht.
Bei Dominique haben wir es mit einem Fall von Eifersucht auf den Nachgeborenen zu tun, denn er steht vor den derealisierenden Folgen einer unannehmbaren Realität. Wenn wir begreifen wollen, warum in diesem besonderen Fall die Dinge sich so entwickelt haben, verfügen wir, wie es scheint, schon über genügend Elemente, um den Prozeß bis zum Beginn der charakterlichen und dynamischen Verwirrung mit zweieinhalb Jahren zu verfolgen. Was das Kind nach der Geburt der Schwester erlebte sowie die Abwehrreaktionen gegen die Eifersucht, die die Umwelt nicht als solche erkannte, doch in der Angst duldete – was für das Kind bedeutet, daß sie sie billigte –, haben die Dinge nicht besser gemacht. Außerdem, und dies ist noch pervertierender, gab es die Rückkehr zur Mutterbrust und zur Babysprache. Und es gab auch verführerische, »überheizende« libidinöse Elemente seitens der Mutter, ohne daß sie es wußte, die durch mangelnde Kastration[10] weitere Strukturierungsmöglichkeiten in den späteren Phasen, der analen, urethralen und genitalen Phase, zerstörten. Doch dies erfahren wir erst mit Hilfe der analytischen Arbeit im Laufe der späteren Sitzungen.

Kehren wir zu den Ereignissen bei der Geburt der Schwester und der Umwälzung zurück, die sie sowohl in der Familie wie im Verhalten von Dominiques Umwelt, in ihren ausgedrückten Affekten sowie in seiner eigenen Struktur nach sich zog.

10 Siehe S. 225f.

Dominique war der Phallus von Mama. Im ehelichen Schlafzimmer war er König; er brauchte nur eine Laune zu haben, wie man sagt –, d. h. sich seines Körpers zu bedienen, indem er mit dem Kopf gegen die Wiege stieß –, und schon verließ seine Mutter ängstlich das Ehebett, gab ihm seinen Willen, befriedigte nicht so sehr seine Bedürfnisse als vielmehr seinen Wunsch, sie von ihrem Mann zu trennen, befriedigte jene Säuglingsdespotie, die sie mit einem königlichen Bedürfnis entschuldigte. Aber es muß auch gesagt werden, daß diese Mutter sehr frühzeitig Sauberkeit erzielen wollte, was ihr im übrigen beim Stuhlgang auch gelungen ist, und daß die Drohungen des Kindes, das Bett zu nässen oder zu beschmutzen, die ein Zornanfall des Kindes bedeuten konnten, für sie eine reale Gefahr darstellten, so fixiert war sie auf die Sauberkeit, so phobisch reagierte sie auf den Schmutz.

Vergessen wir nicht, daß dieser kleine Phallus von Mama sehr frühreif war. Er begann zu sprechen, bevor die Zähne kamen, und konnte schon richtig sprechen, als er noch nicht entwöhnt war. Und als er entwöhnt wurde, begann er zu laufen. Dieses kleine Kind, das zwischen der Mutter und dem älteren Bruder einhertrottete, führte ein sehr beneidenswertes Leben. Gewiß, er beherrschte seine Sphinktermuskeln noch nicht, aber er hatte sie der Mutter als Gegenleistung für ihre eigene Befriedigung verkauft. Gewiß, er konnte noch nicht perfekt sprechen, aber sein Kauderwelsch erlaubte es ihm, sich, gleich einem Papagei, dem man zuhört, zwischen seinen Bruder und seine Mutter zu drängen und alle Tage die Rolle des Dritten zu spielen.

Vergessen wir auch nicht, daß Dominique schon sehr früh in die Schule kam, mit 2 Jahren 3 Monaten, um es seinem großen Bruder gleichzutun, in eine kleine Montessori-Schule, wo er sich sehr gut anpaßte. All dies ging der Geburt der Schwester voraus. Das Kind fuhr gegen Ende der Schwangerschaft der Mutter zu seiner väterlichen Großmutter, sowohl um jene zu entlasten wie um diese abzulenken von ihrem schweren Schicksalsschlag (das Verschwinden ihres Sohns). Als er zurückkehrt, entdeckt er, daß er im Zimmer der Eltern keinen Platz mehr hat, daß seine Wiege von einem Säugling besetzt ist. Dieser Säugling hat das Familiengleichgewicht völlig verändert. Die Mutter hätte nicht glücklicher sein können, auch der Vater nicht, desgleichen der ältere Bruder, der es ihnen nachmachte und scheinbar auf seine Vorrechte als großer Junge verzichtete, um sich nur noch um diese kleine Schwester zu kümmern. Man versteht den Schock angesichts des Fremdartigen, den Dominique bei seiner Rückkehr erlebte. Wie sollte man sich hier zurechtfinden? Und warum hätte diese kleine Schwester eine so große Bedeutung? Nun, weil die Geburt der Schwester die beiden Linien vollauf befriedigt hat. Das neue Trio Mutter, Vater, Tochter war ein überglückliches Trio. Sogar der ältere Bruder konnte seine Mutter nur »verdoppeln«, um bei Sinnen zu bleiben. Dieses kleine Mädchen, das zweite Mädchen der Familie Bel, kam zur Welt, als man das Ableben des verschwundenen Sohns akzeptiert hatte, so wie die Schwester des Vaters nach dem tödlichen Unfall des kleinen Bruders zur Welt gekommen war.

Der Vater, der mit 7 Jahren durch die Geburt seiner eigenen kleinen Schwester sehr abgewertet worden war, angesichts der Freude der Familie – man bedenke, daß seit 150 Jahren nur Knaben in der Linie Bel geboren wurden –, dieser Vater also genoß die gleiche Freude; doch diesmal war er der Vater; und er machte seiner Frau gleichzeitig wie seinen Eltern Freude. Außerdem ähnelt dieses kleine Mädchen, wie er selbst sagte, ihm aufs Haar und hat zudem noch den Wagemut, der ihm fehlt: »Und sie ist unternehmungslustig!« Natürlich sagte er das bei ihrer Geburt noch nicht; aber er sagte: »Sie schlägt hundertprozentig nach meiner Seite, und sie ähnelt hundertprozentig meiner Schwester.«

Was die Mutter betrifft, so hatte sie sich, wie sie mir gestand, schuldig gefühlt, sich verheiratet zu haben, schuldig vor den Nonnen, die sie aufgezogen hatten, mit denen sie sich gern identifiziert hätte im »Priestertum des Unterrichtens«. Auch hatte sie sich gegenüber ihrer wahren Mutter schuldig gefühlt, die ihr zur Zeit, als sie sich wegen ihrer Fettleibigkeit für nicht heiratsfähig hielt, sagte: »Um so besser, dann kannst du mich wenigstens nicht verlassen.« Die Beziehungen der beiden Frauen waren damals, wie der Vater es beschrieb, Beziehungen intensiver gegenseitiger Aggression. Die Tatsache, ein Mädchen zur Welt zu bringen, das der väterlichen Linie ähnlich sah, war für Madame Bel eine große Befriedigung, auch für ihre eigene Mutter, die ihren Schwiegersohn sehr liebte. Und schließlich hörte Dominique den ganzen Tag lang, daß diese kleine Schwester viel schöner (*plus belle*) und mehr »Bel« (»Vater«) war als er: also vom Vater und der Mutter weit mehr anerkannt: aufgrund des lautlichen Zusammentreffens des Familiennamens mit dem Adjektiv, das die verführerische Macht charakterisiert, war diese kleine Schwester der phallische Signifikant. Von ihm hieß es immer, er sei häßlich, behaart wie ein Affe und ähnele nicht seinem Vater, sondern seinem mütterlichen Großvater, einem rauhen Mann, Antreiber der Schwarzen. Auch darf man nicht vergessen, daß die kleine Schwester Sylvie genannt und Sylvie getauft wurde und daß diese beiden Phoneme – (*s'il vit* (wenn er lebt) – seit dem Verschwinden des Onkels ununterbrochen ausgesprochen wurden, ein Verschwinden, das sich kurz vor der Geburt von Dominique zugetragen hatte. Von frühster Kindheit an hat Dominique die Hoffnungen seiner Eltern vernommen, »wenn er lebt (*s'il vit*), ist er vielleicht hier oder dort; wenn er lebt (*s'il vit*), werden wir ihn wiederfinden«. In Anbetracht der Rolle, welche die Sprache bei einem Kind spielt, das als phallische Äußerung von Kraft und Kultur nichts anderes mehr besaß, mußten diese beiden Silben für die Entstehung seiner vielfachen Verwirrungen und seiner schizophrenen Haltung von größter Bedeutung sein. War das Baby nicht, in Form eines kleinen Mädchens, der verschwundene Onkel?[11] Was geschah mit dem großen Bruder Paul-Marie, als Sylvie geboren wurde? Hätte Dominique Unterstützung finden können, indem er sich von diesem großen Bruder helfen ließ oder sich mit ihm identifizierte? Nein, denn es gab zwischen den beiden Brüdern, diesen beiden Fetischen von Mama, keine wirkliche

11 Siehe S. 84.

Beziehung. Die einzig vernünftige Beziehung zwischen ihnen wäre die gegenseitige Aggression gewesen; doch die hätten weder die Mutter noch der Vater geduldet. Trotzdem bin ich sicher, daß dieser scheinbar einflußlose, zwei Jahre ältere Geschlechtsgenosse es war, der am meisten zur Entwicklung von Dominiques autistischem Einsiedlerdasein beigetragen hat. Wann werden Eltern und Erzieher begreifen, daß die Größeren, wenn sie allein aufgrund ihres Platzes eine Rolle bei der Strukturierung der Kleineren spielen, die sie nachahmen oder sich an sie klammern, von ihnen abhängig zu werden trachten, in ihrem beschützenden Verhalten gegenüber den Zweitgeborenen niemals aufgewertet werden dürfen, damit dieses Verhalten freiwillig eingenommen wird und weder dem einen noch dem anderen schadet? Sie müssen im Gegenteil angehalten werden, nicht den bemutternden oder gesetzgebenden Elternteil zu mimen. Eine solche dominierende Rolle als beschützender Stellvertreter angesichts der offenkundigen Minderwertigkeit der Kleinen kann bei den letzteren nur die strukturierenden Abwehrreaktionen unterhöhlen. Von dem größeren Bruder war noch kaum die Rede. Und doch haben wir wegen seiner neuen Laufbahn im nächsten Schuljahr Dominique kennengelernt, der, da von seinem Bärenführer im Stich gelassen, in ein Sonderheim geschickt werden sollte. In einem getrennten Kapitel möchte ich diese wechselseitige Beziehung der beiden Brüder untersuchen, die ihre ödipale Strukturierung im Augenblick der Geburt der Schwester beeinflußt. Dort werden wir deutlich die Rolle der libidinösen Dynamik in der Familiengruppe sehen, die mit dem Ödipuskomplex verschränkt und von den Eltern orchestriert ist, insofern sie Träger der Erwachsenen-Imago für jedes der Kinder sind. Ihre eigene ödipale »Gegenübertragung« auf ihre Kinder beeinflußt diese Strukturierung, meist indem sie sie hemmt; was folglich den Symbolisierungsprozeß der prägenitalen Libido unmöglich macht.

Nach der Zusammenfassung dessen, was uns seit Beginn zum Verständnis des Falles wichtig erschien, kehren wir nun zum Bericht der Sitzungen zurück.

Fünfte Sitzung: 4. Januar

6 Wochen nach der vorhergehenden: zwei versäumte Sitzungen

Erster Teil

Zu dieser Sitzung sind mit Dominique seine Mutter und sein großer Bruder gekommen; doch ich erfahre erst später, daß dieser im Wartezimmer sitzt. Der große Bruder hatte seine Mutter schon zweimal gebeten, mich »sehen« zu dürfen, ganz zu Anfang, wie es scheint; doch Dominique wollte nicht, daß er kommt. Die Mutter hatte mich letztes Mal davon unterrichtet, daß der Ältere vielleicht käme, wenn ich ihn sehen wollte: ich hatte geantwortet, daß ich damit einverstanden sei, sofern Dominique es wünsche. Dominique aber hatte nun seinem großen Bruder erklärt, er möchte, daß er meine Bekanntschaft macht. Ich habe also nicht abgelehnt.

Die Mutter betritt als erste mein Sprechzimmer, mit der Genehmigung und Billigung von Dominique. Sie hat mir etwas zu sagen, bevor ich ihn sehe.[1] Sie ist überglücklich, noch bessere Weihnachtsferien verbracht zu haben als im letzten Sommer. Ihre eigene Mutter war zu Besuch gekommen, die Dominique nie hat ertragen können seit jenem berühmten Sommer, als er mit drei Jahren ohne aller Wissen vor Eifersucht auf seine kleine Schwester verrückt geworden war. Diese Großmutter hatte Madame Bel ihre Schwäche vorgeworfen; auch ihrem Schwiegersohn, aber besonders ihrer Tochter. Im übrigen hatte die Großmutter eine ausgeprägte Vorliebe für Paul-Marie; sie

1 Wenn ein Patient wirklich wünscht, daß jemand aus seiner Umgebung seinen Psychoanalytiker sieht, denke ich, daß er diese Begegnung für notwendig hält, und schlage nicht ab. Wenn es sich um die Eltern eines Minderjährigen oder um seine Großeltern handelt, willige ich während der Behandlung nur mit der Zustimmung des Kindes ein, in seiner Anwesenheit oder nicht, je nachdem, was ihm lieber ist und was der Elternteil akzeptiert. Wenn das Gespräch nicht in seiner Anwesenheit stattfindet, teile ich ihm den Inhalt, was ihn betrifft, mit.

fand Dominique häßlich. »Es stimmt«, sagt die Mutter, »bei seiner Geburt war er voller Haare; es stimmt, er war häßlich; es stimmt, neben seinem Bruder und vor allem neben seiner Schwester ist er häßlich, und es stimmt auch, daß er meinem Vater ähnlich sieht, der nicht schön ist.« Doch die Großmutter fand ihn ganz verwandelt, er war reizend zu ihr, und nun sind sie die besten Freunde.
Wir sehen, daß Madame Bels Narzißmus durch die Behandlung und Besserung ihres Sohns aufgewertet wurde und daß sie sich in den Augen ihrer Mutter rehabilitiert. Vielleicht liegen dieser Befriedigung auch andere Affekte zugrunde.[2] Nach diesen kurzen Worten kehrt die Mutter ins Wartezimmer zurück, und Dominique kommt.

Zweiter Teil
Gespräch mit Dominique

Er: *Da ist was, das mich ärgert. Weil ich doch krank war, so in meinem Kopf, da habe ich nie was gelernt. Und da ist was, das ich gern lernen will, nämlich wie man die Uhr liest.*
Ich frage ihn, welchen Tag wir haben, sowie nach der Uhrzeit unseres Termins. Ich zeichne ihm auf das Papier einen segmentierten Kreis mit den zwölf Zahlen, eine »Wanduhr«. Er selbst markiert mit zwei gekneteten »Zeigern« die Zeit, zu der er angekommen ist, und nach und nach die Stunden und die Minuten. In weniger als fünf Minuten und ohne daß ich eine einzige Geste gemacht hätte, kann er die Uhrzeit schreiben. Ich mache ihm deswegen kein Kompliment noch lasse ich es ihn wirklich bewußt werden, sondern sage:
Ich: *Und jetzt, was hast du mir heute zu sagen?*
Er: *Und außerdem, er ist mein großer Bruder, der Herr Ich-weiß-alles.* (Er wiederholt es, da er, mittels Gegenidentifizierung, der Herr-ich-weiß-nichts ist.) *Und dann ist immer das große Theater mit dem Hund. Jap, auf den war er nicht stolz, als er überall Pipi hinmachte. Aber er macht Fortschritte. Zu Hause*

2 Sie hat Dominique zwei Sitzungen versäumen lassen.

hat es immer Hunde gegeben. (Das stimmt, aber es wurde noch nie von irgend jemand gesagt, und auch in der Schule wußte man es nicht.) *Wissen Sie, ich habe Ihnen doch von einem Schäferhund erzählt, also, weil ich nämlich Hunde mag. Immer waren Hunde da. Zuerst Gouki, alle mochten ihn gern, er war genauso lieb wie Jap. Und eines Tages mußte er weggegeben werden. Der Besitzer hatte Cockers, also das war wie Hund und Katze.*
Ich: *Aber es gab keine Katzen?*
Er: *Nein, aber sie stritten sich. Das war zu erwarten, ich weiß nicht, was er gesagt hat, aber man mußte ihn loswerden. Er wurde in eine Hundepension gegeben. Ich glaube, das war vor sechs Jahren. Und sehen Sie, eine Zeitlang dachte ich bloß daran. Wenn ich einen Hund sah, dachte ich immer, das ist er, auch wenn er ihm gar nicht ähnlich sah, ich dachte immer, das ist er, in einen anderen Hund verkleidet oder sogar in eine Katze!* (Sylvie konnte also »*s'il vit*« sein, der als Baby verkleidete Bernard.)
Ich: *Ach wirklich?*
Er: *O ja, da hatte ich großen Kummer, als ich sechs war. Vielleicht war ich da auch acht.* (Wir wissen nun aber, daß der verschwundene Bruder des Vaters erst für verschollen erklärt wurde, als Dominique drei Jahre war, und daß ein kleiner Vetter, Babettes Bruder, fast vor seinen Augen mit sechs Monaten an der blauen Krankheit starb, als Dominique 8 war; 6 Jahre ist das Alter des Verweises von der großen Schule und der ersten Behandlung.) *Mein Großvater und meine Großmutter von der Meuse, das ist der Papa und die Mama von meiner Mama, ja, da gab es bei dem Postfräulein zwei kleine Buben* (Lapsus?), *und ich war sehr froh, ich habe sie immer gestreichelt und gekitzelt, wie wenn ich eine Katze hätte, nämlich wenn ich eine Katze gehabt hätte... und dann gab es keine mehr.*
Ich: *Eine Katze?*
Er: *Nein, einen Hund. Also ich, ich mochte ihn gern. Aber die andern wollten lieber einen Hund streicheln, und ich wollte einen deutschen Schäferhund haben.*
Ich: *Ja, warum?*

Er: *Weil ich eine ganze Familie gesehen habe, und die Kinder davon hielten einen deutschen Schäferhund, und es juckte mich, den deutschen Schäferhund zu halten wie die ganze Familie. Für mich, wissen Sie, ist es immer ein Fest, wenn ich jetzt heimkomme. Er liebt mich, unser Hund. Also wenn da jemand ist und sieht, wie Jap mich so liebt, na ja, da können die andern das gar nicht glauben. Unser Hund ist ein Teckel, wenn er nicht lieb ist, dann ist er bissig, weil er beißt, er ist gefährlich. Man muß immer froh sein, weil wenn man nicht froh ist, ist er nicht froh, und dann kann er gefährlich werden... Wenn Mama mir was erklärt hat, das hat mich immer geärgert, weil ich es nicht wußte, und es hat mich vor allem geärgert, daß sie mir was erklärt. Früher mochte ich meinen Namen nicht, »Bel«, ich hätte gern einen Namen gehabt, der mit O anfängt. Ich hätte gern »Olax« geheißen, Olax ist gut. Und wenn die Lehrerin uns aufrief und dann kam ich an die Reihe und dann sagte sie »Bel«, und die anderen sagten: »O wie ist er hübsch!« Und das hat mich auch geärgert...* und ganz leise: *Warum haben sie nie schönes Mädchen gesagt?*
Ich: *Hättest du das gewollt?*
Er: *O ja, aber sie haben sich lustig gemacht.*

Es handelt sich um zwei für seinen Narzißmus sehr zerstörerische Gefühlsregungen, zwei Demütigungen. Ich habe noch nie einen Psychotiker erlebt, der nicht im Laufe der Psychotherapie reale Episoden oder eine reale Situation erzählt hätte, die als demütigend empfunden wurden[3] und von Personen kamen, die Träger des Idealichs waren, sei 's von den Eltern, sei 's von einem Lehrer oder einem Bruder oder einer älteren Schwester, die den Platz der Eltern als Träger des Idealichs eingenommen haben.[4]

3 Für etwas, das er nicht ändern kann: seine Herkunft, seinen Verwandtschaftsgrad, sein Geschlecht, seinen eigenen Körper.

4 Allerdings erzählen auch die »normalen« Leute oder die Neurotiker demütigende Episoden; bei pathologischen Subjekten sind solche Ereignisse besonders prägend, weil sie im Laufe ihrer Entwicklung in Schlüsselaugenblicken der Strukturierung aufgetreten sind, Augenblicken, in denen der Narzißmus, der mit der von der Realität aufgezwungenen Notwendigkeit einer energetischen Umgestaltung der Libido ringt, ins Wanken gerät, einer Libido, deren bisher Geborgenheit versprechende, imaginäre ethische Werte sich als hinfällig erweisen.

Er sagt das Verb »ärgern« in der Vergangenheit ... Verärgert, die Unterweisung von seiner Mutter zu erhalten, verärgert, seinem Vater einen Namen zu verdanken, der ihn angeblich lächerlich macht. Die *hinter diesem Deck-Ärger verborgene Demütigung* ist anderer Ordnung. Es handelt sich bei Dominique um eine Vergewaltigung der menschlichen Person (ihm wurde der menschliche Sinn versagt, den er seiner Ohnmacht vor der Natur und vor der Kultur geben konnte), doch vor allem um eine *Verweigerung der ödipalen Kastration in ihrer initiatorischen Funktion:* diejenige, die vom Vater ausgeht, dem heldenhaften Vorbild für genitale und soziale Macht, diejenige, *die als Prüfung empfunden wird, welche in die Gesellschaft der Knaben einführt.* Es handelt sich auch, hinter dieser demütigenden Erfahrung, um verführerisch-provozierende Regungen, die von den Elternpersonen ausgingen, ebenjenen, welche die Pfeiler des Gesetzes des Inzestverbots sein müßten (wir werden später sehen, auf welche Weise).

Wir bemerken in dieser Sitzung, daß er sich mit den Hunden versöhnt hat, jetzt, da er sich mit seinem Nachnamen versöhnt hat. Die Episode des Hunds, den man fortschicken und dem man zweifellos eine Spritze geben mußte, um dem Hausbesitzer einen Gefallen zu tun, ist eine Episode, die mit der Geburt und dem raschen Tod des kleinen Vetters in bezug zu stehen scheint, des Vetters, der die blaue Krankheit bekommen hatte, wie um der schrecklichen Kusine, der Besitzerin der Stätte, zu gefallen. Diese Kusine war drei Jahre älter als Bruno, ihr kleiner Bruder. Auch gab es eine Versöhnung mit der merkwürdigen mütterlichen Großmutter, der rauhen Bäuerin mit den magischen Riten.

Man bemerkt in dieser Sitzung auch die Anspielung auf eine Episode herzlicher und erotischer Beziehungen zu kleinen Knaben (vielleicht mit Lapsus), so, als wären sie Tiere, die man streicheln kann, Hunde oder Katzen; diese erzählte und phantasierte Situation ist diejenige, deren Gegenstand Dominique seitens der Großmutter aus Perpignan war, die ihn in ihre Arme nahm, um die Fotos ihrer Toten zu betrachten (zumindest erzählt er dies). Außerdem erinnern wir uns, daß seine Mutter, angeblich auf den Rat der Psychoanalytikerin hin, diesen großen sechsjährigen Jungen mit denselben Liebkosungen bedachte wie seine kleine Schwester und daß sie es noch heute so hält. Sie hat ihn um den symbolischen Gewinn der Entwöhnung und der Eifersucht betrogen, indem sie deren Prüfung verfälschte, ihn also um die Möglichkeiten strukturierender Abwehrprozesse betrogen, die nach einer wirklichen Prüfung daraus folgen. Das Trauma war nicht die Frustration an Zärtlichkeit: die Prüfung der Geburt der Schwester bedeutete wieder die Brust und die Preisgabe der erzieherischen väterlichen Anforderungen, welche die menschliche Identität bewahrt und unterstützt hätten. Im übrigen werden wir in der Folge erfahren, was sich für Dominique Pervertierendes ereignet hat, woran ein gewohnheitsmäßiges Verhalten der Mutter schuld war: die passive körperliche Nähe in ihrem Bett, die sie in aller Unschuld ihren Kindern aufzwingt, aufgrund ihrer Einsamkeitsphobie. Doch greifen wir nicht vor.

Nachdem Dominique diese Erinnerungen erzählt hat, knetet er ein Männchen (siehe Skizze, erster Stand), bei dem sich der Unterschied der Machart gegenüber dem letzten, dem Nomaden, und den »Personen« von vor den Ferien bekräftigt.[5]

Ich: *Wer soll das sein?*
Er: *Vielleicht ein Schwarzer von Mama, als sie klein war. Sie waren alle nackt und man sah das.* (Aber man sieht nur eine Silhouette.)
Ich: *Was das?*
Er: *Oh, ich habe ihn angezogen, da sieht man es nicht.*
Ich: *Warum, du hast mir doch gesagt, daß man es sieht?*
Er: *Ja, sie zeigen es, sie finden das nicht schlimm.* Er klebt ihm einen Penis an und sagt: *Da ist es, sein Euter.* (Wirklich sieht es so aus wie ein Kuheuter, das gleichsam eregiert wäre.) Er fährt fort: *Nein, das ist kein Schwarzer von Mama, es ist ein*

5 Siehe S. 91, Abb. 10.

Baby, das auf den Topf muß. Ich habe nämlich lange ins Bett gemacht, wissen Sie (er sagt es ganz leise). *Und dann, auch das da heißt das Geschlecht des Mannes.* Und er klebt diesem Männchen zwei Kugeln an, die die Brüste vorstellen (siehe Skizze, zweiter Stand).
Ich: *Nein, das heißt nicht das Geschlecht. Das ist das, was du vorhin drangemacht hast. Diese beiden Kugeln da sind etwas anderes, was?*
Er schweigt eine Weile und sagt dann: *Mama, eine Zeitlang hat mich das Pantheon interessiert. Sie wissen doch, das Pantheon, wo Napoleon begraben ist, wo ein Krankenhaus ist, ein Hospital des Grabs.* (Seine Mutter: ganz Gott, Form, Brüste und Tote. Ganz Napoleon, ganz Krankenpflegerin, Invalidenwärterin, seine Mutter, die »das Ding« Wert verherrlicht.)
Ich: *Was ist das, das Hospital des Grabs von Napoleon? hat das einen Namen?*
Er: *Ja, es hat einen Namen, der sagt, wie sie sind. Ich weiß nicht mehr.* Er überlegt.
Ich: *Heißt das nicht Hospital der Invaliden?*
Er: *Ja genau, Sie haben recht. Und das da, das ist ein Invalide. Ich habe viel weniger Geflügel* (?). *Ich habe was getauscht, und ich habe auch einen Traktor, den hat Mama mir gegeben. Ich spiele gern Bauer. Bei meinen Vettern fühle ich mich wohler, weil das ein Bauernhof ist. Und da muß man auch keine Phantasie haben, das ist wahr. Mein Vetter studiert nicht.* Er schweigt.
Ich: *Ach, wie kommt das? Geht er denn nicht zur Schule?*
Er: *Doch, er ist 6 oder 8, da macht er nur Multiplikationen. Das ist doch nicht Studieren.* (Vorhin war er selbst 8 oder 6 Jahre alt, beim Verschwinden des Hundes, *alias* kleiner toter Vetter, ein älterer Bruder jenes Vetters.)
Ich: *Meinst du vielleicht, es heißt nicht studieren, wenn man Multiplikationen macht?*
Er: *Also, nämlich ich, vorher* (vor was?), *ich sah* (sic!) *das Wort* étude *nur für die Großen, für Ingenieurschulen.*
Ich: *Aber nein, alles, was mit Kenntnisseerwerben zu tun hat, nennt man studieren. Aber tatsächlich, deine Mutter hat ja dei-*

nem älteren Bruder gesagt, daß er jetzt Student ist, weil er auf eine Schule geht, wo man einen Beruf lernt. Aber du bist ein Schüler, auch dein Vetter, und ein Schüler studiert in der Schule oder auf dem Gymnasium. Ein Student hat mehr Freiheit, es sind nicht dieselben Studien, und nicht am selben Ort. Und dein Vater und deine Mutter waren auch Studenten auf einer höheren Schule, als sie sich kennenlernten und geheiratet haben. (Hat Dominique zugehört, waren meine beiden Eingriffe nicht vergebens?)
Er: *Ja, wissen Sie, heute früh*[6], *das hat mich gewundert, alles ging besser in der Schule. Ich habe keinen Fehler gemacht im Diktat, und ich habe auch keinen bei der Multiplikation gemacht. Aber das waren die Multiplikationen von einer Gruppe, in der ich nicht war. Und in meiner Gruppe? ... Weil nämlich, die Lehrerin, die hat drei Gruppen gemacht, und in meiner Gruppe da weiß ich nicht, ob ich Fehler gemacht hätte; auf jeden Fall habe ich keine Fehler bei den Multiplikationen gemacht, die nicht in meiner Gruppe waren.*

Nach diesem Teil der Sitzung sagt mir Dominique, daß sein Bruder sie begleitet habe, ihn und seine Mutter, daß sein Bruder mich sehen wolle und daß er, Dominique, sehr froh darüber wäre. Er will lieber nicht dabeisein.

Dritter Teil
Gespräch mit Paul-Marie

Ich sehe nun also Paul-Marie, allein.
Er ist ein äußerst höflicher, fast steifer Knabe, wie aus dem Ei gepellt; trotz seiner 17 Jahre scheint er physisch erst 14 oder 15 zu sein, hat noch weniger Bart als sein Bruder. Er setzt sich mit sehr geradem Oberkörper hin. Ich frage ihn, ob er seinem Bruder im Leben helfen mußte. Er sagt mir, daß er ihn immer

6 In Wahrheit ist er heute »früh« nicht in die Schule gegangen, da er zu seiner Sitzung kam.

überallhin »transportieren« mußte, daß er ihn führen mußte, weil er sich verirrte, und es sei schrecklich, einen Bruder zu haben, der allen Leuten auffällt – sicher, die Leute sind nicht böse –, aber trotzdem, er spürt genau, daß man sich wegen seines Bruders über ihn lustig macht. Er findet seinen Bruder sehr verändert, seit er hierherkommt. Auf meine Frage leugnet er, meine Bekanntschaft gesucht zu haben, errötet jedoch, als er es sagt. Seine Mutter und Dominique, die wollten, daß er kommt.

Ich frage Paul-Marie, wie er die Abwesenheit seines Vaters erträgt. Er sagt, daß es nicht angenehm sei, daß es ihm merkwürdig vorkomme, ein Mann, der nie bei seiner Frau ist, aber daß bestimmt der Beruf daran schuld sei. Die Mutter hat ihm gesagt, es sei wegen seines Berufes. Aber trotzdem, er meint, daß »Papa öfter kommen könnte, wenn er wüßte, wie Mama das bekümmert«; denn es bekümmert sie sehr, wenn sein Vater nicht da ist. Woran er das merkt? »Weil ihr kalt ist im Bett. Dann müssen immer wir hingehen. Also ich, ich will das nicht, und dann ist es entweder Dominique oder meine kleine Schwester, die hingehen.« Ich frage, ob er mit seiner Arbeit, seinen Freunden zufrieden sei. Er erzählt mir etwa dasselbe wie seine Mutter und etwa mit den gleichen Worten. Er versteht nicht, daß die Mädchen flirten. Er findet das nicht anständig. Er versteht nicht, daß Männer und Frauen miteinander schlafen, aber das muß wohl so sein, denn sonst gäbe es keine Kinder. Er mag einen Knaben gut leiden, der in der Philosophieklasse ist, denn alles, was er sagt, interessiert ihn sehr.

Paul-Marie scheint froh zu sein, mit mir gesprochen zu haben. Das Gespräch war nicht sehr lang, aber es wurden viele Dinge gesagt. Nach seinem Bruder sehe ich noch einmal Dominique.

Vierter Teil
Zweites Gespräch mit Dominique

Ich sage Dominique, sein Bruder habe mir erzählt, daß ihre Mutter sie gern in ihr Bett hole, um sich zu wärmen, und daß

Knetfiguren der fünften Sitzung
(Höhe ca. 10 cm)

10

Erster Stand: ein Schwarzer von Mama. Man sieht »es«, weil sie nackt sind, aber ich habe ihn angezogen.

Die 2 Kugeln (»Brüste«), »das Geschlecht des Mannes«.

Das Euter (das für ihn nicht das Geschlecht ist).

Zweiter Stand: (Was das?) – Das Euter und das »Geschlecht« (d. h. die Brüste).

Die Augen sind reliefartig dargestellt.
Zu den Flecken auf den Wangen sagt er nichts.

sein Bruder nicht hingehen will. Dominique ist ein bißchen geniert, denkt nach und sagt dann:
Er: *Wissen Sie, neulich da war ich sehr verwundert, als ich meinen Bruder und meine Schwester auf der Eisbahn gesehen habe. Ich war mit meinem Kameraden, er ist mehr als ein Kamerad, ein Freund.* (Der Chef seines Vaters ist mehr als ein Chef, ein Freund.) *Und meine Schwester, wissen Sie, sie hat komische Freunde, und mein Bruder, na ja, er war mit komischen Leuten zusammen.*
Angesichts dieser Abwehrhaltung bei der Anspielung auf das Schlafen mit der Mutter, als er über die sogenannten Freunde seiner Geschwister klagt und lästert, denke ich, daß der Freund, mit dem er zusammen war, ein Freund ist, mit dem er »komische Sachen« macht, und das sage ich ihm. Ich deute ihm unter diesem Aspekt, was er mir erzählt. Da senkt er die Stimme und sagt:
Er: *Ja, wir amüsieren uns mit dem Hintern und dann mit dem Spalt. Wir machen es wie die Kühe mit ihrem Euter.*
Ich: *Was in deinem Körper passiert und mit dem, was du dein Euter nennst, das ist kein Kuheuter, du weißt genau, daß das dein Geschlecht ist. Gerade vorhin haben wir davon gesprochen, als du dein Männchen geknetet hast und gesagt hast, das sei ein Schwarzer deiner Mutter. Siehst du, es gibt Augenblicke, wo es ist wie mit dem Schwanz des Hundes beim letzten Mal, einmal ist er oben und einmal ist er unten. Und das hängt davon ab, was du in deinem Körper spürst, wenn du dich damit amüsierst.*
Er: *Ja, das ist ein komisches Gefühl. Na ja, meine Schwester, die geht zu meiner Mutter ins Bett, und ich auch, wissen Sie. Kann Mama uns hören?* Er senkt die Stimme.
Ich: *Ich glaube nicht, daß deine Mutter uns hören kann, aber du kannst trotzdem leise sprechen, wenn du willst. Aber wenn du im Bett deiner Mutter schläfst, weiß sie es doch. Warum es dann leise sagen? Damit sie nicht hört, daß du es mir erzählst?*
Er: *Nämlich, weil ich jetzt nicht mehr mit ihr schlafen will. Als ich 7 war, da wollte sie es, und ich wußte ja nicht, und dann war es ein komisches Gefühl, wie Sie vorhin gesagt haben* (er meint

Erektionen). *Und dann hat Mama gesagt: »Komm, das hält mich warm.« Und es ist auch angenehm. Aber wissen Sie* (er senkt die Stimme), *sie will das nicht, wenn Papa da ist. Sie sagt, nur wenn Papa nicht da ist. Weil sie Kummer hat, verstehen Sie; es wäre viel besser, wenn er Krämer wäre, nämlich dann könnte er sie immer in ihrem Bett wärmen. Mama sagt, die Mädchen müssen immer mit den Frauen schlafen, und meine Schwester, die schläft immer mit Mama. Aber ich, wissen Sie, na ja, ich möchte wohl noch manchmal in Mamas Bett gehen, aber dann weiß ich nicht. Und dann sagt sie, die Buben müssen immer mit den Buben schlafen. Weil wenn man groß ist, dann schlafen die Männer mit den Männern. In Deutschland schläft Papa, bei seiner Arbeit, mit den Herren, und er sieht keine Damen.*

Ich: *Und du, wenn du mit deinem Bruder darüber redest, was sagt er dazu?*

Er: *Ach, mein Bruder dem ist das Wurscht; die Mädchen, die interessieren ihn nicht* (zu ergänzen: aber mich interessieren sie). *Und ihn fragt Mama auch nicht, also ist es ihm Wurscht. Was ich mag, wenn meine Großmutter, die Mutter von meiner Mutter, wenn die kommt. Weil sie dann alles aufschreibt, das Restaurant, das Gedeck, den Kellner, das Menü, sie schreibt alles auf, alles, was man tut. Ich mag, wenn »er« kommt, »mein Großmutter.«* (Anspielung auf mich, die alles aufschreibt, was er sagt und, wie »der Großmutter«, den Sohn von der zudringlichen, pervers überbeschützenden Mutter trennt.) *Ich möchte eine Tankstelle haben.*[7] *Ich würde gern den Leuten Benzin verkaufen. Ich würde ihnen gern Benzin einfüllen, in ihr Auto. Und dann habe ich Mama gesagt: Und wenn Papa da wäre, was würde er sagen? Es stimmt, sie hat recht, Mama, aber ich weiß nicht, da kriege ich ein komisches Gefühl, und da weiß ich nicht.*

Offensichtlich war das eine Frage an meine Person.

Ich: *Nein, du bist es, der völlig recht hat, und dein Vater würde dasselbe sagen. Deine Mutter hat keinen Bruder gehabt, sie ist immer im Heim bei den Nonnen gewesen; und ich glaube, des-*

7 Vermerken wir die Assoziation des Benzineinfüllens mit dem Koitus, dem Sexualspiel und der Übertragung auf mich, die alles niederschreibt.

11

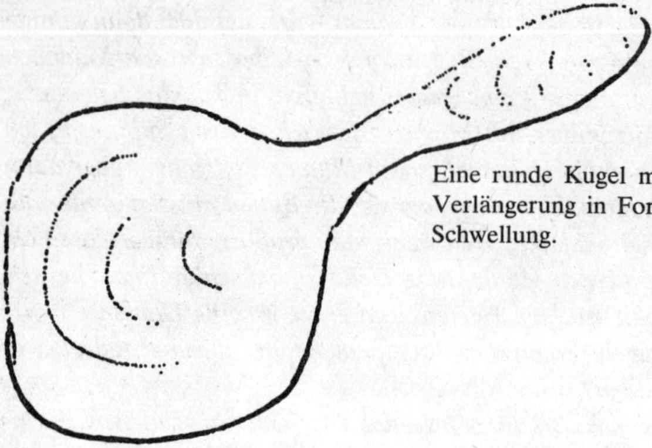

Eine runde Kugel mit einer Verlängerung in Form einer Schwellung.

Eine flache Schleife, die so in sich geschlossen ist, daß die Innenseite an einem Punkt mit der Außenseite fortfährt.

Knetfiguren, die er beim Sprechen macht (ohne eine Assoziation), während der Doppelsitzung, als ihm das Inzestverbot erklärt wurde.

wegen weiß sie nicht, daß ein kleiner Junge, wenn er im Bett seiner Mama schläft, wenn er ganz dicht bei ihr ist, an ihrem Nachthemd, und wenn er auch nur wenig anhat, daß ihm das etwas ausmacht. In seinem Herzen spürt er, daß es sehr schlecht für ihn ist, wenn er sich für den Mann seiner Mutter hält, weil er seinem Papa den Platz wegnimmt, und in seinem Körper macht ihm das etwas aus. Dann weiß er nicht mehr, ob er ein Tier ist oder ein kleines Baby, ein Junge oder ein Mädchen, er wird ganz blöd davon, daß er nicht mehr weiß, was er ist. Du siehst ja, Mama sagt, daß du nicht in ihr Bett kommen darfst, wenn Papa da ist; aber überall auf der Welt, sogar bei den Schwarzen, die ganz nackt herumlaufen, ist es verboten, daß die Buben mit ihrer Mutter schlafen. Niemals kann ein Junge der wirkliche Mann seiner Mutter sein, nie kann er sie so lieben, um wirkliche Kinder zu machen. Die wirklichen Kinder, die werden mit dem Geschlecht von beiden Eltern gemacht. Es ist das Gesetz der Menschen, daß das Geschlecht des Sohns niemals dem Geschlecht seiner Mutter begegnen darf. Was du sagst, ist die Wahrheit, und deine Mutter will, daß ihr die Wahrheit wißt. Weil eure Mutter nie einen Bruder gehabt hat und bei den Nonnen groß geworden ist (ich wiederhole es), *hat sie daran nie gedacht; aber frage deinen Vater, er wird dasselbe sagen wie ich; das ist das Gesetz aller Menschen.*

Während dieses zweiten Gesprächs der fünften Sitzung knetet Dominique, während er redet, zwei Formen (vgl. Skizzen: phallische Form und Moebius-Ring). Ich zeichne sie wortlos nach.[8]

Nach dieser Doppelsitzung mit Dominique und Paul-Marie fragt mich die Mutter in Anwesenheit von Dominique, ob ich ihr nicht noch etwas zu sagen hätte. »Doch, vielleicht.« Und ich frage Dominique: »Vielleicht sollte ich mit deiner Mutter sprechen?« Dominique ist sehr einverstanden. Ich habe ihm zweimal das Berufsgeheimnis erklärt, ich glaube, er hat volles Vertrauen.

8 Siehe S. 94, Abb. 11.

Ich sage, daß ich mit den beiden Knaben gesprochen habe und daß die Abwesenheit des Vaters sie tatsächlich sehr stört. Und ich sage, daß die erzwungene Zwillingsschaft, die Paul-Marie durch seinen Bruder Dominique ertragen mußte, ihm sicher sehr peinlich war. »Ja, das habe ich gemerkt, aber er war so nett, das war die Brüderlichkeit.« (Dieses Wort Brüderlichkeit ist das Familienwort.) Ich sage ihr, ich dächte nicht, daß Paul-Marie zu prüde zu ihr sei, sondern daß seine männliche Sensibilität durchaus normal zu sein scheine, wenn er sich gegen gewisse Intimitäten mit ihr sträubt; und daß sie sich vielleicht, da sie selbst keinen Bruder gehabt habe, über den Grad der Intimität nicht ganz im klaren sei, bei dem eine Mutter bei ihren Söhnen haltmachen muß. Mit dem verschmitzten Gesicht eines ertappten Mädchens, einem neckischen Getue sagt sie: »Ja, nicht wahr, ich habe sie gern in meinem Bett, und ich geniere mich auch nicht, mich nackt vor ihnen zu zeigen, weil ich finde, daß die Kinder die Wahrheit wissen müssen, daß alles schön ist.« Ich sage: »Aber wissen Sie, daß es die Kinder vielleicht stört, vor allem die Buben, und vielleicht sogar Ihre Tochter?«
Was ihr Verhalten gegenüber Sylvie betrifft, ist sie absolut verständnislos. Wenn sich die Knaben davor drücken, zu ihr ins Bett zu kommen, um sie zu wärmen, muß sie es wohl oder übel akzeptieren. Um so besser, wenn das nicht heißt, daß sie anormal prüde sind; aber das Mädchen, nein: »Sylvie neben mir, verstehen Sie, das hält mich warm, aber sie ist nicht glücklich, wenn mein Mann da ist, denn natürlich, wenn mein Mann da ist, braucht man die Kinder nicht. Und außerdem, mit Dominique, wissen Sie, das würde bei mir nichts ändern, natürlich, Paul-Marie sagt, es würde ihm jetzt lästig. Er versteckt sich vor mir, dabei bin ich doch seine Mutter! Also, wenn man sich vor seiner Mutter verstecken muß!«
Wir entdecken eine sexuell infantile Mutter: und wieder einmal ist der verführerische Inzest Hauptursache für die Regression,

für die Verwirrung der Arten, der Geschlechter und für die Ausschließung des ödipalen Ichs, all dessen, was wir im Augenblick mühsam in den von Dominique als verstümmelnd erlebten Episoden zu erkennen beginnen.

Sechste Sitzung: 18. Januar

14 Tage nach der vorhergehenden

Diesmal knetet und zeichnet Dominique nicht. Alles wird nur mit Worten gesagt. Er kommt herein, zufrieden und fröhlich: *Jetzt bin ich froh, weil ich die Uhr lesen kann.* Pause. *Da ist etwas, ein wahres Wunder, ich brauche bloß nett zu sein zu meiner Patin* (»marraine«), *nein* (kritisierter Lapsus), *zu meiner Großmutter, und alles ist völlig anders, sie ist für mich.*

Ich: *Du hast gesagt deine Patin? Von der hast du mir noch nie erzählt. Wer ist das?* Dominique antwortet nicht, verschließt sich (ich bin indiskret).

Ich: *Ich frage dich danach, weil du deine Großmutter mit deiner Patin verwechselt hast. Es bedeutet immer etwas, wenn man ein Wort für ein anderes sagt. Deswegen frage ich dich nach deiner Patin. Patin und Großmutter, wie kann das in deinem Kopf durcheinanderkommen? Ist deine Großmutter auch Patin?*

Er: *Ja, die Patin von Paul-Marie, aber sie heißt trotzdem Großmutter. Aber das ist es nicht.*

Ich: *Was ist es dann?*

Er: *Nämlich heute gerade hat sie mir geschrieben, meine Patin, es ist nicht ihre Schuld, daß sie mein Weihnachtsgeschenk vergessen hat*... Er schweigt eine Weile.

Ich: *Wer ist das?*

Er: *Eine Verwandte, die man nicht oft sieht.*

Ich: *Hat sie dich zum ersten Mal vergessen?*

Er: *Ja eben, zum ersten Mal, aber sie sagt, sie schickt mir zwei Geschenke auf einmal, weil ich doch am 19. Januar Geburtstag habe; eins zu Weihnachten und eins zu meinem Geburtstag.*

Ich: *Und deine Großmutter?*

Er: *Sie hat mir auch zu meinem Geburtstag geschrieben, und daß sie mich liebhat. Es ist das erste Mal, daß sie mich liebhat, und sie hat mir Geld geschickt zu meinem Geburtstag. Es ist ein*

Wunder, wirklich ein Wunder. Schweigen... *Ich spiele gern Frau.*
Ich: *Erzähle.*
Er: *Mein Vetter ist der Sohn eines Kuhhändlers* (spricht er heute vom Onkel Bobbi?). *Seine Mutter ist meine Tante; sie hat zwei Babys, sie gibt dem Buben die Flasche und das Hausmädchen* (»la bonne«) *manchmal auch* (?)... *also mein Vetter und ich, wenn es Zeit ist für die Flasche, dann melken wir die Kühe und geben die Milch der, die dem Baby die Flasche gibt. Das ist komisch. Wir amüsieren uns prima. Wir spielen die Frau, die Milch gibt, an die Frau, die die Flasche gibt.*
Ich: *Die Flasche oder die Brust?* Er antwortet nicht. Pause.
Er: *Ich habe einen kleinen Brunnen, aber anders als der da.* (Es handelt sich um eine Knetfigur in Form eines Brunnens, die ein anderes Kind auf dem Tisch hat liegen lassen)... Er fährt fort: *Sie haben doch nichts dagegen, daß ich mich damit amüsiere?*
Ich: *Mit was?*
Er: *Mit der Frau... wie mit meinem Vetter... Sie sind nett!*
Ich: *Warum? Dachtest du, daß Madame Dolto bei allem, was besonders amüsant ist, sagen würde, es ist verboten? Aber du, meinst du, du könntest solche Spiele vor deinem Vater spielen?*
Er: *O ja, alle Leute lachen, und der Kuhhändler, der Vater von meinem Vetter, der lacht auch, wenn wir Frau spielen.*
Ich: *Na siehst du, wenn der Vater findet, es ist erlaubt, dann ist es erlaubt.*[1]
Er: *Ja, aber es ist trotzdem amüsant.*
Ich: *Aber es gibt viele amüsante Dinge unter den erlaubten Dingen.*
Er: *Ja, das ist wahr.* Pause. *Jetzt habe ich das Geheimnis aufgeklärt!...*
Ich: *Erzähle.*
Er: *Ja, meine Mutter hat eine Heizdecke und meine Schwester, die mag das gern, und sie mag auch, daß Mama ihr warm hält* (sic!).

1 Da ich im Zweifel über dieses perverse Spiel war, habe ich mich damit begnügt, mich auf das Gesetz des Vaters zu berufen.

Diese unkorrekte Syntax tarnt einen Lapsus, der lauten könnte: meine Schwester mag wie meine Mama die Heizdecke, die statt des Ehemannes warm hält. Diese Bedeutung wird sich später bestätigen. Das ist es also; Dominique ist immer noch mit dem Inzestverbot beschäftigt, das er noch nicht anerkennt. Wir erinnern uns an den Nomaden, der eine Decke und kleine Murmeltierarme um den Hals hatte.

Ich: *Wovon sprichst du?*

Er: *Na, von meiner Schwester, die in das Bett von Mama und Papa* (sic!) *geht, wenn Papa nicht da ist, denn wenn Papa da ist, braucht Mama keine Heizdecke ... Das ist das Geheimnis! Das Mädchen ist verliebt in die Heizdecke!*

Ich: *In die Heizdecke oder in Mama?*

Er: *Na, in beide!* (Wir sehen, die Heizdecke ist der Ersatz für den Ehemann von Mama und, für Dominique, die imaginäre uterine Regression.)

Ich: *Deine Schwester schläft also immer noch mit deiner Mutter? Hat deine Mutter nicht gesagt, sie würde sie nicht mehr in ihr Bett nehmen?*

Er: *Ja, aber das ist so, wo sie doch jetzt eine Heizdecke gekauft hat, da geht sie deswegen hin.*

Ich: *Und du?* Schweigen.

Er: *Warum? Glauben Sie, ihr Geschlecht kann platzen? ...*

Ich: *Das meinst du. Erzähle ...* Schweigen.

Er: *Na ja, zum Beispiel, ein Bub von 6 oder 7 Jahren, der mit seiner Mutter geschlafen hat, als er klein war, da hat sich das Geschlecht des Babys an seine Mutter geklebt, und dann kann sein Geschlecht doch platzen?*

Ich: *Glaubst du? Aber du redest von einem Buben von 6 oder 7 Jahren, das ist doch schon ein großer Junge, und dann redest du vom Geschlecht des Babys ... Das habe ich nicht verstanden.*

Er: *Aber doch, der Bub kann doch nicht in den Körper seiner Mutter rein ... Aber er kann sich nicht davon losmachen ...* Schweigen.

Ich: *Was kann nicht in den Körper der Mutter rein?*

Er: *Na, das Geschlecht! weil es dran festklebt. Ein Mann ist von*

der Seite, es ist ein Mann ein wenig wie eine Seite; und eine Frau ist eine weibliche Seite, und das Geschlecht, das in die Frauen reingeht ... Sie haben jeder ihre Seite ... Und dann geht das Geschlecht 'rein, sie haben Babys zuerst und dann wachsen sie. Bei den Buben ist das genauso, besonders wenn sie Babys sind und klein bleiben ... Pause ... *Wissen Sie noch, die Kuh, die einem Araber gehörte, und er mußte sie einem Nomaden verkaufen?*
Ich: *Ja, ich weiß noch.*[2]
Er: *Der Nomade mochte die Milch so gern, daß er sie jeden Tag melkte* (»traisait«; *baiser*/küssen und *traire*/melken verschmelzen zu einem imaginären Verb).
Ich: *Er melkte sie?*
Er: *Er melkte sie, melkte sie, melkte sie so sehr, daß sie hinterher ganz mager war oder auch wenn sie nicht mager war, dann hatte sie keine Milch mehr. So ist das, wenn man ein Baby ist, genauso bei Buben und Mädchen, und danach hat man keine Milch mehr ... Die Mama ist die Kuh, sie ist dick, dick, und sie hat Milch, und danach hat sie nichts mehr. Haben die Buben länger mehr Milch als die Mädchen, die viel haben? ... Was ist besser, die Mädchen oder die Buben ... für die Milch?*
Ich: *Die Milch* (lait) *ist eine Nahrung, aber man sagt auch »laid«* (häßlich) *für etwas, was nicht hübsch, nicht schön ist. Was ist häßlich?*
Er: *Nein, ich hätte kein Mädchen sein wollen, aber ich mochte nicht häßlich sein, weil ich ein Junge war ...* Schweigen. *Ich spiele gern Frau, aber ich möchte keine sein ... Wen liebt man mehr, die Mädchen oder die Buben? ... Ja, wen wählt man aus?*
Ich: *Sag mir zuerst, wer »man« ist. Dann findest du die Antwort vielleicht ganz von selbst.*
Er: *Meine Großmutter, die hat mich jetzt auch lieb, und meine Mutter hat mich immer gleich liebgehabt. Aber das ist kein Wunder, sie ist ja die Mutter.*
Ich: *Ja.*
Er: *Eine Mutter, die hat ihre Babys lieb, und die Kinder sind immer Babys.*

2 Dominique assoziiert zur vierten Sitzung, vgl. S. 64.

Ich: *Glaubst du?*
Er: *Nein, die wachsen, aber die Mutter ist trotzdem die Mutter, wenn sie andere Babys hat... Die Katzenmamas, die vergessen ihre Babys später...* Schweigen. *Mama hat einmal den König ausgesucht...*
Pause.
Ich: *Erzähle.* Pause. (Zweifellos leistet er dieser Erinnerung Widerstand.)
Er: *Mama, die hat in ihr Hemd* (er zeigt unter seinem Pullover auf seinen Bauch und seine Brust, die er anschwellen läßt), *sie hat eine kleine schwarze Katze in ihr Hemd getan... Jetzt ist es passiert, habe ich mir gesagt, ich bin nicht mehr der Sohn von meiner Mutter, die Katze hat mir meinen Platz weggenommen!... Das wäre lächerlich gewesen!*
Ich: *Vielleicht warst du unglücklich, als wärst du von einer Katzenmutter oder von einer Kuhmutter vergessen worden, so wie von deiner Patin?*
Er: *O je, nein, ich war nicht froh, gar nicht froh!*
Ich: *So wie wenn deine Schwester zu deiner Mutter ins Bett geht wegen der Heizdecke.*
Er: *Ja genau, Sylvie hat mir gesagt, sie tut das nicht, um bei meiner Mutter zu sein, sondern wegen der Heizdecke, ist sie dann auch meine Mutter?* (sic!) Dominique verwechselt Sein und Haben.
Ich: *Vielleicht möchte Sylvie auch deinen Vater nehmen, wenn er da ist?*
Er: *O ja!* Er lacht. *Dann brauchte sie Mama nicht mehr, und auch die Heizdecke nicht mehr, weil Papa, sagt Mama, der ist noch besser als wir und die Heizdecke.*
Ich: *Also, wenn Mama mit Papa im Bett war, dann dachtest du, sie vergißt dich, und du warst nicht froh, gar nicht froh!*
Er: *Ja, aber mein Bruder, dem ist das Wurscht. Er sagt, er will Mamas Wärme nicht haben. Mama meint, er müßte das.*
Ich: *Und dein Vater?*
Er: *Der sagt nichts dazu. Ihm ist das egal, wenn er nicht da ist. Er findet Mädchen und Buben gleich gut, das ist ihm egal... Die*

Frauen, die machen auch die Babys. Also muß sie ...
Ich: *Glaubst du, sie machen die Babys ganz allein? Meinst du nicht, die Väter geben den Frauen Kinder?*
Er: *Ach ja, davon habe ich mal was gehört, aber ich war nicht sicher, ob man sich nicht über mich lustig macht. Wissen Sie, man erzählt so viele unwahre Sachen. Aber eine Mutter ist doch wichtig, oder?*
Ich: *Was ist wichtiger für deinen Vater, seine Mutter oder seine Frau, »deine« Mutter?*
Er: *Ach ja! das ist wahr. Nicht meine Großmutter aus Perpignan, aber er hat auch meine Oma und meinen Opa lieb.* (Die mütterlichen Schwiegereltern.)
Ich: *Ja, aber welche Frau ist »seine« Frau?*
Er: *Na, meine Mutter, wo er doch ihr Mann ist. Also, dann ist das also natürlich?*
Ich: *Ja, es ist natürlich, und deswegen ist für die Buben, wenn sie groß werden, nicht mehr ihre Mutter das wichtigste, sondern die Mädchen; sie suchen sich ihre Frau aus, mit der sie sich verheiraten, und dann haben sie Kinder.*
Er: *So ist das! Aber muß man Student oder Studentin sein?*
Ich: *Glaubst du? ... Denk mal nach.*
Er: *Nein, nicht unbedingt; die Bauern und die Kuhhändler studieren nicht, und die Generäle studieren nicht wie die andern, und sie verheiraten sich trotzdem, denn meine Großmutter ist ja seine Frau.* (Er denkt an seinen Großvater Bel.)

Die Bedeutung dieser Sitzung braucht wohl nicht eigens betont zu werden, in der es um die Anerkennung des menschlichen Wertes in einem Geschlecht und einem einzigen durch die Umwelt geht: und dies impliziert den Verzicht auf die Illusion der Doppelgeschlechtlichkeit, die primäre Kastration sowie die Infragestellung des phallischen Wertes bis zum Lapsus, der die Problematik von Sein und Haben unterstreicht. Gebührt dieser phallische Wert den Trägern eines Penis? Gebührt er nicht den Frauen, welche die Kinder machen und ernähren? Die Angst

ist vorhanden, einer mächtigen und notwendigen Mutter zu mißfallen, die einem durch ihr Vergessen den Sohnesstatus rauben kann; die, wenn sie einen nicht mehr nährt und nicht mehr wärmt, bewirkt, daß man sich häßlich und nutzlos fühlt. Die ganze Sequenz des Mannes, Seite der Frau, die Seite des Mannes ist, verweist zweifellos auf die Erzählungen der Genesis, aber auch auf die Ambiguität, in der Dominique hinsichtlich des für das Idealich gültigen Geschlechts aufgewachsen ist.
Diese Sitzung hatte sich durch die assoziationslosen Knetfiguren vom Ende der letzten Sitzung angekündigt. Die heutige Sitzung verlief ausschließlich in Worten; weder Zeichnung noch Knetfigur waren notwendig gewesen.
Es besteht eine interessante Assoziation zwischen der Wahl des Königs durch die Mutter und dem Lapsus, von der Patin (*marraine*/Patin; *ma reine*/meine Königin) geliebt oder vergessen zu werden, *alias* der Großmutter, jener Großmutter, die zwei kleine Geschwister zu betreuen hatte, aber ihrer Tochter nie eine Mutter war. Weil Madame Bel von ihrer Mutter ungeliebt war, hat sie die primäre Kastration nicht überwinden können und zwingt nun ihren Kindern den Status eines wärmespendenden Fetischs auf, von Partialobjekten, warmblütigen Tierpuppen, die sie von einem Gatten, einem bemutternden großen Bruder erhalten hat.

Siebente Sitzung: Anfang März

6 Wochen nach der vorhergehenden

Sie haben sich verspätet. Die Mutter hat angerufen und gesagt, sie habe den Zug verpaßt, und gefragt, ob sie später kommen dürfe. Angesichts der Bedeutung der letzten Sitzung und da schon einige Zeit verstrichen ist (zwei versäumte Sitzungen), stimme ich zu.

Bei seiner Ankunft sagt mir Dominique, daß er nicht geträumt habe, daß es mit dem Rechnen schlecht stünde, und daß er nicht zählen könne. Ich deute ihm den Ausdruck »für jemand zählen« in dem Sinne, in dem man sagt: für jemand Wert haben oder nicht für jemand zählen. (Zählt seine Behandlung für die Mutter, die ihn zwei Sitzungen versäumen ließ und beinahe auch die heutige?)
Er: *Also ich, ich zähle für einen Kameraden, er heißt Georges Proteck.* (Derselbe Vorname wie sein Vater, und sein Hund ist ein Teckel. Zusammentreffen oder verstümmelter Nachname des Kameraden?) *Aber der mault immer, und wenn ich einen anderen Kameraden einlade, dann kommt er nicht.* Er senkt die Stimme. *Und außerdem mag er meine Schwester nicht. Wir haben uns wegen meiner Schwester gestritten. Es hat ein Mißverständnis gegeben, er hat sich geärgert, und meine Schwester hat ihn Blödmann geschimpft. Also das hat ihm nicht gefallen, und eine Weile ist er nicht mehr gekommen. Er hat mir gesagt: Ich komme nicht mehr, weil deine Schwester immer sagt: Proteck ist ein Schwachkopf hier, Proteck ist ein Schwachkopf da. Sie findet* (er spricht von Georges, wenn er »sie« sagt), sie findet, daß sie ihn mondsüchtig findet.
Ich: *Hat sie es dir gesagt?*
Er: *Nein, aber das weiß ich. Jemand, der nicht ganz normal ist, den nennt man mondsüchtig. Er sagt, daß die anderen meinen,*

Knetfigur der siebenten Sitzung

Ein Rochen

13

Kugelaugen

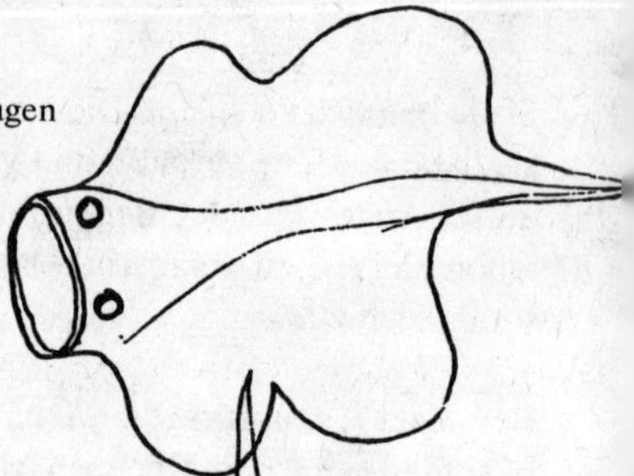

12

Auge: ein kleines Loch zu
beiden Seiten des Kopfes.

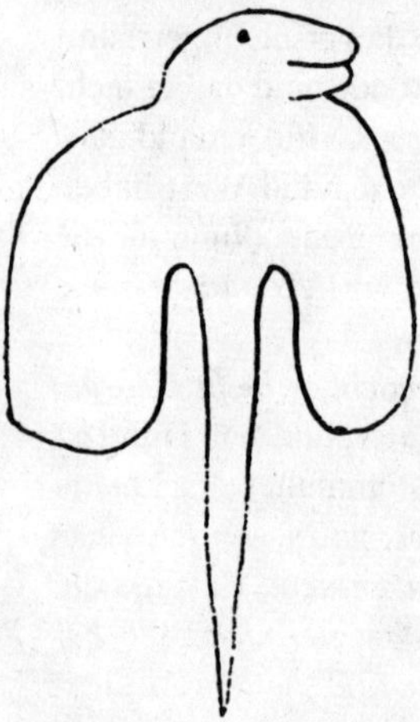

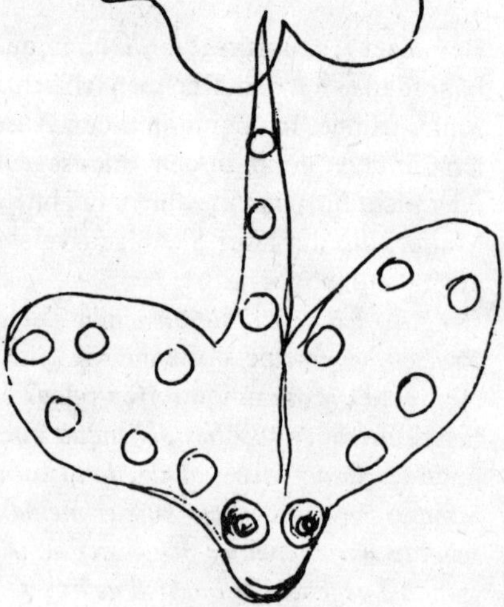

Blasenartige Flecken.
Blase mit einer Kugel darauf.
Gespaltenes Maul.

14

»Schauderhafter Rochen«

ich sei auch mondsüchtig. Er meinte, die anderen reden hinter meinem Rücken... Ich mag Haita nicht. – Ich: *Wer ist das?* Er: *Ein Junge, mit dem ich tausche. Und dann sagt Mama, ich lasse mich übers Ohr hauen. Aber ich weiß nicht, ja, nein, ich weiß nicht. Aber ich bedauere nicht, daß ich mit ihm tausche. Einmal habe ich ihm einfach einen Bulldozer gegeben, gegen nichts. Denn ich habe mir gesagt, er ist arm, sei nett, gib ihm Soldaten. Dann habe ich es trotzdem ein bißchen bereut, aber er ist unglücklicher als ich. Sein Vater ist Fliesenleger. Georges mag nicht hierherkommen* (sic!). *Er sagt: »Deine Schwester sagt immer: Proteck hier, Proteck da.« Ich habe Angst, daß Mama zu mir sagen könnte: »Armer Trottel, du läßt dich beschummeln.« Einmal hat mir Haita alles wiedergebracht, was ich ihm gegeben habe, seine Mutter wollte es nicht. Ich habe ihm gesagt: »Du wirst Schimpfe kriegen, wenn du das alles mit heimbringst!« Und er hat gesagt: »Das macht nichts.« Verstehen Sie, ich lasse alles mit mir machen, weil ich nichts zu spielen habe, und dann langweile ich mich; also lasse ich alles mit mir machen, und ich hab mir alles zurückgeben lassen, was ich ihm gegeben habe. Das hat seine Vorteile und seine Nachteile. Ich bin froh, wenn ich ihm eine Freude mache, aber ich habe Angst, meine Mutter schimpft mich aus, und dann hat seine Mutter ihn viel mehr geschimpft. So ist das dann in Ordnung gekommen.* Während er spricht, knetet er eine Figur. *Das ist ein Rochen* (ein Fisch mit einem Hundekopf[1], und ein anderer Rochen mit einem riesigen offenen Maul). *Dumm ist nur, daß das Tier jemand anderem ist.* Ich: *Was willst du sagen?* Er antwortet nicht und knetet einen dritten, diesmal realistischen Rochen.[2]

Er: *Also ich, ich finde dieses Tier schauderhaft!...* Schweigen. ...*Es hat lauter Knöpfe auf dem Körper, Knöpfe auf den Flossen und außerdem einen Schwanz, wo ein Strom durchfließt. Meine Schwester fand ich auch widerlich, als sie am Meer Knöpfe hatte.* Auf mehreren Ebenen erkennen wir die Kastrationsangst. Mit »raie« (Rochen, Rille) bezeichnen die Kinder die Furche des

1 Siehe S. 106, Abb. 12 und 13.
2 Siehe S. 106, Abb. 14.

Gesäßes oder der Vulva. Beachten wir auch die Verschiebung der komplementären Formen der Geschlechtsteile an den Mäulern dieser Tiere. Die Flossen des Fischs mit dem passiven Mund haben eine Gesäßform. Der elektrisierte und elektrisierende Schwanz soll die Angst vor der Berührung mit dem weiblichen Geschlecht ausdrücken, einem sexuellen Maul, das das Geschlecht der Knaben elektrisiert. Sind die Knöpfe vielleicht die Brustwarzen oder die Klitoris? Aber ich stelle keine Frage bezüglich der Ähnlichkeiten mit dem Körper.
Ich: *Mit deinem Herzen magst du deine Schwester nicht, und vielleicht hast du Angst vor ihr.*
Er: *Das ist nicht gut, man muß seine Schwester lieben. Es ist doch das mindeste, daß man Brüderlichkeit zeigt.*
Ich: *So redet deine Mama; und vielleicht ist deine Schwester wie deine Mama, da ist etwas, was dir ein komisches Gefühl gibt in deinem Körper, in deinem Geschlecht, wie ein Schwanz, wie ein durchfließender Strom, wenn du sie zu dicht an dir spürst, deine Mutter und deine Schwester, wegen ihres Geschlechts, das anders ist als das der Männer und der Buben.*
Er, ganz leise: *Ich will Ihnen was anvertrauen: nämlich, ich habe geraucht! Mein Kamerad Georges, dafür daß ich ihn auf dem Rücken trage, da gibt er mir Zigaretten dafür. Ich weiß nicht warum er das mag, daß ich ihn auf meinem Rücken trage. Er sagt, das macht ihm Strom. Wenn meine Mutter das wüßte!*
Während die von der Mutter erlaubten inzestuösen Spiele einen gesunden Narzißmus zerstören, verbirgt er die sexuellen Spiele und verschiebt sie auf ein kleineres Verbot, das Rauchen, ein knabenhaftes Spiel, das die Mutter verbietet und das allen Frauen der Familie verboten ist. Ich sage nichts, wir bewegen uns auf dem Terrain der verbotenen Spiele mit der Schwester, ihren Knöpfen, der Problematik des Geschlechts und seines eigenen Schwanzes, und zweifellos auch mit seinem Freund Georges Proteck und vielleicht den Hunden des Hauses, sexuelle Spiele, bei denen er die Initiative hat. Seine Spiele mit Georges sind deutlich erotisch, und zwar für beide, und für Dominique fördernd. Ich registriere das Vertrauen, greife jedoch nicht ein.

Achte Sitzung: Anfang Mai

Zwei Monate nach der vorhergehenden, wegen Ferien und einem Versäumnis aufgrund einer Grippe in der Familie Bel (er selbst blieb verschont)

Er: *Wissen Sie, manchmal werde ich noch immer später fertig als die andern, aber seit zwei Tagen werde ich genauso schnell fertig. Und wenn ich eine Übung schaffe, dann bin ich froh. Also, ich habe alle Übungen geschafft. Das Rechnen, das verstehe ich jetzt.* (Hat die Deutung von »für jemand zählen« rechtzeitig gewirkt?) *Gestern habe ich geträumt, daß ich bei meiner Oma bin, der Mutter von meinem Vater, und ich stand vor einer Katze, die wie ein Hund bellte. Sie knurrte wie ein Hund. Da mußte ich lachen, als sie zu bellen anfing.* (Assoziationen zu diesem Traum gibt er am Ende der Sitzung.) *Wissen Sie, da mußte ich lachen.* Schweigen ... *Aber das war ein bißchen aus Angst, das Lachen.* Pause ... *Wenn ein Hund miauen würde, dann wäre das auch komisch, aber ich weiß nicht, ob man dann Angst hätte.* (Mit dem Wunsch assoziierte Angst, ohne zu wissen, ob er der Art entspricht oder nicht, die hier für die Gattung genommen wird?)
Ich: *Und wenn es ein Junge wäre, der Mädchen spielt, und das Mädchen, das Junge spielt?*
Er: *Ja.* Er denkt nach. *Und dann hab ich noch was geträumt. Ich war bei meiner Tante, der Schwester von meinem Vater, und ich habe mit einem Buben und einem Mädchen gespielt, meinem Vetter und meiner Kusine; und dann wird ein Wort gesagt: »elmoru«. Ich weiß nicht, wer es sagt, das ist so ein Wort, es heißt ... Es ist der Name eines unsichtbaren Flusses.* Pause, dann ganz leise: *Aber ich habe ein Geheimnis, ich sage es Ihnen nachher.* Laut: *Das Komischste ist, daß es etwas heißt, »elmoru«; es ist der Name eines unsichtbaren Flusses.*
Ich: *Ja, du hast mir schon gesagt, daß es ein unsichtbarer Fluß ist, aber woher weiß man, daß er unsichtbar ist?*

Er: *Also, das ist ein Fluß, manchmal wenn es viel regnet, und er heißt Elmoru. Es ist nämlich ein verpesteter Fluß, verpestet vom Gestank der Kabeljaue* (»morue«/Kabeljau, Dirne). *Irgend so was.* Schweigen, dann ganz leise: *Wissen Sie, »elmoru«, das ist ein Schimpfwort. Es gibt da Frauen und dann sieht man welche, es ist abends, und man schleppt sie zur Wache. Man fragt sie nach ihren Kennkarten.*
Ich: *Und dein Geheimnis?* Er schweigt, fährt fort, wieder mit seiner üblichen ansteigenden, etwas falschen und gekünstelten Stimme: *Ich war im Wald, da hab ich drei Bäume gesehen, die drei Brüder. Meine Großmutter hat gesagt: »Weiter weg, das sind die zwei Brüder.« Und so weiter, die Bäume, das waren die Brüder... Was mich wundert, mein Großvater macht einen kleinen Zettel und einen Bleistift, um zu erklären, was er sagen will.*
Ich: *Dein Großvater oder deine Großmutter?* (Zweifel über das Geschlecht des Vorfahren, dessen Kennkarten dazu dienen könnten, die Abkunft zu belegen.)
Er: *Meine Großmutter.*
Ich: *Wie ich, wenn ich aufschreibe, was du sagst, und deine Knetfiguren nachzeichne.*
Er: Ja... Drei Bäume, die auf demselben Stamm sein könnten. Nein, das sind nicht die drei Brüder, sondern die acht Brüder. Drei Bäume auf demselben Stamm, das hätte mich gewundert... Schweigen... *Ist das nicht verwunderlich, drei Bäume auf demselben Stamm?*
Nun interveniere ich bezüglich dessen, was sich auf dem Stamm, dem Rumpf der Menschen, befindet, drei Penisse oder drei Brüste, indem ich ihn daran erinnere, daß er mir gesagt habe, die Brüste seien das Geschlecht des Mannes, und daß er ein Euter für den Penis geknetet habe. (Ich sage ihm, daß »Penis« das richtige Wort für »*bitte*« sei, wie die Schulkameraden ihn nennen, und daß er sich im Wort geirrt habe, als er ihn »*pis*« (Euter) nannte.[1] Er sagt: *Ach ja, das Geißlein* (»biquette«).
Damit wird also die Bedeutung des Worts »*biquette*« (aus einer

1 Ich beziehe mich auf seine Worte, vgl. S. 91; er antwortet, indem er zu einer anderen Sitzung assoziiert, vgl. S. 65.

der vorhergehenden Sitzungen[2]) bestätigt, das plötzlich das Wort Kuh ersetzt hatte; und er fügt hinzu, er habe tatsächlich geglaubt, daß auch die Frauen so etwas hätten. Ein Kamerad hat ihm erzählt, daß die Frauen keinen hätten. Er sucht meine Zustimmung.
Ich: *Und deine Schwester, und deine kleine Kusine, hast du sie nicht gesehen?*
Er: *Aber ich glaubte es, ich glaubte es wirklich. Aber man hat auch gesagt, das sei eine Maus, und dann sagten wir, daß wir Katz und Maus spielen, wenn wir uns nachgelaufen sind, um zu suchen.*
Wahrscheinlich um zu untersuchen, ob sie ein Geschlecht habe und ob er eines habe. Es sind die Geschichten über das, was sich in oder »auf« seinem Kopf abspielte, wenn er mit seiner Kusine zusammen war. Und wir erinnern uns, daß dies die imaginären Soldaten und den imaginären Panzer erschütterte, die er im Schrank versteckte; die von der väterlichen Großmutter verbotenen Spiele.
Er: *Da gibt es einen großen Kameraden; ich habe ihn einmal am Strand gefragt, wen er lieber hätte, die Buben oder die Mädchen. Er hat mir gesagt: Ach weißt du, ich sehe so viele!* Schweigen, dann: *Ich finde den Körper der Mädchen gar nicht so übel, aber mit den Mädchen Auto spielen, das ist nicht lustig. Mit den Mädchen spiele ich gern Papa und Mama. Meine Schwester war die Mama, ihre Puppen waren unsere Kinder, und sie sagte mir: »Schau nur Papa, sie hat das Ehrenkreuz.«*
Ich: *Und deine Mutter, was sagt sie, wenn sie mit deinem Vater spricht?*
Er: *Ja, genauso, sie sagt: »Schau nur Papa, wie gut sie gearbeitet hat.«* (Seine Schwester.) *Und ich, ich ging auf mein Zimmer und hab mir einen Beruf gemacht. Ich war Tankstellenbesitzer. Da hat man viele Autos; oder beim Militär, da hat man viele Orden. Meine Mutter gab uns etwas, und dann haben wir eine Puppenmahlzeit gehalten, weil man sie doch nicht verschlucken darf.* (Die gefährlichen Spielzeugteile?) Ganz leise: *Ich mag es gern,*

2 Siehe S. 66.

wenn ich nicht da bin. (Identifizierung mit dem abwesenden Vater?) *Wenn man da ist, muß man gestört werden; wenn man nicht da ist, ist man unsichtbar und dann hat man Orden, und wenn man kommt, kriegt man Plätzchen; und dann freuen sich die Kinder und auch meine Schwester. Sie mag gern, wenn ich der Papa bin, der nicht da ist, dann nimmt sie alle Kinder; es ist eine Puppe* (sic!), *verstehen Sie, dann gibt sie ihnen Schulunterricht und erlaubt ihnen alles: und die Kinder, die glauben* (»ils croivent, ils croissent«[3] – er wird ein wenig nervös, als er merkt, daß er nicht das richtige Wort gesagt hat)... *na ja, die sagen, daß Papa Autos hat, und Kameraden hat und bei den Deutschen ist. Nämlich in Deutschland haben sie viele Orden. Die Leute dort sind gar nicht so übel. Man schläft in denselben Betten. Nur Hitler, der wollte das Böse. Also habe ich mir gesagt, ich spiele Papa und Mama und ich heiße Georges.*
Ich: *Wie dein Vater?*
Er: *Sie will das!* (Mit einem Anflug von Rechtfertigung, als würde ich ihm die Usurpation der Rolle vorwerfen.) *Sie will meine Frau sein, und sie will, daß ich ihr Papa bin.*
Ich: *Das ist komisch, denn wenn du ihr Papa bist, dann ist sie deine Tochter und nicht deine Frau.*
Er: *Ach, wir nehmen einfach die Namen der Eltern, ich Georges wie mein Vater und sie Ninette wie meine Mutter* (die oft Nénette genannt wird, was auch bei Monette der Fall ist, der Schwester seines Vaters.) *Ich hätte gern so heißen wollen wie mein Onkel Bobbi, der Mann von der Schwester von meinem Vater, aber meine Schwester wollte das nicht. Und für die Namen der Kinder, da nehmen wir die Namen der Kinder, von uns, oder die von unseren Vettern.* Schweigen. *Der Vater hat was anderes zu tun, als zu sagen, was man anziehen soll; ich hab ihr gesagt, daß der was anderes zu tun hat, ein Vater. Und dann hat es mir gereicht, und ich hab ihr gesagt: »Also, dann ziehe ihnen das an.«*
Ich: *Und dein Vater, kümmert er sich um eure Kleidung?*
Er: *O ja, er sagt uns, ob es kalt ist oder ob es regnet. Er ist nicht*

3 Auch hier wieder ist die falsche Verbform kein reiner Zufall, denn Dominique hat einen sehr reichen Wortschatz und gewöhnlich eine gute Syntax.

die Mama; die Mama fragt immer den Papa. (Man sieht hier, wie Dominique seine Mutter empfindet, mehr Kind gegenüber ihrem Mann als Frau.)
Ich: *Und was für einen Vornamen gibst du den Kindern?*
Er antwortet nicht auf diese Frage. Statt dessen sagt er: *Eine Zeitlang fand ich, daß Bel zu albern klingt; man nannte mich immer »o wie ist er hübsch«. Komisch, das ärgert mich, aber ich wundere mich, warum man mich noch nie ein schönes Mädchen genannt hat.* (Vor seiner Schwester dagegen geriet man in Entzücken.)
Ich: *Wie deine Schwester?*
Schweigen, dann: *Als der Kamerad von dem Bruder von meinem Vater umgekehrt ist, da hatte mein Vater keinen Bruder mehr* (hier handelt es sich um die Assoziation des Vornamens seiner Schwester, Sylvie, mit dem Verschwinden des Bruders seines Vaters, der nicht mehr lebt[4]).
Ich: *Was willst du mir erzählen?*
Er: *Wissen Sie, der Bruder von meinem Vater, der sich in den Bergen verirrt hat, mein Opa hat es meinem Vater erzählt, weil er der Älteste ist in der Familie; dann hat er es auch meiner Schwester erzählt, das war seine Schwester und auch die Schwester von meinem Vater.* (Das war zu der Zeit, als seine Schwester zur Welt kam und er bei den väterlichen Großeltern war und das Verschwinden des jungen Mannes offiziell geregelt und auf dem Friedhof eine Gedenktafel aufgestellt wurde.) *Der Bruder von meinem Vater, der ist in den Bergen gestorben, und dann sein kleiner Bruder, der hat eine elektrische Bürste* (?) *verschluckt, mit der mein Vater gespielt hat, und er ist gestorben, als er noch ganz klein war. Und sein anderer Bruder, der ist als junger Mensch gestorben. Er war wie Paul-Marie.* (Ist dies ein Wunsch oder eine Altersangabe?) *Mein Großvater hat meinem Vater telefoniert, um ihm die ganze Geschichte zu erzählen. Mein Großvater hat alle Gefängnisse in Spanien abgesucht, um seinen*

4 Man kann feststellen, daß meine Frage nach den Vornamen bei den Spielen unbewußt Assoziationen zu dem Vornamen der Schwester hervorgerufen hat, der den Bruder des Vaters bezeichnet.

Sohn wiederzufinden. Eine Weile hatte ich so eine Idee. Ich dachte, er hat ein Leben gefunden, ein Mädchen oder einen Beruf, und er hat sich verheiratet und dann wollte er nicht mehr zurückkommen... Aber das ist unmöglich... Ich, ich gehe gern zu meiner Oma. Wenn ich zu meiner Oma gehe, finde ich meine Oma wieder. Und dann meinen Vetter Bruno, den Sohn von meiner Tante, er ist 7. Einmal haben wir Sheriff gespielt, und ich habe uns zwei schöne Sheriffsterne gemacht, es war sehr lustig. Oma hat sicher viel Kummer gehabt, als sie erfuhr, daß ihre zwei kleinen Buben tot waren? Mich hat sie gern in den Arm genommen und die Fotos angeschaut, die sie von den toten Buben hatte.
Ich: *Das war vielleicht nicht sehr schön, in den Armen der Oma zu sein, wenn sie sich mit den zwei kleinen toten Buben beschäftige.*
Er: *Nein, das war nicht immer schön, und sie hat geschimpft mit mir. Ich weiß noch, das war mit einem Schlauch zum Spritzen. Ich hatte ein Loch gegraben, und dann habe ich die Spritze hineingetan, damit sie hineinfällt. O je, wie hat die mit mir geschimpft und mich angebrüllt. Genau wie eine Katze, die bellt. Und eine Stimme hatte die, meine Großmutter! Bei meiner Großmutter, wenn ich irgend etwas genommen habe, dann hab ich immer was abgekriegt von ihr. »Wenn du etwas willst, dann bitte mich gefälligst um Erlaubnis.« Meine Mutter ist nicht so, was ihr gehört, gehört auch mir.*
Ich: *Und sogar Mamas Bett.*
Er schweigt, wird ernst und sagt dann: *Ich möchte ja immer noch gern mit ihr schlafen, in ihrem Bett, wissen Sie, aber ich weiß, daß man das nicht soll.*
Die Großmutter, bei der er lesen gelernt hatte, hat er als sehr verbietend gegenüber ihm, dem jungen Knaben in Freiheit, in Erinnerung; aber gerade diese Verbote, die das betrafen, was mißbräuchlich erlaubt war, haben dann, durch Unterdrückung der urethralen, analen, oralen sexuellen Triebe, die Möglichkeiten kulturellen Lernens freigesetzt, die von neuem verschwanden, als er zur Mutter zurückkehrte, die gegenüber allen imaginär inzestuösen und regressiven Aktivitäten duldsam war.

Er: Pause ... *Ich möchte gern Pirat sein, ein Seeräuber. Mein Bruder hat die Bounty gemacht, ich wollte gern Pirat auf der Bounty sein.* (Er spricht es wie Bonetė, fast Bontė aus.) *Er ist Unternehmer, also hatte ich die größte Granitwalze.* (Sein Großvater ist Unternehmer und ließ die Schwarzen wie Galeerensklaven schuften, doch er verwechselt hier seinen Großvater mit seinem Bruder.) *Ich hatte die größte Granitwalze, er hat mir einen großen Schlauch gegeben mit einem Reguliersystem, einen alten elektrischen Zähler, er hat den Schlauch genommen und ihn auf Papier gespult, das gab einen großen Ballen, und dann hab ich mir das unter den Nagel gerissen ... Einmal bin ich mit meiner Schwester von irgendwo losgegangen, und wir haben gegen einen Ball getreten, sie ging vor und wieder zurück, vor und zurück, ich bin um den Garten gegangen und habe den Ball gehalten.*

Trotz all diesen leisen Assoziationen um sexuelle Spiele mit seiner Kusine und seiner Schwester, bei denen sie von der väterlichen Großmutter überrascht wurden, sowie um die Angst vor dieser Großmutter mit nekrophilen Phantasien, möchte ich lieber nicht eingreifen. Es gibt keine vermittelnden Elemente, die der Realität nahe genug kommen. Ich betone nur, daß dies eine wichtige Sitzung war und daß er Dinge gedacht und gesagt hat, die für seine Behandlung nützlich sind. Er hat weder geknetet noch gezeichnet.

Neunte Sitzung: 25. Mai

3 Wochen nach der vorhergehenden

Wieder kommen sie zu spät. Die Mutter hat den Zug verpaßt, aber ich habe gewartet.
Er: *Ich will versuchen, einen Hund zu machen. Ich komme gern hierher. Man sieht Läden durchs Fenster, und es gibt viele Autos. In unserer Straße, da sieht man das auch alles, aber nicht so viel wie hier. Und dann hat es auch Läden.*
Ich: *Und hier kommst du auch mich besuchen, und deine Eltern bezahlen die Beratung. Sie kaufen die Tatsache, daß man Madame Dolto sieht, um gesund zu werden.*
Er: *Ja, auch, das mag ich auch. Aber nicht immer. Heute mochte ich es sehr.*
Ich: *Warum nicht immer?*
Er: *Weil es an manchen Tagen nicht so schön ist. Ach ja, ich hab sogar geträumt, und dann hab ichs vergessen. Manchmal da sagen Sie mir so Sachen, und ich sage mir: Das war gut, daß sie das gesagt hat.*
Ich: *Was zum Beispiel?*
Er antwortet nicht. Dann: *Und dann gibt es so Sachen...* (Er zieht eine verdrießliche Miene, kneift die Lippen zusammen.)
Ich: *Da gibt es Sachen, die du nicht hören magst. Sie sind schwer zu verdauen, wie man sagt, sie liegen dir schwer im Magen. Du möchtest sie lieber nicht hören.*
Er: *Na ja, nämlich, ich bin dickköpfig, wie jemand der so was nicht hat tun können; und ein Kamerad sagt ihm: »Tu das nicht, sonst passiert dir das oder das.«* (All dies ist eine Anspielung auf die Tatsache, daß ich ihm das Inzestverbot auferlegt habe, indem ich ihm bedeutete, nicht mehr ins Bett seiner Mutter schlafen zu gehen.) *Na ja, er möchte, wenn er einen Kameraden sieht, der ein Glück hat, und es hat haben können... Es ist nicht gerecht, daß diesem Kameraden so was passiert und der Kamerad,*

der deswegen Glück hat, sagt, es ist ein Unglück! Oder ein andermal sagt ihm der andere: »Das ist ein Unglück«, er will es nicht glauben, und nachher ist es zu spät!
Ich deute nicht, sage ihm nicht, daß er mir von seinem Wunsch erzählt, an der Stelle seiner Schwester und seines Vaters zu sein, die zu seiner Mutter ins Bett gehen. Sie haben dieses »Glück«, von dem ich ihm bestätigt habe, daß, wenn er deswegen selbst eine Verwirrung spüre, dies ein Zeichen für eine richtige Eingebung sei, die das menschliche Gesetz des Inzestverbots betrifft.
Ich: *Die Geschichte, die du mir da erzählst, erinnert ein bißchen an Adam und Eva; es ist das Verbotene und das ist sehr verlokkend. Kennst du die Geschichte vom irdischen Paradies, von Adam und Eva?*
Er: *Und ob ich sie kenne!* (In diesem Augenblick beginnt er, sie zu mimen. Es ist das erste Mal, daß er lebendig wird, er spielt die drei Personen, und er selbst ist der Baum zwischen Adam und Eva.) *Und ob ich sie kenne! Hier ist Adam* (rechts) *und hier ist Eva* (links; er dazwischen wäre also der Baum, aber er spricht nicht davon). *Dann sieht »er«* (wer?) *rechts ein Glas Bier* (Adams Seite, Glas Bier, flüssig) *und dann links, da sieht er einen Sack Brot oder Wein* (Sack Brot oder Wein, die Form, es sind auch die Sakramente des katholischen Kultus). *Also und dann hat er Lust, Schneebälle auf den Baum zu werfen* (er knetet eine Kugel und sagt, daß er sie nach einem Baum wirft, der für ihn vom Fenster dargestellt wird). *Der Dämon vielleicht* (er unterbricht sich kurz), *der Dämon sagt sich: »Die wissen doch, daß ich böser bin als die andern und wie sehr ich mich freuen werde. Also dann will ich sie mal ein bißchen ärgern.« Manchmal versteckt er sich in einem Baum.* (Die Autos, die Murmeltiere.) *Und dann ist es manchmal in der Form von Zigarettenrauch oder in der Form von Unsichtbarem. Und ganz leise: Es gibt einen, der kommt hinter dem Baum hervor... los! beeil dich! los! du wirst deinen Zug verpassen! na mach schon!* (Der Zug, den die Mutter verpaßt, wenn sie zur Sprechstunde kommt).
Ich: *Du denkst doch an etwas, wenn du mir das erzählst.*

Er: *Ja, ich habe einen Film gesehen. Da gab es zwei Dämonen, einen Zauberer und eine Zauberin, die allen Leuten viele böse Streiche spielten. Das war unter Ludwig XIV. Hundert Jahre später sehen die Leute ein Gewitter, und dann kracht ein Baum. O es ist schon lange her, daß ich diesen Film gesehen habe.* (Wir erinnern uns an das »krack« der Zauberin zu Beginn der Behandlung.) *Der Baum kracht, und dann kommen zwei Rauchsäulen heraus.* Er erzählt mir in etwa den Inhalt des Films, an den er sich erinnert, er heißt »Meine Frau ist eine Hexe«. (Heute bin natürlich ich die Hexe.) *In solchen Filmen, da sieht man oft das Leben einer Familie in einer Zeit, die lange her ist, einer Zeit von Ludwig dem XIV. Danach sieht man sie von heute. In einem Bibelfilm gab es einen Grafen, der so lebte, unter Ludwig XIV.; man sah ihn davor und dann danach in den Kleidern seiner Nachkommen ... Wie dumm, ich erinnere mich nicht mehr an den Traum, den ich hatte, sonst hätte ich ihn Ihnen erzählt. Und heute* (d. i. gestern) *haben wir eine Rechteckaufgabe und eine Viereckaufgabe gehabt; ich habe alles verstanden, es war prima. Gott sei Dank hat die Lehrerin uns ein bißchen was erklärt, vielleicht, wenn sie uns nichts erklärt hätte, dann hätte ich's nicht verstanden. Was ich an der Schule mag, das ist, wenn alle Leute still sind, dann hört man plötzlich die Fliegen schwirren, die Leute reden und hop!, mit einem Mal sind alle ruhig. Der Wechsel daran ist komisch.* (Ist das eine Anspielung auf das Schweigen, das zwischen den Eltern eintritt, wenn sie im Bett plaudern und im Augenblick des Sexualverkehrs schweigen?) *Komisch ist auch, wenn ich einen Soldaten sehe.* (Sexuelle Phantasien über die deutschen Soldaten.) *Ich frage mich, wie er aussehen würde, wenn er auf dem Pferd sitzt.* (Die Assoziationen führen ihn zur Urszene.)

Ich: *Du meinst, wenn er huckepack säße?*

Er: *Ja, ich frage mich ... das ändert die Leute. Was ich gern mache mit meinem Kameraden, wenn ich huckepack mache, daß ich ihn fallen lasse.* (Wir erinnern uns, daß es sein Kamerad war, der auf seinen Rücken stieg, um »Strom« zu haben, d. h. masturbatorischen Orgasmus, im Tausch gegen Zigaretten.) *Man meint wirklich, man wäre im Krieg. Danach muß man ein Lazarett suchen, muß sich pflegen lassen, und dann spielt man tot.* Pause. *Was ich gern mochte, das war im Krieg, als die Deutschen sie zur Wache mitgenommen haben. Die Kameraden waren nett, sie zeigten ihre Fotos, ihre Frau und ihre Kinder, und auch die Deutschen waren nett. Als Mama Deutsche getroffen hat, wissen Sie.* (Es handelt sich also wirklich um sie.) *Und da redete sie mit ihnen. Sie hat mir erzählt, daß sie auf die Wache gebracht worden ist. Was hat sie gemacht?* (Er selbst stellt diese Frage.) Ganz leise: *Ich glaube, sie hat sich abends auf den Straßen aufgehalten.* (Wir erinnern uns an die letzte Sitzung über »elmoru«, das Schimpfwort, die Frauen von der Straße, die man auf die Polizeiwache bringt.) *Jetzt braucht man zu keiner Zeit Angst haben, daß einer auf einen schießt. Die Hungrigen, die Unglücklichen, meine Großmutter hat mir Marken gezeigt, die man fürs Essen hatte. Trotzdem waren sie Barbaren; sie behielten die Leute* (sic!, Leute für Nahrungsmittel) *für sich, und dann hatten wir sehr wenig.* (Der amouröse Kannibalismus.) *Früher hat mein Großvater geraucht, aber jetzt raucht er nicht mehr. Komisch, das sind wieder drei Raucher, mein Vater, der Bruder von meinem Opa und mein Opa. Der Bruder von meinem Opa raucht Zigaretten.* (Was männlich ist und mit dem Männlichen, dem Verbotenen assoziiert wird, aber ich sage nichts und höre zu.) *Mein Großvater* (so nennt er den mütterlichen Großvater) *und mein Opa* (der väterliche Großvater), *die liefen ganz nackt herum, als sie klein waren, und ihr Vater hat sie mit Brennesseln ausgepeitscht ... Ich füttere gern Fische.*

Wir erinnern uns an die nackten Schwarzen, von denen die Mutter erzählt, sowie an sie selbst, die nackt vor ihren Kindern herumläuft und möchte, daß ihre Kinder es ebenso tun. Die Nacktheit wird idealisiert, der Seite der Mutter zugeordnet und der Seite der Bel-Linie verboten.

Ich glaube, daß Dominique im Augenblick den anderen etwas zuschreibt, was er selbst tut und weswegen er ein starkes Schuldgefühl empfindet. Ich denke, daß er mir von Erbrechen erzählt (die Fische füttern, Seekrankheit), nachdem er heimlich geraucht hatte. Und gleichzeitig von der Wonne sadomasochistischer Spiele oder der Phantasie, eine sadistische Strafe zu verdienen, eine Wonne, die er in der Familie nicht erlangen kann, denn er hat eine Mutter, die nicht schimpft, einen ebensolchen Bruder, einen sehr sanften und fernen Vater. Bei den mütterlichen Großeltern (Opa und Oma) sprach die Großmutter immer davon, ihn zu bändigen. (Die Schwarzen des Großvaters, des Unternehmers, wurden auf ihren nackten Körper geschlagen.) Wenn man ihn gebändigt hätte, sagt die Oma, wäre er nicht so, wie er jetzt ist. Andererseits gab es bei den Großeltern väterlicherseits den Dachboden und die verbotenen Spiele mit dem Schlauch sowie die Erlaubnis, um die man bitten mußte. All dies zieht sich wie ein Filigran durch seine Rede. Bei den Großvätern sucht er nach einer Stütze für seinen analen knabenhaften Narzißmus. Doch nachdem er gesagt hat, daß er gern Fische füttert, redet er gleich weiter: » *Wären Sie im Löwen von Belfort gewesen?* (Gewöhnlich spricht er sehr korrekt.) *Man kann nämlich reingehen.*

Ich: *Rein?* (In Belfort hat seine Mutter bei ihrer Rückkehr aus Afrika studiert. »Bel« – sein Name, »fort« (stark) – Soldaten.)

Er: *Ja, man kann durch den Mund heraus, und man kann durch den Hintern heraus. Dann ist es, als wäre man Gekotztes oder als wäre man Kacke.* (Identifizierung des eigenen Körpers mit einer Körperausscheidung.) Er lacht zaghaft. *Und dann, wissen Sie, unter dem Bauch, da ist ein Pfeil, der zeigt nach Deutschland und auf dem steht: Die Deutschen kommen nicht durch.* (Ein orales, anales, phallisches Partialobjekt, das die verführerischen deutschen Rivalen aufhält, die groß und blond sind wie die Bels und doch Feinde sind.) *Es wäre prima, wenn die Leute eine Kanone in* (sic!) *ihr Dach* (in ihr du? *toit*/Dach; *toi*/du) *tun würden und auf ihre Feinde schießen würden. Ein Kamerad hat mir erzählt, daß ein Italiener auf den Knopf von einer Maschine drückte, das brachte den Motor der Flugzeuge zum Stehen, und sie fielen herunter. Das taten sie mit den deutschen Flugzeugen.*

Ich: *Glaubst du?*

Er: *Meine Mutter hat mir erklärt, daß die Italiener gegen die*

Deutschen waren, neutral (?), *und später gegen uns. Dabei sind die Italiener ganz nett, wenn man sie so sieht. Meine Mutter hat mir gesagt, daß sie mit den Deutschen waren, und in meinem Kopf wollte ich das nicht glauben. Mussolini, das kann sein, vielleicht hat der sich mit den Deutschen zusammentun wollen. Meine Mutter hat gesagt, daß Hitler sehr sehr intelligent war, aber daß er das Böse wollte. Nämlich in Spanien, da haben sie schlimme Sachen gemacht, sie haben jemand gefunden, der lange versteckt war, und dann haben sie ihn gefunden und getötet.* (Wir befanden uns in der Woche der Exekution von Grimau. Dominiques Onkel ist an der spanischen Grenze verschwunden.) *Die Amerikaner, als die gesehen haben, daß einer verliert, ja ich habe die Geschichte vom Anfang von Amerika mit Frankreich gelernt, da haben sie beschlossen, den Franzosen zu helfen. Sehen Sie, es macht mir Spaß, wenn ich mit dem Bleistift schnitze, das ist leichter als auf Marmor. Sein Kopf ist ein bißchen schmal, genau wie ein deutscher Schäferhund. Also ich finde, daß sie mir gelungen ist.* (Seine Knetfigur[1].)

Ich: *Ja, der Kopf deines Tieres ist wirklich gut gelungen. Aber es hat nur die Hälfte eines Körpers, dem Volumen nach. Der Kopf scheint zu einem Hund zu gehören, der doppelt so groß sein müßte, damit er mit den Körperproportionen übereinstimmt; auch der Länge nach ist er nur eine Hälfte, denn er sieht aus wie ein Briefbeschwerer in Hochrelief, flach liegend, und sein Körper ist in Pfeilrichtung durchschnitten, so daß er nur zwei Pfoten hat, eine rechts vorne und eine rechts hinten, aber einen Kopf und einen Schwanz mit Volumen.* Der Leser wundert sich vielleicht über die Worte, die ich Dominique gegenüber gebrauche. Doch so spreche ich immer mit meinen jungen Patienten.

Er: *Oh, das habe ich nicht gesehen!* Er will es ändern.

Ich: *Es ist gut so, das macht nichts, sicher heißt das irgend etwas. Vorhin hast du mir gesagt, daß du dickköpfig bist, und du siehst, der Hund hat einen sehr gewichtigen Kopf, er ist dickköpfig. Wenn man dickköpfig ist, dann hat man vielleicht viele Dinge in seinem Kopf, man will groß sein, alle Rechte der Großen haben,*

1 Siehe S. 123, Abb. 15.

der Männer, die Rechte des Vaters, aber man hat nicht ganz den Körper eines Großen. Das hier ist keine Person, es ist ein Hund. Vielleicht gibt es etwas in deinem Herzen, das keine Person werden will, und lieber bleiben will wie die Hälfte eines braven Tiers, und auf der Erde liegen wie der Hund in seinem Körbchen. So als hätte ihm die Erde eine Körperhälfte weggenommen. Ein Tier, das kann nicht sprechen, und manchmal, wenn du sprichst, sagst du nicht, was du denkst. Es wäre viel einfacher, nicht zu sprechen. Der Hund sieht alles, er hat Augen, Nasenlöcher, Ohren, ein riesiges schönes Maul; er hört alles, riecht alles, aber er sagt es nicht, und dann kann er sich auch nicht bewegen, weil er nicht vollständig ist. Auch du hast Ideen und behältst für dich, was du denkst.

Das nächste Mal arbeiten wir weiter, damit wir besser verstehen, was in deinem Herzen ist und deiner Knetfigur ähnlich sieht, die groß und gleichzeitig klein ist, die fühlt und hört, die einen Kopf und einen Schwanz hat wie ein Großer, aber es nicht sagen kann und sich nicht rührt.

Knetfigur der neunten Sitzung

15

Zehnte Sitzung: 7. Juni

2 Wochen nach der vorhergehenden

Im Wartezimmer sehe ich die Mutter, die mir immer noch nichts zu sagen hat; sie winkt mir sehr herzlich zu, und Dominique geht mit mir in mein Büro. Das Fenster ist offen, und der Lärm von draußen stört uns. Ich bitte Dominique, es zu schließen. Es ist schwer zu schließen; er versucht es, es geht nicht. Es ist ein altes Haus mit metallenen Fenstern, die es nicht oft gibt. Ich gehe zu ihm und lasse ihn mit den Fingern das Profil des linken und dann das entsprechende konkave Profil des rechten Flügels abtasten, die ineinandergreifen müssen. Ein Hebel hält dann das Ganze zusammen. Er ist entzückt, die Komplementarität zusammenpassender Formen verstanden zu haben, und schließt selbst sehr geschickt das Fenster.

Er setzt sich wieder hin, und ich verbalisiere für ihn diesen Fensterverschluß mit Hilfe bekannter Ausdrücke der männlichen und der weiblichen Seite des Schließens, sowie die Art und Weise, wie ihm die Erleuchtung dazu gekommen ist: indem er die Komplementarität der Formen beim Abtasten erfaßte, hat er dann von allein verstanden, wie er das Fenster praktisch schließen und dann den Hebel bedienen muß. Ohne meine wörtlichen Erklärungen, ohne meine manuelle Hilfe wäre er hilflos vor einem praktischen Problem stehen geblieben, da seine Augen die taktilen Erfahrungen nicht zu ergänzen vermögen. Erst die praktische sensorielle Erfahrung sowie die Verbalisierung des Begriffs der formalen genitalen Komplementarität haben ihn aufgeklärt.[1]

1 Eine Verbalisierung meinerseits war nicht nur geboten, um ihn die sensorische Erfahrung integrieren zu lassen, sondern auch deshalb, damit dieser körperliche Kontakt (meine Hände führten die seinen und halfen ihnen beim Tasten) – im übrigen der einzige im Verlauf dieser Behandlung – nicht als Versuch der Verführung empfunden werden konnte.

Dominique ist sehr erregt über den Tod des Papstes. Er meint, ich sei zu einem Kongreß nach Rom gefahren. Im Krankenhaus hatte man sicher von meiner Abwesenheit bei der vorgesehenen Sitzung gesprochen, die um eine Woche verschoben worden war.

Er fragt mich, ob ich den Papst gesehen habe. Ich weiche einer Antwort aus. Er fragt, ob ich eine Cäsar-Statue gesehen habe. (Er sagt nicht eine Reiterstatue): *eine Statue von Cäsar, wo er schön ist.*

Ich: *Wie ist er?*

Er: *Er sitzt huckepack auf seinem Pferd.*

Ich: *Ja, er ist schön.* (Wir sehen, daß diese Sitzung unmittelbar an die vorhergehende anschließt: die Annäherung an die Urszene, an die vielleicht ödipalen, phallisch sexuellen, sicherlich genitalen Phantasien.)

Wieder spricht er vom Papst und erzählt, daß sein Bruder und seine Schwester sich über ihn lustig gemacht haben, weil sie sich immer über ihn lustig machen, »*wenn er alles glaubt*«, und man hat ihm gesagt, daß der Papst tot ist, und dann sah man, wie er zurückkam und ans Fenster trat (ich mache ihn darauf aufmerksam, daß wir gerade das Fenster geschlossen haben), um die Leute zu segnen. (Er deutet die Geste an, identifiziert sich so mit der Geste des Papstes.) Dann hatten ihm seine Geschwister gesagt, er sei wirklich tot, aber ein amerikanischer Gelehrter habe ihn wiederauferweckt: *Und dann wußte ich nicht, ob ich ihnen glauben soll. Ich dachte wirklich, sie machen sich über mich lustig ... Ich glaube nicht, daß man die Toten auferwecken kann. Aber was heißt das denn, daß er krank war und dann wieder gesund und wieder krank und daß er dann tot war, als ob er zweimal gestorben wäre?*

Ich erkläre ihm die Realität der historischen Begebenheiten, und da seine Mutter, als sie klein waren, immer empfahl, »ihnen die Wahrheit zu sagen«, meine ich, daß es dieses Kind in der Tat nötig hat, die Wahrheit zu erfahren. Der Papst, den man im Sterben glaubte, hatte sich wieder gut erholt, und war in der Tat auf seinem Balkon erschienen, um die Menge zu segnen, bevor

er einen plötzlichen Rückfall bekam und in wenigen Tagen starb.
Er: *Ach, jetzt verstehe ich. Jetzt will ich nicht mehr, daß man sich immer über mich lustig macht, bloß weil ich nicht gleich verstehe.* Dann hält er mir eine Rede über die Päpste: daß dieser zu allen gut war, daß es im 5. und 6. Jahrhundert französische Päpste und danach nur italienische Päpste gegeben hat, damit es nicht zwei waren; und dann Pius XI., Pius XII. und schließlich Johannes XXIII. (Er hatte die Papstfrage, so könnte man sagen, gründlich gebüffelt und einige Abschnitte aus der Geschichte der Päpste behalten, die er im Fernsehen sah, für das er sich, wie ich erfahre, jetzt interessiert, während es ihn früher langweilte.) Er erzählt mir, was er in Italien einmal gesehen hat, als sie von einem Ausflug auf den Sankt Bernhard zurückgekommen waren. (Bernard, der Name des verschwundenen Bruders des Vaters.) Er sagt, es war ein kleines Dorf an der Grenze (Bernard ist in der Nähe der spanischen Grenze verschwunden); am meisten beeindruckt haben ihn die Ladentüren mit großen Rosenkränzen in allen Farben, die die Türen schließen. Wir wissen, daß Vater, Mutter und Bruder die Angst vor dem Verkehr mit Mädchen im Namen des Katholizismus rechtfertigen.
Er schweigt, dann: *Ich möchte gern Bauer sein.*
Ich: *Gerade hast du von den italienischen Läden gesprochen, und jetzt sprichst du von deinem Wunsch, Bauer zu sein.*
Er: *Weil ich dachte, in Italien ist es sehr heiß, da gibt es Fliegen, und deswegen gibt es die Vorhänge, damit sie nicht in die Läden kommen; aber ich möchte gern Bauer sein; und dann, wenn es heiß ist, das hat mich erinnert, daß es heiß war und daß es auch Fliegen gab, die die Kühe ärgerten.* Pause. Er schweigt, dann: *Ich freue mich, weil ich Schwimmflossen haben werde und eine Tauchermaske. Mama hat es mir versprochen, und auch mein Opa hat es versprochen, weil ich jetzt gut arbeite; und mit den zwei Sachen, die sie mir geben, da kann ich diesen Sommer in Saint-Raphaël schwimmen und vielleicht unter Wasser Fische fangen.*
Ich: *Saint-Raphaël?*

Er: *Ja, als meine Schwester mir schwimmen beibringen wollte, da konnte ich es nicht, weil ich immer die Füße einzog, als ob ich ein Frosch wäre; aber jetzt werde ich es bestimmt können. Früher sagte ich mir immer, ich kann nicht schwimmen, ich werde ertrinken. Aber jetzt weiß ich, ich werde schwimmen können. Man fährt nach Saint-Raphaël.* – Ich: *Wer »man«?*
Er: *Also, alle fünf, und auch Papa und Mama. Ich zeige es Ihnen.* Er zeichnet mir eine recht gute Skizze von Saint-Raphaël. Ich kenne die Gegend und erkenne auf seinem gutproportionierten Plan, was er mir zeigen will. Dann die Skizze ihres Wohnwagens. Der Plan ist sehr gut proportioniert. Die Eltern haben ein halbaufklappbares Bett. Für die Kinder gibt es vier Liegen, je zwei übereinander. Er liegt unter seiner Schwester, und sein Bruder unter einer Liege, die als Ablage für alles mögliche dient. Er erzählt mir, daß sein Vater zwei verschiedene Autos hat, eins für seine Arbeit und eins, das den Wohnwagen zieht, und daß sie sehr stolz sind, weil er für den Wohnwagen einen Buick gekauft hat, der dem Herzog von X gehört hat ... Langes Schweigen.
Ich: *Na, heute erzählst du mir ja nicht sehr viel.*
Er ist zurückhaltend, dann entschließt er sich: *Mit meiner Schwester geht es ja, aber mit meinem Bruder nicht besonders.*
Ich: *Ja und?*
Er: *Und dann ist Mama nicht zufrieden. Mein Bruder ist ein Snob, immer macht er Geschichten, mein Bruder. Dauernd erzählt er, wie meine Schwester sich anziehen soll: sie soll dies nicht anziehen, sie soll das nicht anziehen. Er will meine Mutter rumkommandieren. Sie darf nicht anziehen, was sie will. Und dann sagt meine Mutter, er soll sich um seine eigenen Angelegenheiten kümmern. Und Sie, finden Sie nicht, daß sie recht hat?*
Ich: *Doch, vollkommen. Es steht einem Sohn nicht an, seiner Mutter zu befehlen, was sie anziehen soll. Du weißt ja, was ich dir schon einmal gesagt habe, die Mutter ist nicht da, um ihren Söhnen zu gefallen, sondern um ihrem Mann, den Männern ihres Alters zu gefallen. Aber du hast von deinem Bruder gesprochen?*

Er: *Ja, das ist so: Sehr oft, meine Kameraden, sie kommen bei mir vorbei. Dann sehen sie das Zimmer meines Bruders, und wir gehen automatisch rein. Wir sehen uns um, holen ein Buch raus, fassen ein bißchen was an. Einmal hat ein Kamerad eine Schallplatte mitgebracht, und wir sind damit ins Zimmer meines Bruders gegangen, wir haben seinen Apparat nicht gefunden, denn mein Bruder hat einen Apparat, auf dem man sie spielen kann, und er hat auch eine Gitarre und alles, was er braucht. Aber ich hab keinen. Und da war gerade mein Vater da, und er hat gesagt, »kommt nur«, und wir haben sie in seinem Büro spielen lassen.*
Ich: *Dein Vater hat ein Büro und ein Grammophon?*
Er: *Ja, aber wenn Papa nicht da ist, schließt er die Tür ab. Aber auch wenn er da ist, wenn er arbeitet, dann schließt er die Tür ab. Verstehen Sie, er spricht viel mit meiner Mutter, er erzählt viel von seinen Reisen. Und wenn er abends nach Hause kommt, dann hat er viel zu tun, und man darf ihn nicht stören ... Ich suche einen Traum, den ich Ihnen erzählen wollte. Ich erinnere mich an den mit der Katze, die miaut hat. Das war nicht meine Oma aus Perpignan, sondern meine Großmutter.*
(Die Oma ist die aus dem Osten, die Großmutter die aus dem Süden. Wieder verwechselt er durch einen Lapsus den geographischen Ort. Die aus dem Süden heißt Großmutter, die mütterliche aus dem Osten Oma.)
Ich: *Aber du hast mir doch gesagt, daß es deine Oma aus Perpignan war, dieselbe, die immer die Bilder ihrer beiden toten Söhne betrachtet hat, den kleinen und den großen, die Mutter von deinem Vater.*
Er: *Ja schon, vielleicht habe ich das gesagt, aber ich habe mich geirrt, es ist die Großmutter, die Mutter von Mama, die heißt Oma, sie wohnt im Osten.*
Ich: *Warum hast du dich geirrt? Ich glaube nicht, daß du dich geirrt hast, ich glaube eher, es war stärker als du, daß du sie verwechselt hast ...*
Er: *Also, sie wollte nicht, daß ich auf den Dachboden gehe, sie wollte es nicht. Und sie sagte: »Willst du wohl!«*

Ich: *Was war das für ein Dachboden?*
Er: *Das ist eine andere Erinnerung, aber eine Erinnerung vom Dachboden der Oma aus V..., ich erinnere mich jetzt, nicht in Perpignan; man sagt Perpignan, aber es ist V..., nicht weit von Perpignan, ein ganz kleines Dorf, und da ist es einfacher, man nennt die Stadt daneben.*
Er deliriert nicht mehr und erzählt Erinnerungen, präzisiert genau, um welche Großmutter es sich handelt. Es handelt sich um zwei Dachboden-Erinnerungen; aber diese beiden Erinnerungen sind an zwei verschiedenen Orten, die mit verschiedenen Vorfahren assoziiert werden. Er ist in Zeit und Raum lokalisiert, und seine Verwirrung der Vorfahren, der Familien legt sich.
Er: *Nämlich mein Großvater, der aus V..., der Papa von meinem Vater, der ist pensionierter General. Und auf dem Dachboden, da sind Koffer mit seinen Kleidern, seinen Militärkleidern, und ich, mit meinem Bruder und meiner Schwester, es war verboten, meine Großmutter wollte nicht, und man hat den Umhang von meinem Großvater angezogen.*
Ich: *Wer man?*
Er: *Mein Bruder hatte ihn angezogen; er hielt sich für einen General, und ich war sein Soldat. Wir hatten uns geschworen, nichts zu sagen; und ich war ganz klein, und ich habe gedankenlos zu meiner Oma gesagt: »O lala, wir haben uns prima auf dem Dachboden amüsiert und auch was gefunden«, und dann habe ich gleich wieder gewußt, daß man es nicht sagen durfte. Aber ich hatte schon zuviel gesagt. Und sie hat gefragt: »Ihr habt doch nicht etwa die Sachen eures Großvaters angerührt?« Und dann hat es ein Donnerwetter gegeben. Und mein Bruder war furchtbar böse auf mich. Mein Großvater ist ein Zweisternegeneral.*
Ich: *Weißt du noch, als du mit Bruno gespielt hast, daß da jeder einen Stern hatte?*
Er: *Ach ja, das war sehr lustig, wir waren Sheriffs. Und dann gab es die Cowboys. Mein Großvater* (er fährt fort; dieser Eingriff von mir war nicht das, was ihm fehlte), *mein Großvater war ein Anführer in der Résistance gewesen, das war etwas Wahres; die*

Sheriffs waren nichts Wahres. Er war Parteiführer von Perpignan und der Chef einer Munitionsfabrik in X... Diese Munition war für die Armee bestimmt. (Er spricht sehr gut.) *Man durfte nicht zuviel mit Leuten zu tun haben, denn jemand hätte ein Spion sein können, der alles weitererzählt.* (Assoziiert mit ihm, der die Dinge vom Dachboden weitererzählte, weswegen sie sich von der Großmutter ein »Donnerwetter« zugezogen haben.) *Ein deutscher Spion hätte fünf oder sechs Patronen aufsammeln können.* (Er fingert am Knet herum, ohne irgend etwas Bestimmtes zu machen.) *Und auf seinen Kopf wurde ein Preis gesetzt, ein Goldpreis. Denn mein Großvater, der war Anführer der Résistance. Einmal sind die »pépés« gekommen* (wahrscheinlich meint er die Deutschen, ein vielsagender Lapsus – »pépé«/Opa.), *und mein Opa ist auf die andere Seite des Gartens geklettert mit einer Leiter.* (Dieser Vorfahre trägt aber nicht den Namen Opa, sondern Großvater.) *Und dann waren die Deutschen angeschmiert, weil sie ihn nicht gefunden haben. Er war über die Mauer geklettert und hat die Leiter nachgezogen. Niemand konnte das wissen. Auch mein Vater war in der Résistance. Mein Großvater hatte ein Fahrrad, und da mußte er dann sagen, wie das Fahrrad meines Großvaters aussah.*
Ich: *Diese Fahrrad-Geschichte verstehe ich nicht.*
Er: *Mein väterlicher Großvater war in der Résistance; eines Tages kam mein Vater zu ihm. Er sollte den Leuten von der Résistance sagen, welche Farbe und welche Marke das Fahrrad von meinem Großvater hat, damit man ihn durchläßt.* (Damit man seiner Identität traut: dies ist die Grundlage des Symbols. Man fürchtete, daß sein Vater ein Spion ist, der sich für den eigenen Sohn des Generals ausgegeben hat.) *Mein Vater hat Bomben in die Mülleimer der Deutschen getan, und dann, verstehen Sie, die Deutschen* (in diesem Augenblick mimt er im Sitzen die Bewegungen der Arme, die im Rhythmus des Marschs hin und her pendeln; dabei singt er rhythmisch), *so sind sie marschiert, hat meine Mutter gesagt, die Deutschen.* (Die Deutschen, mit denen seine Mutter als junges Mädchen sympathisiert hatte.) *Also die Deutschen sind vorbeimarschiert, und dann sind sie in die Luft*

geflogen. Ich habe eine Schallplatte mit einem Militärmarsch, eine Fanfare.
Ich: *Ist es ein deutscher Militärmarsch?*
Er: *Nein, nein, ein französischer Militärmarsch. Man muß die Platte auf einem Magnetophon laufen lassen; es gehört mir, ich habe kein Magnetophon.* (Er macht einen Lapsus.)
Ich: *Bist du sicher, daß es ein »Magnetophon« ist?*
Er: *Es ist ein Grammophon, ich weiß nicht, was ein Magnetophon ist, aber ich weiß, daß es so was gibt. Ich behalte sie* (die Schallplatte mit dem Militärmarsch), *auch wenn ich kein Grammophon habe; und dann, wenn Papa es erlaubt, dann höre ich sie auf dem Grammophon von Papa, denn mein Bruder will nie, daß ich sie auf seinem höre. Er macht es kaputt, wenn er nicht da ist, damit wir es nicht benutzen können.*

Interessant an dieser Sitzung ist der völlig andere Ton des Gesprächs. Dieses Gespräch hat absolut nichts Delirierendes. Es gibt Selbstkritik. Außerdem sieht mir Dominique jetzt voll ins Gesicht, wenn er spricht. Manchmal macht er eine etwas verlegene Miene, wenn er sich einer Sache nicht sicher ist, die er erzählt, oder wenn ich sage, daß ich ihn nicht verstehe und er seinen Gedanken unbedingt präzisieren will; doch er schaut mir wieder ins Gesicht, sobald er gefunden hat, was er sagen will oder wie er es sagen soll, und ergänzt seine allzu verkürzte erste Erzählung, damit ich sie verstehe.
Wir sehen, was sich völlig verändert hat: nämlich das Recht auf die Aggression gegenüber dem Bruder, obwohl die Mutter das nicht gerne sieht; die Möglichkeit zu Kritik und Kampfgeist gegenüber diesem Bruder; die Identifizierung mit den Männern – Geste des Papsts oder Geste der Deutschen –, die Vergegenwärtigung des Idealichs durch die Person des Vaters und des väterlichen Großvaters. Es besteht auch ein Anerkennen der durch den Vater begründeten Kastration. Dominique akzeptiert die Versagungen – die geschlossene Tür –, wenn sie vom Vater kommen und nicht vom Bruder. Er begründet, daß man

in Abwesenheit des Vaters mit dessen persönlichen Sachen nicht tun darf, was man will, er akzeptiert, daß die Mutter ihrem Mann enger zugehört als den Kindern. Wenn der Vater wenig Zeit hat, dann ist er für seine Frau da und für seine Arbeit. Zudem besteht eine Aufwertung der väterlichen Linie. Wir verstehen nun, wie verwirrend für das Kind die sympathisierenden Worte der Mutter über die Deutschen waren, sehr feine Leute, fleißig und autoritär, rassistisch und kolonialistisch wie sein mütterlicher Großvater; wie verwirrend auch die Tatsache, daß sie eines Abends von den Deutschen festgenommen wurde, die groß und blond waren wie die Bels, und daß sie sich gern mit ihnen unterhalten hat, jenen Deutschen, die seinen väterlichen Großvater fast umgebracht hätten. Wir verstehen seinen Lapsus, als er von den *»pépés«* gesprochen hat, die den Großvater verfolgten: der *»pépé«* (Opa) mit den »Nazi«-Methoden gegenüber den Schwarzen, das war wirklich die mütterliche Linie in ihm. Vergessen wir nicht, daß er als einziger diesem mütterlichen Großvater »nachgeschlagen« ist. Alles hat dazu beigetragen, in ihm den Wunsch nach Identifizierung mit den männlichen Trägern des Namen Bel auszuschließen: was die aufbauende Kraft der ödipalen Wünsche zerstörte.

Interessant ist auch, daß er einen gut lesbaren Plan der Stadt Saint-Raphaël anfertigen konnte, sowie einen Plan ihres Wohnwagens, den ich sehr gut verstanden habe. Zu seiner Zeichnung ist nur ein einziger Punkt zu bemerken: statt einen anderen Platz auf dem Blatt Papier oder ein anderes Blatt zu nehmen, um den Plan des Wohnwagens zu zeichnen, hat er dasselbe Blatt verwendet und den Plan des Wohnwagens zum Teil auf den Stadtplan gezeichnet, scheinbar ohne es zu bemerken. Das erste Bild war für ihn imaginär annulliert, so daß es für ihn weder die Graphik noch das Lesen des zweiten, das darauf gezeichnet wurde, störte. Es könnte sich hier, anhand einer Darstellung des Raums, um das handeln, was mit ihm bezüglich der Zeit geschehen ist, die phallische Verwirrung der väterlichen und mütterlichen, männlichen und weiblichen Signifikanten, sowie die Verwechslung von rassistischen Nazi-Deutschen und

Widerstand leistenden Franzosen, zwischen Magnetophon und Grammophon.

Die beiden interessanten Teile der Sitzung sind nunmehr der Augenblick, da er vom Papst spricht und sich mit ihm identifiziert, indem er eine segnende Geste andeutet, die er im Fernsehen gesehen hatte, sowie derjenige, da er seine Bewunderung für eine Reiterstatue des Cäsaren zum Ausdruck bringt. Diesmal ist es nicht mehr ein mit seiner Mutter assoziiertes Pantheon des Napoleon der Invaliden[2], sondern ein mit seinem Vater assoziierter schöner General zu Pferde.

Wir wissen nun aber, was das Wort »huckepack« an Sexuellem für dieses Kind bedeutet, das bis zur Geburt der kleinen Schwester im Zimmer der Eltern schlief. Ein Kind, das Angst vor Pferdekarussells und Fahrrädern hatte. Wir kennen seine Spiele, in denen er einen Kameraden auf dem Rücken trägt, damit er sich masturbatorische sexuelle Reize verschafft (ein fließender Strom wie im Schwanz des Rochens). Und da ist noch der Augenblick, da er, mit sehr geradem Körper und Marschbewegungen (wobei er jedoch sitzen blieb), die von der Mutter aufgewerteten Deutschen nachahmt, die durch die Bomben in die Luft fliegen, die sein Vater in ihre Mülleimer getan hat.

Vergessen wir nicht »*elmoru*«, das Schimpfwort für solche Frauen, die nachts auf die Wache kommen. Das Eindringen in die Mutter, um dort den Samen zu deponieren, woraus eine kleine Schwester entstanden ist, ist wirklich das Faktum, das bei dem Kind die erste Struktur zur Explosion gebracht hat; die des kleinen wilden Mannes[3], der sich zum Herrn seiner Sklavenmutter gemacht hatte, angesichts des Vaters, der ebenfalls bis zu dem Augenblick besiegt war, da das Zeugnis der väterlichen Fruchtbarkeit aus seinen Reitervorrechten im Ehebett aufgetaucht war. Wir erinnern uns, daß die Deutschen »alles haben« wollten, daß der mütterliche Großvater ein Mann war, der sich in Afrika rassistisch verhielt, wie wir sagen würden, und daß die Mutter alles sehr gut fand,was die Deutschen taten, einschließ-

2 Vgl. S. 88.
3 Wir erinnern uns an »das Geschlecht des Babys, das platzen kann«.

lich der wunderbaren Intelligenz Hitlers, außer daß er »das Böse wollte«.
Achten wir auch auf jenen Augenblick der Sitzung, da Dominique sagt: »man« hatte den Umhang von Großvater angezogen; und dieses »man« war sein Bruder. Er selbst war nur der Soldat seines General-Bruders, aber ein spionierender Soldat; die Schwester spielte eine passive Komparsenrolle. Hier haben wir wirklich einen Überblick über das, worin seit dem fünften Lebensjahr die Verwirrung von Dominique bestand, der keine persönlichen, keine körperlichen und keine sexuellen (was den Wunsch betrifft) Anhaltspunkte für seine Männlichkeit besaß. Wir sehen, daß die Ideale bezüglich der Äußerungen des männlichen Werts von der mütterlichen Familie hochgeschätzt werden, im Gegensatz zu den Idealen der väterlichen Familie. Wir sehen, daß bei der offenen großväterlichen Majestätsbeleidigung die von der Mutter eingetrichterte Pseudounterwerfung als Mittel angewendet wurde, zu spionieren und den älteren Bruder mit einer Pyrrhuslist hereinzulegen: die einzige Art, die mit dem älteren Bruder rivalisierenden, aber ent-ödipalisierten, sadistischen Sexualtriebe auszudrücken. Wir sehen auch, wie Dominique aus der masochistischen Unterwerfung herausfindet, in die ihn seine phobische Angst vor einer prägenitalen magischen Kastration seitens seiner Geschwister gedrängt hatte. Nur durch die Worte und die signifikante Familiengestik, welche die Geburt und die Entwicklung dieses kleinen Mädchens, seiner Schwester, begleiteten, konnte Dominque die Ungeheuerlichkeit seines Mangels ermessen: das Fehlen an Wert, das weder auf die erwachsene Virilität noch auf die erwachsene väterliche Macht bezogen wurde, sondern auf die magische und phallisch-fetischistische Allmacht jenes Mädchen-Babys, das keinen Penis hatte, Partialobjekt der Mutter (so ist es noch heute) und mit dem Wert eines vergegenwärtigten Phallus umstrahlt, Synonym der Freude für die beiden Linien, deren seit langem heißbegehrte erste Tochter es war.
Bei der Geburt dieser kleinen Schwester hat sich für den großen Bruder, Paul-Marie, etwas sehr Wichtiges ereignet. Auch er,

glaube ich, ist durch die Geburt der Schwester und deren Folgen in der Dynamik der Familiengruppe, insbesondere in der sexuellen Dynamik des Elternpaares, traumatisiert worden. Paul-Marie wurde nämlich durch die Geburt seiner Schwester in seiner phantasmatischen ödipalen Illusion bestätigt, ein Kind von der Mutter zu haben: dieses Kind, das sie beide erwarteten, wenn er, nach den kurzen Aufenthalten seines Vaters, allein mit der Mutter zurückblieb. Ob nun durch Identifizierung mit seinem Vater oder durch Identifizierung mit seiner Mutter, und unter der Bedingung, daß er ihr anal und urethral phallisches Verhalten kopierte, das Pflege, Orientierung und schützende Sicherheit gab, konnte er diese kleine Phallus-Schwester bewundern und anbeten. Auch unter der Bedingung, daß er in das Familienkonzert einstimmte und die Körper der Mädchen bewunderte, wobei er zwanghaft ihr Geschlecht und damit natürlich auch das seine skotomisierte. Paul-Marie ist traumatisch in einer passiven homosexuellen Struktur befangen, mit der er trotz schulischen Hemmungen bis heute gut durchkommt. Mit 18 Jahren sagt er (worin ihm seine Erzeuger beipflichten), daß er nicht verstehe, wie »man« an Mädchen Gefallen finden oder mit ihnen schlafen könne. Nur widerstrebend läßt er den Sexualakt gelten, weil er für die Erzeugung der Kinder notwendig ist, und hält das ärgerliche technische Drum und Dran der Zeugung für sehr bedauerlich.

Der Wunsch nach körperlichem Kontakt darf nicht eingestanden werden, ob nun dem des Wettstreits zweier Körper im Kampf oder dem der Erotik. Nur ein Wunsch wird aufgewertet, die menschliche Freundschaft im bewundernden Zuhören philosophischer Reden, und für die Erotik gilt der Voyeurismus der unpersönlichen Schönheit des »weiblichen Gestells«. Für Paul-Marie ersetzt ein Einfüllen oralen Stils, jedoch ohne Freude, die verdrängte Erotik, die notwendig ist, um bei den Frauen jene die Gebärmutter entlastenden lebenden Sachen zu produzieren, Verdauungskanäle mit Beinen, die man Kinder nennt. Paul-Marie ist verliebt in kleine Kinder außerhalb der Familie. Die unverhüllte Erotik dieser Verlockung wird bestätigt durch das obligatorische Verwerfen seiner Geschwister. Er hält sie auf Distanz. Er lebt zu Hause in sich zurückgezogen, läßt sie weder reden noch seine Sachen berühren. Er lehnt es ab, mit ihnen zu verkehren: nur die »Großen« sind des interpersonellen Austauschs würdig. Die Mädchen, gleich welchen Alters und welcher Größe, sind eine Gefahr. Natürlich, zur Zeit, da Paul-Marie fünf Jahre alt ist und die kleine Schwester zur Welt kommt, setzt er niemandem, weder seinen Eltern noch Dominique, das Drama auseinander, das für ihn die Entwicklung der Ethik hemmt, den Ausschluß seines väterlichen genitalen Idealichs, das durch die Verwirrung mit dem passiven analen homosexuellen mütterlichen Ichideal kurzgeschlossen wird. Dieses letztere wird durch die magische Verwirklichung der brüderlichen Pseudovaterschaft überaktiviert, ohne Kastration durch den Vater: wobei zudem die Phantasien inzestuöser Vaterschaft durch die Worte des Vaters und der Mutter fast legalisiert sind.

Schon oft habe ich die imaginäre Situation des Knaben zwischen 3 und 7 Jahren beschrieben. Unabhängig vom Ödipuskomplex, dem er lange Zeit entrinnen kann, z. B. wenn ein Vater fehlt, wünscht er, ein Kind zu empfangen und auszutragen. Es handelt sich um die Hoffnung auf ein anales, urethrales Gebären. Diese Vorstellung entspringt einer dipsophilen Phantasie, resultierend aus der Flasche oder dem Koitus, einer perfundierenden Durchdringung. Diese Phantasien entwickeln sich am technischen Verhalten beim beobachteten menschlichen oder tierischen Koitus. Es sind jedoch immer Phantasien, die auf narzißtischen Genuß zielen. Gleichzeitig erlauben sie einen Anschein von Humanisierung, weil sie eine Angleichung an das Verhalten der Mutter oder des Vaters gegenüber jenem Fetisch-Objekt, dem anwesenden Kind, nach sich ziehen. All dies ist ein Mittel, der natürlichen Kastration zu entgehen (d.i. der primären Kastration), ein Mittel, das der polymorph perversen Struktur des Kindes innewohnt. Es ist auch ein Mittel, gegenüber der kulturellen oder ödipalen Kastration, die das Gesetz

des Inzesttabus auferlegt, die List des Imaginären zu gebrauchen.[4]
Für Paul-Marie gab es ein Trauma, weil die Geburt seiner kleinen Schwester ihm alle Erleichterung und die elterliche Genehmigung gewährte, zu glauben, daß seine imaginären Wünsche magisch in Erfüllung gegangen sind. Seine Mutter vertraute ihm die Schwester an. Er konnte als großer starker Bruder handeln, und er teilte mit seiner Mutter, da der Vater nie da war, das Bett sowie die Freuden und Sorgen der Vaterschaft. Sie sagt selbst, seine Reife – seine verbale Pseudoreife – rühre daher, daß sie ihn immer als ihren Gefährten betrachtet habe, dem sie alles anvertraut, all ihre Gedanken und all ihre Sorgen.
Für Dominique ist während dieser Zeit, da der ältere Bruder auf passiven präödipalen strukturalen Positionen erstarrte, alles zusammengebrochen, was seine Welt ausmachte und ihren Zusammenhalt sicherte. Alles brach zusammen, bis hin zu den Wurzeln des mit seinem Körperschema zusammenhängenden männlichen Narzißmus. Als Ersatz für den selten anwesenden Vater gab es Paul-Marie; aber Paul-Marie konnte nicht der Träger eines Vor-Idealichs sein. Die notwendige Bedingung für die Imago-Person dieser Instanz ist, daß sie genital dynamisch und genital die Erzeugerin des Kindes ist, das gerade geboren wurde. Das heißt, sie muß in ihrem genitalen Körperbild dynamisch und nicht nur der erwählte Gefährte der Mutter sein, sondern auch möglicherweise befruchtend, jedenfalls darf sie nicht nur als Ergänzung der Mutter wahrgenommen werden, sondern auch als jemand, für den das Gesetz der Vorrechte des Hausherrn gilt. Dominique also, der einen Träger für seine sich gerade strukturierende männliche Identität suchte, fand nur die Gefahr der Destrukturierung. Statt eines Vorbilds, das ihn im Geist seines Geschlechts unterstützt und ihn in diesem Geschlecht aufwertet, fand er nur Paul-Marie, einen adynami-

4 Die natürliche Kastration, die normalerweise primäre Kastration genannt wird, resultiert aus der monosexuierten und sterblichen Realität des menschlichen Körpers. Die kulturelle Kastration hat nur dann strukturierende Bedeutung, wenn das Subjekt zuvor den Erzeuger seines Geschlechts in sozialer Hinsicht, die Erotik und schließlich die menschliche Fruchtbarkeit aufgewertet hat.

schen, schlechten Herrn. In Bruno, dem jungen Sohn der väterlichen Tante und des Onkels Bobbi, suchte er einen Bürgen für sein Bedürfnis nach einem dynamischen Vorbild zu finden. Um zu überleben, mußte Dominique seiner Libido einen minimalen dynamischen Wert bewahren. Paul-Marie, das Vorbild, Rivale und affektive Ergänzung der Mutter, war bei der analen Phallik stehengeblieben; Dominique hatte nur noch die orale Phallik, das Kauderwelch und die Körpersprache seiner Beziehung zur Welt, die vor der Geburt von Sylvie bestanden. Paul-Marie war freiwilliger Junggeselle, gerade durch die Tatsache ihrer beider Partnerschaft (neue Partnerschaft im selben Zimmer), eine lachhafte Partnerschaft im Vergleich zu der mit der Mutter. Dominique wurde »der junge Bruder«, eine merkwürdige Sache, voll inzestuösen Liebeskummers in einem durch die Regression abgewerteten und degredierten Körper. Und die »jungen Brüder«[5] der Bel waren beide gestorben. Von nun an war die kleine Schwester mit dem Geschlecht ohne Penis das Wertvollste in dieser Familie. Der Vater, der doch einen Penis besaß und es dadurch bewiesen hatte, daß er seiner Frau ein Baby gab, war mit einem Schlag für die Mutter weniger wichtig als ihre abhängige Beziehung zu diesem Baby. Der Vater wurde auch für Dominique weniger wichtig, der auf Positionen oraler Libido regrediert war, weil die Mutter mit ihren zwei phallischen Brüsten dieses saugende Baby nährte, das »sie raubte«.
Für Paul-Marie wurde nun Dominique, mit seinen Reaktionen der Anpassung an die komplexe Prüfung, die er gerade durchlebte, zudem zu einer Komplikation im praktischen Leben der Familie sowie im öffentlichen Leben der Gesellschaft. Dominique brachte ganz allein, durch sein Verhalten, die familiäre Umwälzung und die dynamische Veränderung der Gruppe zum Ausdruck. Er war derjenige, der die beiden Linien durch das Verlieren von Exkrementen, durch seine Aufsässigkeiten und Wutanfälle entehrte, der die Funktion des Vaters abwertete. Er gab der Schwester ein »schlechtes Beispiel«, aber seltsamerweise interessierte sich die Mutter trotzdem noch für ihn; dieser

5 Die väterlichen Onkel.

Dominique wurde vom Vater noch immer als Sohn anerkannt, und er begann, die kleine Schwester zu interessieren.
Für Paul-Marie war er wirklich ein Störenfried. Aus Brüderlichkeit, wie die Mutter sagt (ich glaube eher, um auf diesem Umweg die heilsame Kastration zu erhalten), willigte Paul-Marie ein, die Rolle des großzügigen, allzu toleranten großen Bruders zu spielen.
Dominique ist niemals er selbst gewesen. Von Geburt an war er gehandikapt, so könnte man sagen, durch sein physisches Äußeres, von seiner Mutter auf einer zoologischen Ebene eingestuft. Gehandikapt auch durch die Eifersucht des älteren Bruders ihm gegenüber: eine Eifersucht, von der niemand spricht, wenn es um Paul-Marie gegenüber den Nachgeborenen geht. Dominique ist von der Mutter und dem älteren Bruder immer parasitär behandelt worden; fetischisiert von der Mutter als Ebenbild ihres eigenen Vaters und Träger eines Penis, der in ihrem Besitz war, ein Trost für die Abwesenheit des Penis des Gatten; fetischisiert von seinem Bruder als Partialobjekt der Mutter, das es zu nähren und zu beschützen und als Zeuge beispielhafter Verhaltensweisen zu betrachten galt. Bis zum Auftauchen der Schwester hat Dominique nur als phallischer Fetisch Wertschätzung von dem Zwillingspaar Mutter-großer Bruder erfahren. Jedoch konnte er den Eindruck gewinnen, der wertvolle Ersatz des Vaters zu sein, weil der Vater nach seiner Geburt jene gutbezahlte Stellung angenommen hat, die ihn zu einem »Nomanden« machte, oder weil seine tierische Wärme die Mutter wärmte. Dominique weigerte sich weniger, ins mütterliche Bett zu gehen, als der große, zu »prüde« Bruder. Er wurde auch geschätzt, wie Madame Bel sagt, wegen seiner Artigkeit und seiner frühen Sprachgewandtheit. Ein kleiner Papagei, der die Sätze der Mutter nachplapperte. Dominique war entfremdet, seiner Freiheit, seiner Autonomie beraubt, trotz scheinbar autonomer Verhaltensweisen und obwohl er um keine Erlaubnis bitten mußte, wie er selbst betont, während bei seiner Großmutter immer um Erlaubnis gebeten werden mußte. Er war das Ersatzobjekt für den Penismangel der Mut-

ter, einen Mangel, mit dem sie sich heute noch nicht abgefunden hat: Madame Bels Kleidung, die sehr dezent ist, von etwas provinziellem Geschmack, der eher aus der vergangenen Mode ihrer Jugend als aus der heutigen Zeit stammt, ist immer so zusammengestellt, daß das Zubehör (Schuhe, Handschuhe, Handtasche usw.) eine männliche Note hinzufügt.

Vergessen wir nicht, daß Madame Bel ein Mädchen war, daß ihre Eltern in Verzweiflung stürzte, die sich nur einen Jungen gewünscht hatten. Dominique war das Substitut des zentrifugalen Penis[6] der Mutter, während Paul-Marie ihr alter ego war, eine Art Zwilling der Mutter, von ihr erwählter Gefährte, genauso wie der Ehemann, abgesehen von dem befruchtenden Koitus, zu dem nur der Vater das Recht hatte. Der Gatte, wenn er da ist, ist ein bemutternder Mann, den seine Frau als ein Heilmittel für ihre Phobien vor sozialen Kontakten betrachtet. (»Meine Frau ist ein Bär, aber unser Heim ist das Haus des Herrgotts.«) Diese Phobien entstammen der verstümmelten Beziehungen dieser Frau zu ihrer Mutter, die sie verwarf, und ihrem Vater, der sie vollständig verkannte bis zum Tag ihrer Heirat, von welchem Tage an er den Schwiegersohn seiner Tochter vorzog (kontra-ödipale Vorsicht des Vaters von Madame Bel?).

Bis zur Geburt von Dominique war Monsieur Bel jeden Tag zu Hause. Dominique, dem Anschein nach gut angepaßt, wußte nichts von seiner Fetischrolle. Die Offenbarung kam ihm, als seine Mutter, nachdem sie ihn weggegeben hatte, um einen anderen mutmaßlichen Mitmenschen zur Welt zu bringen, einen wahreren, schöneren (»plus BEL«) Sprößling zur Welt brachte, Sylvie, die alle guten Eigenschaften, alle Macht inne hatte. Er

6 Ich habe in meiner Arbeit »La libido et son destin féminin«, *La Psychoanalyse*, Nr. 7 (Paris 1964), den Neid auf den zentrifugalen Penis als imaginäres Partialobjekt beschrieben, das der primären Kastration unterliegt. Der Neid auf den zentripetalen Penis ist ein prägenitaler weiblicher Wunsch nach dem Partialobjekt, das dem Vater gehört. Die Phantasien, die die Puppenspiele stützen, die Phantasie eines inzestuösen Kindes vom Vater sind der Ersatz dafür. Dieser zentripetale Wunsch beim Mädchen nach der ödipalen Auflösung ist *integrierender Bestandteil des genitalen Wunschs* nach einem geliebten Partner.

mochte das Gefühl haben, als hätte seine Mutter ihn gleich einem ausrangierten Spielzeug über die väterliche Großmutter an seinen älteren Bruder abgetreten. Die Spielregel, die vor der Geburt der kleinen Schwester galt und darin bestand, gut zu sprechen, damit die Mutter zuhört, und auch ihre Aufmerksamkeit zu erzwingen, damit er sich zwischen sie und den großen Bruder drängen konnte, diese Spielregel war nun völlig verändert. Vom Tag der Geburt seiner Schwester an hat Dominique seine Bezugspunkte verloren; er entdeckte, daß er im Vergleich zu seiner Schwester einen häßlichen Körper hatte, der beim Rivalenspiel der Sphinkter-Passivität und der Stummheit keinerlei Wert gewann, daß im Vergleich zu seinem Bruder seine Intelligenz gleich Null war, daß er keine Freunde, keine Zuflucht besaß. Seine Großmütter zogen Paul-Marie vor. Doch Dominique war verwirrt von der Triebexistenz in seinem Körper und seinem Geschlecht, der keinerlei Wert zugesprochen wurde. Er hat eine vollständige Entnarzißierung erfahren. Seine Sphinkter-Sauberkeit war ebensowenig wie sein Sprachverhalten die Folge einer vollendeten Beherrschung und des symbolischen Zugangs, sondern die einer mimischen Abhängigkeit von den Rhythmen seiner Mutter, in der er die anale und orale Lust des Empfangs erlebte, den sie ihnen bereitet, eines Empfangs, der für ihn erotisiert war, aber auch für sie! Seine (im übrigen relative) Pseudobeherrschung des Sphinkters war von realer Lust geprägt, die inzestuös zu werden tendierte. Das Gesetz, dem Dominique begegnet war, war keineswegs das Inzestsverbot, ein gesellschaftliches Gesetz. Für ihn gab es nur das Verbot, schmutzig zu sein und frei zu sein, in dem Sinne, in dem frei sein Freiheit der expulsiven vegetativen Rhythmen, der Bewegungen und des Kampfgeists bedeutet (wie er es von seiner Schwester erzählt, von ihrem »Hin und Her« in der Schule und im Garten, Kultur und Natur). Er konnte nur den Ball halten (alias Mutterbrust) oder sich als Baby-Erzeuger phantasieren, d.h. als seine Mutter mit einem Ball-Baby in den Armen, nachdem sie es im Bauch gehalten hatte, und nun hält er einen Ball und geht um den Garten, nicht um diesen Ball anderen zu-

zuwerfen, sondern um ihn in seinen Armen wie einen Schatz zu horten.[7]

Von dem Augenblick an, da seine Sätze für Dominique einen persönlichen Sinn verloren (als er sich für keine Person mehr als Person fühlte), konnte er in seine Worte nicht mehr den Ausdruck der sensoriellen Erfahrungen, die er erlebte, eingehen lassen. So konnte auch der Koitus der Eltern, dem er auditiv und visuell beigewohnt hatte, interpretiert werden als »Hukkepack«-Spiele und Neckereien der Mutter »Kuh« (wir erinnern uns der unsichtbaren Mücken, die in den ersten Phantasien die Kuh ärgerten), oder auch als Tierbesteigungsspiele wie auf dem Bauernhof oder als Spiele der Beziehungen von füllenden Schläuchen und Rohren (gleich dem Klempner des kleinen Hans), die er jedoch Frauspiele nannte; einer Frau Milch geben, die im gleichen Augenblick ein Baby stillt. Die »Wirkung« Ball-Schwangerschaft, gefolgt von dem Auftauchen des Babys – diese Dinge waren dem Kind verbal nicht verhüllt worden. Die Mutter, die darunter gelitten hatte, daß sie bis zu ihrer Heirat nichts von den Dingen des Körpers und des Geschlechts wußte, wollte aufgeklärte Kinder haben, wie sie sagt, die über die Realitäten des Lebens Bescheid wissen, statt sie zu ignorieren. Und wenn nun Dominique zwar den Koitus seiner Eltern sehen oder hören konnte, so konnte er doch, ohne die Worte seiner Mutter, keine Beziehung herstellen zwischen den Empfindungen, die er bei diesem Anblick verspürte, und der Freude der Mutter darüber, die Gefährtin zu sein, die im Bett von ihrem Mann besser gewärmt wird als von ihren Kindern, und von ihm die wertvolle Frucht zu tragen, die sie während des befruchtenden Koitus empfangen hat: denn das hatte sie nicht »gesagt«.

Jenes »die Wahrheit sagen« über die Schwangerschaft und ihre Physiologie war von der Mutter verbal mit dem »Herzen« der

7 Wir alle wissen, daß diese Art des Ballspiels – ihn zu nehmen, um ihn zu behalten, und nicht loslassen zu können – die infantile Art des Spiels ist, die den kleinen Menschen beiderlei Geschlechts vor dem dritten Lebensjahr charakterisiert; er gibt sie auf, indem er den Ball demjenigen zuwirft, den er »liebt«, in einem Spiel, das ein Regeln unterworfener sprachlicher Austausch ist.

einen Mama verbunden, d.h. in sybillinischen Worten als Parthenogenese erklärt worden, bei denen die »nackten Körper der Schwarzen« und die »Frauen, die abends ausgehen und auf die Wache kommen« assoziiert werden konnten. Wenn der große Ball des mütterlichen Körpers den allegorischen Storch aus Märchen und Liedern ersetzt hat, so wurde doch die Mitwirkung des Vaters als liebender Erzeuger oder geliebter und begehrter Gatte, Miterzeuger eines Kindes, das von seinen beiden Eltern konzipiert wird und sich im Leib der Mutter entwikkelt, niemals evoziert. So daß Madame Bel, wie sie sagt, im sozialen und familiären Verhalten die Rolle von Vater und Mutter zugleich spielte, »die Kinder sehen also keinen Unterschied zwischen ihrem Vater und mir, zwischen der Anwesenheit und der Abwesenheit ihres Vaters«. Zumindest will sie unbedingt, daß sie es glauben; und das jedenfalls muß man zu glauben scheinen, um Mama in Sicherheit zu wiegen. Der kleine Dominique ist befugt, zu glauben, daß das schöpferische Erzeugen eines Menschen das Privileg der Frauen und entweder der Stimmung oder irgendeiner oralen, analen Verdauungsfunktion zu verdanken ist, oder auch der Magie einer unsichtbaren Person oder einer im pflanzlichen Körper versteckten Schlange.[8] Was seine Beobachtung der körperlichen Spiele der Eltern im Bett betrifft, wenn er wach lag oder schlief und auf die Anwesenheit seines Vaters eifersüchtig war, so wissen wir, daß er dann eine List gebrauchte und seine Mutter zwang, zu ihm zu kommen, womit es ihm gelang, sie dem Vater zu rauben. Das Kind kann das körperliche Verhalten der Eltern im Bett als Reitspiele oder als Spiele der Umarmung, Perfusion, Benzinausteilung interpretieren, d.h. als gestische Spiele mit Partialobjekten, wie er sie mit Altersgenossen spielt; nicht aber als Ausdruck der Liebe von Person zu Person. Die schöpferisch zeugende Konsequenz ist dann nur ein Sonderfall für die Wirkung des Füllens, nicht aber ein symbolisches Ereignis.

Kurz, die Rolle des Vaters ist für Dominique absolut ausge-

8 Vgl. S. 118, der Baum (er) zwischen Adam und Eva, der einen Schneeball ins Fenster wirft, als Assoziation zur Versuchung des im Baum versteckten Dämons.

schlossen. Nur durch die Worte, die das Erscheinen und die Entwicklung des kleinen Mädchens begleiteten, konnte Dominique die Ungeheuerlichkeit seiner Ohnmacht ermessen, sich von irgend jemand erkennen zu lassen als einer, »der ein Mann wird«.
Der Eintritt in eine schwere Zwangsneurose im Augenblick der Geburt der Schwester ist zur Regression in einen psychotischen Zustand geworden, als jede Hoffnung auf Entwicklung versagt wurde.
Das Warten auf das Wachstum, welches die tröstende Phantasie aller narzißtischen Wunden und aller Hilflosigkeit des Kindes ist – »wenn ich groß bin« (wie die Phantasie der kommenden Zeit die tröstende Phantasie der Erwachsenen ist: »Wenn ich Zeit haben werde«) –, hatte für Dominique keinen Sinn mehr, da einerseits die Zeit den Onkel nicht zurückgebracht hatte (*s'il vit*/wenn er lebt: der Bruder des Vaters) und andererseits seine Entfernung von der kleinen Rivalin sie nicht hatte sterben lassen. Ganz im Gegenteil. Während der Abwesenheit des Knaben hatte sie kulturelle Waffen erworben, das wertvolle schulische Wissen, das zu erobern Dominique trotz allen Anstrengungen nicht gelang. Was die Hoffnung angeht, Hilfe und Unterstützung bei seinem älteren Bruder zu erhalten, so war daran nicht zu denken, und mit 8 Jahren blieb Dominique nichts anderes übrig als die sekundäre anaklitische Depression, die Phobie vor jeder Veränderung.

Die passive Flucht vor allen Wunschregungen wird das einzige ökonomische Verhalten, um bei Dominique zwischen 4 und 6 Jahren einen Rest an Narzißmus zu bewahren, so reduziert er war auf die passiven oralen, analen und urethralen Positionen. Für diese in sich verschlossene Ökonomie wurde jede Begegnung in Zeit und Raum, wenn sie wahrgenommen oder als bevorstehend erkannt wurde, phantasiert als Nahen des Todes oder endloser Zerstückelung.

An seinen eigenen Körper als bloßes Skelett mit Muskeln veräußert, nachdem er ein Fetisch gewesen, der seither durch seine

Schwester ersetzt worden war, entging er nun allen willentlichen motorischen Realisierungen, die ein Subjekt in einem autonomen Körper implizieren.

Dominique-als-Subjekt befindet sich in einer passiven paranoischen Welt. Er leugnet seine Trennung vom Körper der Mutter und lebt phantasmatisch inzestuös, induziert und eingeschlossen in die Mutter, sowie in eine Welt, die er zur Reglosigkeit verdammt. Um ein inkontinentes urethrales Funktionieren zu bewahren, phantasiert er sich eine konfuse Zugehörigkeit zu spiegelbildlichen Bezugspunkten der Säugetierkörper, mit denen er die phallischen anatomischen Merkmale seiner Eltern assoziiert: »die Kühe haben vier davon«. Er lebt wie ein Schlafwandler. Er leugnet die distalen, taktilen und okulären Bezüge, die sein Körper ihm durch Wahrnehmungen liefert, die aber nicht als gültig anerkannt werden.

Er leugnet, daß ihn die mit dem vegetativen Funktionieren seines Beckens einhergehenden Empfindungen, das Hungerbedürfnis oder der Selbsterhaltungstrieb etwas angehen. Diese Ausgeschlossenheit führt zur Verleugung der Beobachtungsgabe und zum Verlust des Gefühls für die zwischen Signifikat und Signifikant bestehenden Beziehungen. Zwar scheint er die Sprache nicht verloren zu haben, aber in Wahrheit hat er nur noch eine Fähigkeit zur Wortbildung masturbatorischen Stils, er kauderwelscht und deliriert, ohne mit anderen zu kommunizieren, ohne Fragen zu stellen, eine Sprache, die allerhöchstens dazu dient, in den Ohren der anderen magische Wirkungen zu erzielen. Immer stärker ignoriert er Richtung, Raum, Zeit. Da er nicht in seinem Körper wohnt, trägt er von ihm ein abstraktes Phantasiebild in sich, das dem Menschen wie dem Tier gleichermaßen fremd ist. Er objektiviert sie in seinen Knetfiguren und stereotypen Zeichnungen, mit dem, was ihm an manipulativer Macht noch bleibt, metaphorisiert mit der Lippen- und Analerotik, eine Symbolisierung aufgrund der Verschiebung dieser Erotik auf seine Hände, Fortsätze des Austauschs von Mund zu Brust oder von Anus zu Fäzes; und sein Penis hat die

Bedeutung eines Saugers bekommen.[9] Zu Beginn der Behandlung sehen wir einen Dominique, der seine Wünsche nach Erfolg in den menschlichen Körper eines Mädchens projiziert, der Tochter seiner väterlichen Tante, dem Alter nach fast seine Zwillingsschwester, die für ihn konfus seine Schwester, die Schwester seines Vaters und seine Mutter zugleich ist.

Indem er dem Bewußtsein seines sexuierten Körpers entgeht, entgeht er der primären Kastrationsdrohung sowie den Schrekken des Kastrationskomplexes, der mit dem Reiz und der schuldhaften ödipalen Körperberührung zusammenhängt. Die männlichen Träger seiner Phantasien werden abgewertet, wenn nicht hinsichtlich der phallischen Form, so doch hinsichtlich des erotischen Werts sowie des erektilen und genitalen ethischen Werts. Alles, was sich auf den männlichen erektilen Genitalapparat und seine spermische genitale Funktion bezieht, ist ausgeschlossen. In der Familie hat es nie ein Wort gegeben, das das Geschlecht bezeichnet hätte: »Popo« war der einzige Signifikant für jedes Becken und jede exkrementielle oder sexuierte Funktion der Knaben wie der Mädchen, das einzige Wort, das Dominique, zusammen mit »pis«, für das Becken und das Geschlecht des Mannes[10] zur Verfügung steht.

Wenn die Regression, die durch das naive, wenn nicht schuldhafte Einverständnis der Umwelt bei seinen urethralen, analen und oralen passiven Äußerungen geschürt wird, Dominique als Subjekt dazu verleitet, die Maske eines Phantoms zu tragen, dann handelt es sich um ein Phantomglied der Mutter, das spurlos verschwunden ist, so wie das Phantomglied seiner väterlichen Großmutter, der Onkel (von dem es heißt, wenn er lebt, *s'il vit*), der im Augenblick seiner Geburt verschwunden ist, ihm als einziger symbolischer Anhaltspunkt dient; daher verkleidet er sich mit einem Laken gern als Geist.

Die Sitzung, welche die Auflösung der verblendenden Entfremdung markiert, ist diejenige, in der er die drei Vergegen-

9 Vgl. die Sitzung, in der er eine durch einen Sauger verlängerte Kugel und einen Moebius-Ring geknetet hat (S. 94).

10 Das mit den Brüsten der Frauen, den Eutern der Kühe verschmilzt. Vgl. S. 91.

wärtigungen des phantasmatischen Rochens (*raie*) bringt, wobei *raie* zugleich der Signifikant für die Gesäßspalte, Allegorie für sexuelles »Pech«[11] (*poisse*/Pech, *poisson*/Fisch) und erogenen/libidinösen Strom ist. Da ist zuerst der Rochen mit dem vorgewölbten aktiven Maul, dann der mit dem passiven gähnenden Maul und der schrecklichste, der dritte, der sogenannte lockige Rochen, der mit der Schwester und ihren gewellten Haaren assoziiert wird, die durch ihre Knöpfe Ekel erregt, die Knöpfe der Brustwarzen und der Klitoris, und einen blitzartigen elektrischen Schwanzstrom erzeugt, eine im Glied empfundene ungewöhnliche und qualvolle energetische Gegenwart. In dieser fünften Sitzung wird Dominique das ausgeschlossene Geschlecht zurückgegeben, in den Worten der Sitzung, die (es ist kein Zufall) auf seine Initiative, durch die Aussagen des Bruders und der Mutter, der Analyse das Verständnis geliefert hat für die unbewußte Struktur des Bruders (mit passivem homosexuellen Ichideal) und der Mutter (sie ist präödipal und körperkalt im Bett; wobei diese phobische Angst vor Kälte ihre unbewußte inzestuöse päderastische Fixierung an ihre eigenen Kinder rechtfertigt, Ersatzobjekte für ihren nicht aufgegebenen zentrifugalen Penis, der lediglich auf den Körper ihrer Kinder sowie auf den fruchtbaren durchdringenden Penis ihres Mannes verschoben wurde).

Die sechste und siebte Sitzung haben das Problem des Ichideals in bezug auf das präödipale Verhalten gestellt, das sich sowohl an der Negation der primären Kastration als auch an der Vermeidung des genitalen Ödipuskonflikts orientiert, der mit dem Inzestverbot und der Kastration der ersehnten Frucht des Inzests zusammenhängt.

Die Wertskala der phallischen Ordnung kennen, ist eine Frage ethischer Ordnung.

Die ökonomische Lösung wäre, passiv pervers zu bleiben. Jede der Fragen zwingt, wenn sie nicht durch das Setzen des Ödipuskomplexes und die Angst vor genitaler Kastration eine Lösung erhält, zu einem Kompromiß im Körperbild, einem Kompro-

11 Vgl. seine Phantasie des Geschlechts, das an der Mutter klebt.

miß des Alters und der Art, zu einer Verkennung des Körpers und der elektiven erogenen Stätte des vernünftigen Ausdrucks der Sexualtriebe.

In der achten Sitzung[12] können wir sehen, daß das Bild des männlichen menschlichen Körpers in seiner Integrität zurückerobert ist und daß sich die Instanzen von Dominiques Persönlichkeit – Ich, Es, Ichideal – um allmählich akzeptierte ödipale Positionen zentrieren, nach einem langen Zögern zwischen der homosexuellen Ethik und der heterosexuellen Ethik. Manche werden sich darüber wundern, daß eine solche dynamische Veränderung in so wenigen Sitzungen erreicht wurde. Ich habe Erfahrungen mit ähnlich ablaufenden Fällen gemacht, bei denen der klassische Rhythmus von zwei oder drei Sitzungen pro Woche angewandt wurde; und ich muß sagen, daß dieser Rhythmus dem Psychoanalytiker die Arbeit zwar erleichtert, sie jedoch für den psychotischen Analysanden nicht immer besser oder tiefer oder schneller gestaltet.

Da kein menschliches Wesen einem anderen gleicht, ist es unmöglich, über den Wert der beiden Techniken ein Urteil zu fällen. Ich persönlich ziehe die Technik mit mehreren Sitzungen pro Woche vor, vielleicht weil sie einfacher ist. Auch muß ich zugeben, daß ich ohne die Kenntnisse, die ich bei den Psychoanalysen mit jenem klassischen Rhythmus erworben habe, vielleicht nicht denselben Stil des Zuhörens hätte. Aber gerade das Zuhören des Analytikers fordert in der Übertragungsbeziehung durch die notwendigen und vorübergehenden Widerstände hindurch die wahrhafte Rede heraus, und meiner Meinung nach *ist es nicht die Deutung der Widerstände, die die wahrhafte Sprache freisetzt,* um so weniger, *als die Widerstände,* wie ich meine, *immer auf seiten des Psychoanalytikers liegen, wenn die des Patienten nicht überwunden werden können.*

Im Fall von Dominique haben die angeblich finanziellen, zeitlichen und geographischen sozialen Verhältnisse den für die Familie akzeptablen Maximalrhythmus bestimmt. Ursprünglich waren 14tägige Sitzungen vorgesehen; doch das Wetter, die

12 Siehe S. 109.

kleinen Schulferien und verschiedene materielle Schwierigkeiten, die die Widerstände der Eltern rechtfertigten, haben es der Mutter nicht erlaubt, diesen Rhythmus einzuhalten. Die Sitzungen dauerten mindestens eine Stunde, häufig etwas länger, und Dominique erwies sich nach den anfänglichen Widerständen als sehr kooperativ, besonders stark und willentlich von der Analyse berührt. Anzunehmen ist auch, daß die im Alter von sechs Jahren nur angedeutete psychoanalytische Psychotherapie bei Dominique und seinen Eltern eine negative Übertragung auf diese Behandlungsart hinterlassen hat: diese intensiv emotionale Übertragungssituation konnte unmittelbar an meine Person anschließen und dadurch, wie wir sahen, die überaus rasche Mobilisierung der Triebe ermöglichen. Auch das Alter, mit dem libidinösen Schub der Pubertät, hat eine Rolle gespielt sowie die Trennung von dem großen Bruder, die Dominiques äußere Welt zugunsten einer wirklich psychoanalytischen Psychotherapie modifizierte, d. h. zugunsten einer Wiederbelebung der archaischen Triebe in der Übertragung sowie einer operationellen Kastration, die schulische und soziale Sublimierungen ermöglicht.

Der unbestreitbare Vorteil einer Psychotherapie mit intensivem emotionalen Austausch, jedoch langsamem Rhythmus ist die Bedeutung, die jeder Sitzung verliehen wird, sowie ihr libidinös sehr spezifischer Etappencharakter, dessen Rede und Gestik spektakulär die gestellte Frage umschreiben, die selbst von allen Seiten betrachtet wird. Das Subjekt setzt sich mit ihr auseinander. Man darf sagen, daß in den Behandlungen mit langsamem Sitzungsrhythmus die Entwicklung weder mehr noch weniger schnell vonstatten geht als in den Behandlungen mit häufigen Sitzungen; doch die emotionale und signifikante Dichte einer jeden Sitzung liegt weit deutlicher zutage als in dicht aufeinanderfolgenden Sitzungen. Schließlich besteht ein sicherer Vorteil auch darin, daß die Eltern durch die Behandlung des Kindes weniger gebunden sind, das Subjekt also geringere regressive sekundäre Gewinne aus der Krankheit und der Behandlung ziehen kann. Denn es wird den Eltern eine gewisse Distanz, eine Autonomie gelassen, die es ihnen freistellt, sie zur Begründung ihrer Kritik und ihrer Widerstände zu nutzen. Fest steht, daß eine Behandlung, die eine ziemlich große Frustration des Subjekts impliziert, bei der Arbeit der Übertragung viele Trümpfe hat. Dies wiegt die erhöhte Schwierigkeit für den Psychoanalytiker durchaus auf, der besonders empfänglich sein muß für alles, was ausgedrückt wird, bereit zu hören, was er nicht versteht, und es zu behalten, die Äußerungen der Widerstände schnell zu erfassen und zu akzeptieren, indem er ihren positiven Triebwert versteht. Was die Deutung oder die Intervention mit deutendem Wert betrifft, so scheint sie fast in jeder Sitzung notwendig zu sein, während sie in den Behandlungen mit schnellem Rhythmus im allgemeinen seltener ist: hier rührt die Unnötigkeit des Eingriffs bei jeder Sitzung einerseits daher, daß das Subjekt Zeit hat – da es nicht unter dem Druck der unbewußten Triebe steht wie in den weit auseinanderliegenden Sitzungen –, die Glieder zwischen seinen Assoziationen zu entwickeln und (vorbewußt und häufig bewußt) ihre Übertragungsanklänge allein zu erfassen, indem es sie auf ihren Ursprung zurückführt; andererseits werden die Knotenpunkte der Konflikte im allgemeinen in einem weit langsameren Tempo angegangen.

Elfte Sitzung: Ende Juni

3 Wochen nach der vorhergehenden (letzte Sitzung des Schuljahres)

Die Mutter will mich sprechen, ohne daß Dominique dabei ist. Bereitwillig stimmt er zu. Die Mutter zieht die Bilanz des Schuljahres.
In der Schule sind der Direktor und die Lehrerin sehr zufrieden. Dominique hat riesige Fortschritte gemacht. Er ist sogar einer der Schüler, mit denen sie am meisten zufrieden sind; der Direktor meint, die Ursache dafür sei seine psychotherapeutische Behandlung. Dominique ist nun volle 15 Jahre. Trotzdem rät der Direktor, ihn nicht gleich in eine Lehrklasse zu schicken, sondern ihn vielmehr noch ein Jahr lang eine Fortbildungsklasse besuchen zu lassen. Er würde ihn behalten. Im Laufe eines zweiten Jahres könnte sich seiner Meinung nach der schulische Rückstand völlig ausgleichen. Dominique kann jetzt Brüche verwandeln. Er kennt die Oberflächeneinheiten. Er macht Dreisätze. Der Direktor rechnet damit, daß er nächstes Jahr die Prüfung besteht. Auch mit seinem Charakter ist der Direktor sehr zufrieden. In diesem Jahr war Dominique zwar ein bißchen zerstreut gewesen, aber man brauchte ihn sich nur vorzunehmen, damit seine eifrige Haltung wieder vorherrschte. Der Direktor sagt, daß in seiner Klasse viele Kinder eine Psychotherapie nötig hätten, aber »Sie wissen ja, wie das ist, die Eltern wollen nicht!«; am schlimmsten sind die Kinder dran, die nicht zuhören wollen oder können. Sie stören die Klasse durch ständiges Lärmen.
»Und zu Hause«, fährt die Mutter fort, »da ist die große Veränderung, daß er auf derselben Ebene lebt wie wir.«
»Was meinen Sie damit?«
»Er interessiert sich für alles, er hört zu, fragt, antwortet, nimmt

an der Unterhaltung teil; er interessiert sich auch sehr für das Fernsehen, auch wenn er nicht alles versteht. Doch andere Male wieder ist er es, der uns auf Dinge aufmerksam macht, die uns vor die Augen gekommen sind, auf die wir aber nicht geachtet haben. Und auf der Straße gehört er zur Familie; früher lief er dauernd zehn Schritt voraus oder hinterher, als wollte er nicht, daß es so aussieht, als gehöre er zu uns.«

»Und seine Geschwister?«

»Es geht, er läßt sich nichts mehr gefallen, die andern hatten sich angewöhnt, sich über ihn lustig zu machen. Doch jetzt läßt er sich nichts mehr vormachen. Er kritisiert, was man ihm sagt. Aber, Frau Doktor, da ist was, das mir Sorgen macht...«

»Was denn?«

»Mein Mann... er sagt, wir verlieren unsere Zeit und unser Geld. Er meint, wir sollten ihn in eine Lehre für Zurückgebliebene schicken, wir würden völlig sinnlos Geld verschwenden. Mein Mann findet, daß sich nichts oder fast nichts geändert hat, und daß er jetzt das Alter dafür habe. Das ist alles. Diese ständigen Reisen nach Paris, diese Sitzungen, er sieht nicht ein, wie man mit Worten etwas ändern kann. Er sagt: solange die Chirurgie nichts gefunden hat, was diese Kinder heilt, solange ist nichts geschehen. Für ihn ist Dominique ein Anormaler. Man muß sich damit abfinden, das ist alles. Ich weiß nicht, ob ich darauf hören soll, was der Direktor und die Lehrerin sagen, oder ob ich tun soll, was mein Mann will. Was meinen Sie?«

»Ich meine nur, daß er, ganz gleich, ob er nächstes Jahr noch in die Schule geht, auf alle Fälle die Behandlung fortsetzen sollte...«

»Ja, das ist auch meine Meinung. Und wirklich, zu Hause stört er überhaupt nicht mehr... Ich bin ganz durcheinander... Was mir Sorge macht, er ist noch immer viel zu gutmütig, er kommt zu kurz, er läßt sich von den andern übers Ohr hauen, und er ist es zufrieden. Mich ärgert das. Auch in der Schule. Der Direktor hat es mir gesagt. Ich hatte es schon geahnt, aber Dominique hat es abgestritten. Ein paar Kinder haben ihm auf dem Heimweg mit Dornenzweigen aufgelauert und sind über ihn hergefallen. Der Direktor hat gesagt, das seien die schlechten Elemente in seiner Klasse. Da Dominique sehr aufmerksam ist und gute Noten hat, ist man neidisch auf ihn. Und dann sind da auch die vom Ergänzungskurs, sie mokieren sich über die aus der Fortbildungsklasse, sie nennen sie die Verrückten; das ist nicht einfach, weder für die Lehrer noch für die Kinder. Dominique hat mir gesagt, es sei nicht schlimm gewesen, er sei in einen Busch gefallen, aber ich habe seine zerschundenen Beine genau gesehen. Aber nicht um die Welt würde er petzen. Als ich ihm sagte, er habe mich angelogen, und die Kameraden, die das getan hätten, seien vom Direktor bestraft worden (er hat es mir gesagt), hat er geantwortet: ›Das ist nicht lügen. Schlimme Sachen soll man nicht weitersagen.‹ Was mich wundert: zum ersten Mal höre ich, daß Dominique sich um die Zukunft sorgt. Er möchte einen Beruf lernen.«

»Wahrscheinlich verlassen seine Kameraden die Fortbildungsklasse und gehen in eine Lehre?«

»Ja, und das möchte auch mein Mann für ihn, aber seine Lehrerin hat gesagt, wenn er ein Jahr länger bleibt, würde er bestimmt ein Zertifikat bekommen; und auch wenn er es nicht bekäme, hätte er jedenfalls das Wissen und wäre viel besser ausgerüstet und könnte unter besseren Voraussetzungen eine Lehre antreten. Schon jetzt hält sie ihn für viel reflektierter und interessierter als diejenigen, die in die Lehre gehen. Sie sagt, es wäre schade.«

»Und Dominique, was sagt er dazu?«

»Er sagt, daß er gern in die Klasse geht und daß er, wenn sein Vater einverstanden sei, gern versuchen würde, sein Zertifikat zu bekommen, aber verstehen Sie, er selbst kann nicht dran glauben! Das wäre ein Wunder. Er hat sich immer für unfähig gehalten.«

Das Gespräch endet, ohne daß irgend etwas beschlossen wurde und ohne daß ich der Mutter den erbetenen Rat gegeben hätte. Dominique kommt. Ich fasse den Inhalt des Gesprächs zusammen, das seine Mutter mit mir geführt hatte – die Frage, ob er auf der Schule bleibt oder in die Lehre kommt –, und sage ihm auch, ich hätte von seiner Mutter erfahren, daß sein Vater meint, die Behandlung nütze nichts. Ich füge hinzu, daß dies die letzte Sitzung in diesem Jahr ist und daß ich hoffe, daß wir uns beim nächsten Schulbeginn wiedersehen, ganz gleich, was er macht: Schule oder Lehre. Dann höre ich.

Er: *Diesen Sommer, wie ich Ihnen schon gesagt habe, fahren wir nach Saint-Raphaël. Mein Vater kommt 14 Tage mit und läßt uns dann allein und holt uns später wieder ab. Mir würde es gefallen, auf einem Bauernhof zu arbeiten; es stinkt mir ein bißchen, in Saint-Raphaël zu bleiben, wenn mein Vater nicht mit meiner Mutter und meinen Geschwistern ist. Ich würde lieber wie mein Vater wegfahren und zu meinem Vetter auf den Bauernhof gehen. Ich mag das als Beruf, den Bauernhof... Ich denke an zwei Berufe und weiß nicht, welchen ich wählen soll: Bauer oder Tankwart, sich um Autos kümmern, sie waschen, reparieren, Benzin einfüllen. Das ist ein bißchen, als würde man sich um Tiere kümmern. Ich mag das.* Er schweigt, fährt dann fort: *Sehen Sie, es wundert mich nicht, daß meine Mutter mir das von meinem Vater erzählt hat. Er hat es mir nie richtig gesagt, aber ich dachte schon, daß er denkt, es nützt nichts, daß ich hierherkomme, weil es Geld kostet, wissen Sie. Vorher dachte ich auch, daß es nichts nützt, aber jetzt, da meine ich, daß es sehr viel für etwas nützt. Es ist ärgerlich für Papa, daß es viel Geld kostet, und für Mama auch. Es ist ihr lästig, daß sie mich immer begleiten muß. Sie sagt, ich könnte nicht allein kommen, aber das stimmt nicht, ich könnte das sehr gut. Aber sie sagt das so, wissen Sie, die Mütter... Und außerdem freut sie sich sehr, nach Paris zu kommen.*
Ich: *Hat sie dir das gesagt?*
Er: *Nein, aber das sehe ich doch. Meine Schwester, die freut sich gar nicht, die sagt, daß man sich zuviel um mich kümmert, und mein Bruder, der sagt, daß ich immer ein Trottel bleiben würde.*
Ich: *Und du, was meinst du?*
Er: *Ich, mir geht es sehr gut, ich bin froh. In der Schule verstehe*

ich jetzt alles. Die anderen, das ist mir egal, auch wenn sie mich ärgern, ich achte nicht darauf ... Was ist das schon, Schläge oder zerkratzte Beine, ich bin doch kein Mädchen! Und mit den Kameraden, da amüsieren wir uns tüchtig. Ich verstehe mich gut mit meinem Bruder, wissen Sie, und mit meinem Vater auch. Mein Bruder, das ist der große Meister der Verkleidung.

Ich: *Der Verkleidung?*

Er: *Ich meine die Kleider, was man anziehen oder nicht anziehen soll. Das interessiert ihn. Meinen Vater auch. Die sind wie Schneider; sie denken an so was, komisch, finden Sie nicht auch? Mir ist das egal, wie ich angezogen bin ... Ich habe einen schönen Pullover, finden Sie nicht?*

Ich: *Doch, das stimmt.* (Es ist eine Art Norwegerpullover mit Strickmustern, die Rentiere darstellen.)

Er: *Den hat meine Mutter gestrickt, das Muster hat sie von meiner Großmutter geschickt bekommen. Es hat ihr gefallen.* Er senkt das Kinn und betrachtet seinen Pullover.

Ich: *Du magst auch, was schön ist.*

Er: *Aber mein Bruder, bei dem sind es die Kleider, der Schnitt von Anzügen, Mänteln, Frauenkleidern, alles. Pullover oder Hemden, die interessieren ihn nicht.* Pause. *Ich habe mir die Ausstellung von Salvador Dali angeschaut. Kennen Sie ihn?*

Ich: *Erzähl mir, was du davon hältst.*

Er: *Das ist ein bekannter Maler, mir hat es ziemlich gut gefallen, aber mir ist aufgefallen, daß überall Löcher und Schubladen in den Leuten waren, Löcher und Schubladen; man sagt, es ist ein origineller Maler.*

Ich: *Und du?*

Er: *Ich mag, was er malt, aber nicht so sehr die Löcher und die Flecken, die er mit Absicht macht. Aber es hat wirklich auch gute Ideen da drin, aber nicht die Schubladen ...* Er schweigt und knetet. *So! ... das ist ein Mann, der sehr sehr krank ist ... Schade, daß Sie kein Fernsehen haben ... Der, der seinen Bürgermeister ein Auto gewinnen läßt ...* (eine der derzeitigen Quizsendungen).

Ich: *Erzähle.*

Er: *Ja, der richtig antwortet und es ist der Bürgermeister seines Dorfes, nicht seine Mutter* (*maire*/Bürgermeister, *mère*/Mutter), *das schreibt sich anders, ich glaube, so was nennt man ein Homonym, es ist m-a-i-r-e und ein Mann, es könnte auch eine Frau sein, und dann würde es immer noch Bürgermeister heißen, das ist ein Titel, und da ändert sich nichts. Also, sein Bürgermeister hat Glück, er ist bloß Bürgermeister des Dorfs, und er kriegt ein Auto, wenn man richtig antwortet. Das ist eine gute Idee und sehr lustig im Fernsehen, wenn man weiß, wer es am besten weiß. Ich mag, wenn sie gewinnen.* Pause. *Mir würde es gefallen, auf einen Bauernhof zu gehen.*
Ich: *Jetzt, wo du 15 bist, könntest du doch hingehen, sogar in den Ferien, und dort arbeiten.*
Er: *Das habe ich Mama auch gesagt, aber sie sagt, ich bin noch zu jung.*
Ich: *Aber du bist doch auch zum Onkel Bobbi gegangen, als du noch viel jünger warst.*
Er: *Ja, aber deswegen, weil ich in der Schule nicht mitkam.*
Ich: *Vielleicht könntest du diesen Sommer hingehen, wenn der Onkel Bobbi dich haben will?*
Er: *Ja, das würde mir gefallen. Der Onkel ist Viehhändler; nebenan ist der Hof, und er ist der Bauer. Es sind noch andere da, die ihm helfen, weil um die Tiere zu kaufen zu verkaufen, da kann er nicht die ganze Zeit auf dem Hof bleiben, und er hat die ganze Zeit zu tun ... Die Tante, die Schwester von meinem Vater, die kümmert sich um das Haus. Es ist in Elmoru.* (Es ist also der Name eines Dorfes, jenes Elmoru, das einmal aufgetaucht war, um das Problem der Mutter, einer vielleicht straffälligen Frau einzuführen, die man nachts aufschnappte unter der Besatzung und auf die Wache gebracht hat, weil sie nach der Sperrstunde auf der Straße war.) *Sie haben drei »Höfe«, nein, zwei Höfe und ein Schloß. Es heißt Trois Fontaines. Das ist der Name des Schlosses. Das Schloß ist auch ein Hof. Das macht also drei Höfe, und da gibt es viel Arbeit. Ja, er möchte mich bestimmt gerne haben. Ich weiß nicht, ob ich aus Saint-Raphaël fortgehen kann, ob meine Mutter und mein Vater es erlauben. Meine Mut-*

ter will nie, daß man sie verläßt, aber mein Vater, dem ist es egal. Ich glaube, er erlaubt es schon. Aber dann müßte man noch eine Reise bezahlen. Das ist teuer. Mit dem Auto ist es nicht teuer, aber der Zug, der ist teuer. Er schweigt. Er knetet weiter an seiner Figur. *Sehen Sie, dieser Mann da ist krank.*
Ich: *Ach?*
Er: *Er hat eine Herzkrankheit von klein auf. Er kommt ins Krankenhaus, er kriegt eine blaue Spritze* (Erinnerung an einen Bluterguß von einer intravenösen Spritze oder an die blaue Krankheit des kleinen Vetters, der starb, als Dominique acht Jahre alt war?) *in den linken Ellbogen.* (Er mimt eine Spritze in die Beuge des linken Arms.) *So. Und dann wird er operiert, damit er gesund wird.* (Er öffnet den Körper des Knetmännchens von oben bis unten und legt tief in diesen mittleren Schlitz einen gelben Bleistift, ohne ein Wort dazu zu sagen.) *Hätten Sie gerne Fernsehen?*
Ich: *Meinst du, ich müßte es haben?*
Er: *Oft ist das sehr interessant, man steckt Nägel (?) rein, damit sich der Bauch nicht wieder schließen kann*... (Er tut es)... *o lala, was ist denn in seinem Bauch los?... hier, das ist das Herz* (er knetet das Organ und setzt es ein), *tick, tick, tick* (er sagt es ganz leise und klopft dabei mit dem Zeigefinger), *es schlägt... gut! jetzt die Lungen* (er setzt die beiden lungenförmigen Organe ein), *so!* Dann trällert er den ersten Takt der 5. Symphonie von Beethoven (Pausenzeichen der Sendungen des freien Frankreich während der Résistance). *Pum, pum, pum, puum!*... und er macht ein Geräusch: *MMMMMMM... Aber was ist denn da los? o lala! zuerst hat ihm nichts gefehlt, und jetzt das alles!* Er lacht. *Ich weiß nicht, ob er aus dieser Affäre heil herauskommt... Das Messer, mein Lieber!* (Sein Vater möchte, daß er unters Messer kommt.) Wieder das Pausenzeichen der 5., dann Herzgeräusche. *Gut, alles läuft bestens!* Er schweigt, dann: *Wissen Sie, wir haben im Fernsehen eine Operation am offenen Herzen gesehen.* Unterdessen hat er eine Art Nudel eingesetzt, die von einer Wurst umrahmt ist. *Das sind die*

Därme, sehen Sie. (Sehr gut imitiert.) *Man muß sie ein bißchen hochheben, um arbeiten zu können ... Sein Herz ist ein bißchen schwer* (»gros«).
Ich: *Das sagt man auch von Leuten, die über etwas traurig sind.* (Er scheint nicht gehört zu haben. Aber vielleicht handelt es sich um den Uterus, denn die schwangeren Frauen tragen ja, wie die Mutter sagt, die Schwangerschaft (*grossesse*) in ihrem Herzen.)
Er: *Man muß einen Teil rausnehmen; die Leute, die zuviel Herz haben, über die macht man sich lustig. Die sind nicht wie die andern ... das ist eine Krankheit.* (Seine Mutter meint, er sei zu gutmütig, werde immer hintergangen.) Die ganze Zeit über mimt er Herzgeräusche mit seiner Zunge und »operiert« weiter. *Ja, sein Herz war zu schwer, viel zu schwer. Aber da gibt es noch viele Dinge, die nicht gutgehen, ach wenn es nur das Herz wäre! ... Aber man muß ihn auch am Blinddarm operieren, weil er zuviel ißt, und das geht alles in den Blinddarm, das ging alles hinein ... es hätte platzen können.* (Wir erinnern uns an das Geschlecht des inzestuösen Kindes, Knabe oder Mädchen, das platzt ...) *He, mein Herr! Sie sind ja Alkoholiker! Jetzt werde ich aber böse! Was soll denn das! Ein großer Junge wie Sie! ...*
Ich: *Das ist einer, der gern aus der Flasche trinkt.*
Dominique lacht schallend und sagt: *Aber wo tut der das bloß alles hin, was er schluckt ... er hat ja nichts ... er braucht einen Magen ... Ich habe vergessen, ihm einen Magen zu geben! So, das wäre repariert.* (Er hat eine kleine, sehr realistische Dudelsackform geknetet und sie eingesetzt.) *Ja aber, ein Teil des Magens ist durchlöchert, der Alkohol hat ihm den Magen kaputtgemacht, o lala! ...* Sehr gelehrt: *Dieser Mann hat versucht, sich zu vergiften. Oh, oh! ... Jetzt wird er einen dreimal so kleinen Magen haben. So ist das eben.* (Er nimmt einen Teil des Magens heraus.) *Das hier ist ein bißchen zu lang ...* (Er nimmt noch ein Stück Eingeweide heraus.) *Gut, dann wollen wir mal sehen ...* (Ich bemerke, daß seine Stimme heute von Anfang an ganz normal ist und die Betonungen zum ersten Mal stimmen.) *Und eine Lunge ist etwas größer als die andere, da atmet er zu schnell*

auf einer Seite, und diese Lunge da kann ihm nie mehr was nützen. Man muß sie rausnehmen, sie ist nicht nur zu groß, sondern auch ganz zerfressen und könnte versagen; seine eine Lunge ist völlig von einer Mikrobe zerfressen. Ah...! Ja, da muß etwas wirklich Modernes her, eine neue Operation. (Sein Vater sagt, für Kinder wie ihn müßte so etwas gefunden werden.) *Dieser Magen ist völlig vom Alkohol zerfressen, diese Lunge von einer Mikrobe zerfressen, und die Mikrobe hat auch den Magen angegriffen wegen dem Alkohol, er konnte sich nicht mehr gegen die Mikroben wehren. Es ist der Cancirus!*[1] Er lacht anhaltend. (Er genießt seine sadistische Phantasie.) *Damit das nicht so weitergeht, wollen wir den Cancirus rausnehmen; einen großen Teil von dem Fleisch entfernen, in dem der Cancirus steckt...* (Er werkelt in den Gedärmen der Knetfigur.) *So, jetzt haben wir's! Wir werden den Bauch wieder zumachen, wir haben eine Lunge weggenommen und das Herz ein bißchen kleiner gemacht. Und das alles* (alle aus den Eingeweiden des Männchens geholten Stücke) *sind Abfälle... in den Mülleimer damit! Wir werden ihm eine Plastiklunge einsetzen, seine war vom Cancirus zerfressen. So, jetzt ist alles wieder zu, es braucht bloß noch zu vernarben.* (Er trällert.) *Aber wenn das alles wäre, aber das ist noch nicht alles. Er hat sich das Bein verbrannt, als er einen Mann aus einem Brand retten wollte. So, das ist auch in Ordnung. Jetzt ist er ein richtiger Kerl geworden. Man näht das Ganze wieder zu... Wird die kranke Haut entfernen müssen, dann tut man ihm Haut von seinem gesunden Bein auf das verletzte Bein, das nennt man eine Hauttransplantation. Wissen Sie, das ist schlau...*
Ich: *Dein Vater glaubt an die Chirurgie, aber nicht an die Medizin.* (Er tut wieder so, als habe er nicht gehört.)

Er: *Das Bein ist wieder sehr gut repariert. Jetzt kannst du aufstehen!* (Er stellt das Männchen auf.) *So, das hätten wir!* (Ich will die Sitzung abbrechen, denn sie hat ihre Stunde gedauert, und wünsche ihm schöne Ferien.)
Er: *Glauben Sie, ich kann zu meinem Onkel gehen?*

1 *Cancre-virus;* Krankheit der Adynamie, Vorherrschen der Todestriebe.

Ich: *Kannst du ihm nicht schreiben?*
Er: *Ach ja, das ist eine gute Idee! Aber was werden meine Eltern sagen?*
Ich: *Das wirst du schon sehen. Ist es denn schlimm, seinem Onkel zu schreiben und ihn zu fragen, ob man ihm bei der Arbeit auf seinem Hof helfen darf?*
Er greift sich jetzt an den Kopf: ... *Was ein Unglück! Ich habe meinen Schirm in seinem Bauch vergessen, er hing am Mantelständer und leider sehr schlecht! Hoffentlich hat er ihn noch nicht verdaut!...*
Ich: *Das gäbe eine schöne Kacke!* (Er tut wieder so, als habe er nicht gehört, öffnet das Kerlchen geschickt, findet alle Organe wieder, bewegt sie zart und holt den gelben Stift heraus, den er als erstes ganz tief hineingesteckt hatte, ohne ein Wort zu sagen.)
Ich: *Dieses Gelb ist so hellgelb wie die Kacke der Babys, wie die von deiner kleinen Schwester, wenn Mama sie trockengelegt hat.*
Er: *Ja, und sie pinkelte noch drauf!...* Er setzt sein Spiel fort und sagt: *Und ich hatte gemeint, daß sei ein Nagel...* (Die Klitoris seiner Schwester? Ergebnis einer Assoziation zwischen der Stellung der Frau beim Koitus und der Stellung des Babys, seiner Schwester, deren Toilette wir gerade evozierten, der er als kleiner Junge beiwohnte.) *Aber das war nämlich der Mantelständer, der über dem Bauch des Kranken war, und der Regenschirm ist draufgefallen, nicht hinein. O lala, Gott sei Dank habe ich das noch gemerkt...* Er schließt das Ganze und sagt: *So, jetzt ist er tot, eine Sorge weniger!* Er zerknetet die Figur und legt sie in die Schachtel zurück, sagt mir auf Wiedersehen.
Wir vereinbaren einen Termin zu Schulbeginn. Beim Weggehen fragt er ängstlich seine Mutter: *Ich darf doch nach den Ferien wiederkommen?* »Natürlich«, sagt die Mutter, solange es nötig ist.« – *Ja dann, auf Wiedersehen, Madame Dolto.*

Was läßt sich über diese letzte Sitzung des Schuljahres anderes sagen, als daß ihr Stil überaus geistreich ist, eine Verspottung der Ärzte, der falschen Macht des Wissens, eine Bewunderung für die Chirurgie, aber auch eine Art Rekapitulation dessen, was ihm selbst geschehen ist, unter dem Deckmantel eines clownischen Winkelzugs, dem Ausdruck eines noch trächtigen Sadomasochismus, den vielleicht der gelbe Stift darstellt, den er zu Beginn in den Bauch des Männchens gelegt hat? Anfangs hat er nichts dazu gesagt. Er zog ihn erst hinterher wieder heraus, als ob er mit Verspätung eine Fehlleistung bemerkte. Doch offensichtlich konnte der kleine Mann nur aufgrund dieses Stifts aufrecht stehen, nach so vielen sadistischen und korrigierenden Operationen. Nachdem er entfernt war, blieb dem Männchen nichts anderes mehr übrig, als zu sterben. Ist dies eine Vergegenwärtigung des Bildes des eigenen Körpers, der einen Regenschirm »verschluckt« hat (der steife Bruder mit der kerzengeraden Haltung, der hier an die Stelle des Vaters versetzt wird, und sein veraltetes passives homosexuelles Idealich?). Es ist zu beobachten, daß Dominique nicht mehr die falsch vertikalisierte Haltung eines Hundes hat, der Männchen macht, den »Schönen« macht (den Bel). Der »Regenschirm« könnte das Verbot bezeichnen, das Bett zu nässen (das introjizierte Über-Ich, die urethrale Funktion nicht zu zeigen?). Handelt es sich um die orale Gier nach dem »Euter« der Mutter, wenn sie die Schwester stillt – jene Oralität, die nicht vom Tabu der Anthropophagie (»Ich dachte, die Kühe hätten vier« – Penisse) oder vielmehr vom Tabu des Kannibalismus des Partialobjekts geprägt ist? Ist es die Darstellung des väterlichen Penis, der in der Mutter verschwunden ist, oder des imaginären mütterlichen Penis, der in dem Männchen (er oder sein Bruder) verschwunden ist?

Sollte das, was die Knetfigur ausdrückt, das Trauma aus der Überaktivierung der oralen Libido sein, welche die Koitus-Szene, die er mit zweieinhalb Jahren im Schlafzimmer der Eltern erlebte, in der Sicht seiner oralen Deutung hervorgerufen hatte? Oder ist es vielleicht die Teilhabe an diesem Koitus als imaginär mit dem Körper der Mutter verknüpft? Ich glaube eher, es ist die perverse Teilhabe am (in sich halluzinierten)

Verschwinden des väterlichen Penis im Körper der Mutter zu einer Zeit, da Dominique sich nicht als von ihr trennbar begriff, noch sie von ihm. Es war nicht der Regenschirm, der am Mantelständer hing (die Mäntel, Werte für den Vater und den Bruder), sondern der urethral exkrementielle Penis, der in Erektion das Bett nicht nässen kann (Regenschirm), seine Form verändert und in den Bauch eindringt, assoziiert mit dem »Mantelständer«, dem Kleiderhaken der Vater-Mutter, dem Mutter-Vater?

Offensichtlich ist Dominique in dieser elften Sitzung auch weiterhin die originelle Persönlichkeit, die er bleiben wird; er hat seine eigenen Ideen – wie er von seinem Roboter sagte –, aber er hat eine Dynamik gewonnen, von der er seine (*maire*/Bürgermeister) (*mère*/Mutter) und seinen (*père*/Vater) (*paire*/Paar) profitieren läßt. Hören wir denjenigen, der in ihm denkt, und denjenigen, der handelt. Er findet den Weg des sozialen Anderen im Austausch und im Sinn der Realität wieder, ohne sein imaginäres Leben zu verlieren. Die außerordentliche Geschicklichkeit seiner Hände in dieser letzten Sitzung hat mich erstaunt, auch die Genauigkeit der Beobachtung, die Ausführung der wohlproportionierten anatomischen Teile, die er richtig in die Knetfigur einsetzte. Dies läßt, unabhängig von den schulischen Leistungen, eine außergewöhnliche manuelle praktische Anpassung erwarten. Bemerkenswert ist auch das freie Lachen, das natürliche Mienenspiel und die nicht näselnde, normal klingende und modulierte Stimme.

Sicher wird jetzt der Wille des Vaters ins Spiel kommen, die Behandlung abzubrechen, der er jeden Wert abspricht oder die er vielmehr für kostspielig hält (nur elf Sitzungen!).

Es war das erste Mal, daß Dominique von Geld sprach, doch gleichzeitig sprach er vom Vermögen seines Onkels Bobbi und der Schwester des Vaters, dieser so begüterten Schwester. Der Vater hat nicht die Studien machen können, die er wollte, weil sie zu teuer gewesen wären, hat seine Frau gesagt. Er hätte es gern gesehen, daß der älteste Sohn seinen Narzißmus durch den Erfolg auf der höheren Schule stützt: aber Paul-Marie hat vor seinem Examen aufgeben müssen. Dominique hat der Vater für die Befriedigung seines eigenen Narzißmus abgeschrieben. Wozu ihn wieder hoffen lassen? Die Medizin hätte ausgereicht, seinen kleinen Bruder, der ein Einzelteil verschlang, am Leben zu halten, die Chirurgie hat ihn getötet; aber für zurückgebliebene Kinder, zu denen Dominique zählt, glaubt er nur an die Chirurgie. Davon will er nicht abrücken.

Ich meine, daß dieser Wille des Vaters, wenn er sich der Fortsetzung der Psychotherapie widersetzt, von Dominique als eine Entwöhnung von mir betrachtet werden könnte, eine Trennung ohne allzu großes Trauma; denn Dominique reagiert sehr positiv auf alles, was von seinem Vater kommt, und für seine Struktur muß dies im Augenblick bewahrt werden. Ich denke auch, daß dieser Knabe früher oder später erneut eine Psychotherapie aufnehmen wird, wenn er Hemmungen oder Symptome spürt. Fest steht, daß er sich schwerlich ohne Neurose in einem Familienmilieu entwickeln kann, das sich so gut mit seiner Psychose abgefunden hat; seine Heilung und seine Rückkehr ins tägliche Leben muß seinen Vater und seinen Bruder vor ernste libidinöse Probleme stellen, so daß sie beide ihm wohl kaum helfen können.

Die Mutter hat im letzten Gespräch, kurz bevor sie ging, davon gesprochen, wieder eine Halbtagsstellung in der Schule anzunehmen. Sie interessiert sich für den Sonderunterricht, in Identifizierung mit dem hiesigen Pflegepersonal, das sie bei der Arbeit sieht, und der Lehrerin der Fortbildungsklasse. »Das ist ein schöner Beruf, sich um die Benachteiligten zu kümmern«, sagt sie. All dies bringt mich zu der Ansicht, daß es nicht so schlimm ist, wenn sich der Vater ein wenig der Behandlung widersetzt, die Gefahr läuft, die totale Abhängigkeit seiner Frau von der Familie und dem Haus allzu schnell zu verändern und auch sie wieder in den Kreislauf der sozialen Beziehungen zu stellen.

Zwölfte Sitzung: Ende Oktober

Nach den Ferien kam Dominique nicht zu dem vereinbarten Termin. Auf die Bitte der Fürsorgerin hin (sollen die nächsten Termine eingehalten werden?) schrieb die Mutter am 10. Oktober und kündigte für die nächste Woche einen Besuch an, der nach dem Wunsch ihres Mannes der letzte sein sollte. Das erzielte Ergebnis, das bereits alle Hoffnungen überstieg, die man auf die Psychotherapie setzen durfte, schien ihm völlig ausreichend. Ich zitiere einige Passagen aus diesem Brief:

»Diesen Sommer sind wir zwei Monate in Saint-Raphaël geblieben. Er konnte also nicht zum Hof seines Onkels gehen. Dominique war vollkommen glücklich und angepaßt. Während er in den anderen Jahren die Gesellschaft der ganz Kleinen suchte, zwischen 3 und 5 Jahren höchstens, hat er in diesem Sommer mit Zwölf- bis Dreizehnjährigen gespielt, und alles ist gutgegangen. Die Eltern, die ihn in früheren Jahren verjagten und verachteten wie alle zurückgebliebenen Kinder (die man mit ansteckenden Ungeheuern vergleicht), haben mich beglückwünscht, weil dieser große 15jährige Knabe so nett und geduldig ist und eine ungewöhnliche Phantasie hat, mit den Jüngeren zu spielen. Sie haben seine Zurückgebliebenheit nicht bemerkt! Es war das erste Mal, daß so etwas vorkam. Wir haben nur ein einziges anormales Verhalten bemerkt: die Eltern seiner Freunde hatten ihn ins Kino mitgenommen, und ich hatte ihm einen 5-Franken-Schein gegeben, damit er seinen Platz bezahlt. Mitten im Film hat er sich plötzlich an dieses Geld erinnert und der Frau gesagt: »Ich habe meinen Platz nicht bezahlt«, und sie hat geantwortet: »Das macht doch nichts, das regeln wir später.« Er hat nicht verstanden, daß die Eltern seinen Platz schon bezahlt hatten, und fühlte sich schuldig, auf einem unbezahlten Platz zu sitzen. Am Schluß, als er sah, daß niemand seinen Platz bezahlen ging, ist er zur Kasse geschlichen, wo niemand mehr war, hat sein Geld auf die Theke geworfen und sich schamrot davongemacht, aber erlöst, weil er doch noch bezahlt hat. Das Geld ist wahrscheinlich verlorengegangen, aber er war erlöst, hatte ein ruhiges Gewissen. Irgendwie bin ich froh über seine Ehrlichkeit, so was sieht man selten bei Fünfzehnjährigen, aber es beweist auch, daß er noch kein Gefühl für das Geld hat. Er bekommt 30 Franken Taschengeld im Monat, aber er will es nicht behalten, er fürchtet, es zu verlieren, und vertraut es mir an. Er denkt nicht einmal daran, es auszugeben. In der Schule geht er wie vereinbart noch einmal in dieselbe Sonderklasse mit seiner vorzüglichen Lehrerin. Er ist sehr glücklich darüber. Die Fortschritte in Französisch sind unbestreitbar. In Orthographie gewinnt er jeden Tag Punkte dazu. Nur das Rechnen bleibt noch ein schwacher Punkt. Er ist unwahrscheinlich zerfahren, wenn man nicht an seiner Seite bleibt. Er zeichnet sehr viel, immer Personen in voller Aktion. (Vgl. seine früheren Zeichnungen.) Dieser Knabe, der so zerfahren scheint, vermerkt auf seinen Zeichnungen die kleinsten Details, die er beobachtet hat, mit unglaublicher Genauigkeit. Ich persönlich hoffe, wie der Direktor und die Lehrerin meinen, daß er Ende des Jahres so weit ist, daß er sich zum Zertifikat anmelden kann; was nicht heißt, daß er es besteht; aber das wird ihm ermöglichen, in eine Züchter- oder Landwirtschaftsschule zu gehen, wo dieses Niveau verlangt wird ...«

»Was die Termine mit Ihnen betrifft, so meint mein Mann, wie ich schon sagte, daß alles, was mit Seelenmedizin zu tun hat, reiner ›Quatsch‹ sei, er ist ein Geschäftsmann, der das ganze Jahr mit Zahlen und Maschinen lebt, im übrigen nur zwei Tage in der Woche zu Hause ist und dort nur Zeit hat, um über seine Arbeit nachzudenken. Wenn einer seiner Söhne Ingenieur geworden wäre, hätte er sich vielleicht für ihn interessiert. Aber der älteste ist nur ein Künstler (totale Verachtung) und Dominique für ihn nur ein Sorgenkind. Was Sylvie betrifft, so ist sie für ihn nur ein Mädchen, nicht von sonderlichem Interesse für einen Mann wie ihn, und außerdem wirft er mir vor, ich hätte sie verdorben und eine Literatin aus ihr gemacht; aber die Literarischen wie ich sind gerade gut genug, um kleine notleidende Beamtinnen zu werden. Dabei ist mein Mann in seiner Arbeit ein hochintelligenter Mensch und ein ausgezeichneter Geschäftsmann, aber Zeitgeschehen, Literatur oder Kunst interessieren ihn überhaupt nicht. Er liest nur Kriminalromane und auch die kaum. Er hat seine Welt, wir haben die unsere. Mein Mann ist der Ansicht, daß Dominique keinerlei Nutzen davon hat, wenn er Sie sieht, da die angebliche Eifersucht, die angeblich seine Kindheit zerrüttet hat, jeder Grundlage entbehrt, denn als man die Ratschläge befolgte, die früher gegeben worden sind, hat man nichts ändern können. Also aus, fertig, Schluß, reden wir nicht mehr davon. Wenn man schon Geld für ihn ausgibt, soll man ihm lieber Rechenstunden geben. Ich für meinen Teil bin Ihnen zutiefst dankbar für alles, was Sie für ihn getan haben, denn Sie haben ihn gesellig gemacht wie die andern. Ich denke oft, statt Ihnen meinen Sohn zu bringen, hätte man Ihnen den Vater schicken sollen, damit er ein normaler Familienvater wird!«

Tag der Konsultation

Ich sehe die Mutter kurz im Wartezimmer, wo Dominique und sie allein sind. Ich danke ihr für den Brief, dessen Inhalt ich Dominique kurz mitteile; er erklärt seiner Mutter, er habe sich schon gedacht, daß sie geschrieben hätte.
Er betritt mit mir mein Büro, sagt, er habe gehofft, heute seine regelmäßigen Besuche bei mir aufzunehmen, denn seine Mutter habe ihm nichts angekündigt, aber es überrasche ihn nicht; sein Vater hatte schon letztes Jahr nicht gewollt, daß er herkommt. Ich notiere, was er sagt (er spricht mit normaler Stimme).

Er: *Daß ich hergekommen bin? ... Ergebnis: ein oder zwei Jahre mehr zu seinen Lasten. Es scheint so, ich hätte schon letztes Jahr ohne diese Behandlung, durch die ich in der Schule bleiben konnte, endgültig untergebracht sein müssen und ihn nichts mehr kosten dürfen. Er sagt, für das, was ich tun könne ..., jedenfalls wäre mein Rückstand nicht mehr aufzuholen, und es wäre besser gewesen, man hätte es gar nicht erst versucht. Er sagt halt so, eine unheilbare Krankheit, die muß man einfach hinnehmen. Nun ja, ich sage nicht, daß er nicht recht hat, er ist mein Vater, ich weiß wohl, daß er auch nicht unrecht hat, so was soll man von seinem Vater nicht sagen, und außerdem mag ich ihn gern. Aber ich bin furchtbar froh, daß Sie mich behandelt haben ... Aber ich verstehe ihn ... Da ich nie ein Ingenieur sein werde, lohnt es sich für ihn nicht, sein Geld auszugeben. Ich werde genug davon verdienen (ich weiß es, ich weiß nicht, wieso ich es weiß, aber ich weiß es), und dann wird nicht mehr er es bezahlen, wenn ich Sie wiedersehe. Aber das ist noch nicht jetzt! Geduld! ...* Während dieses ganzen Monologs ist seine Stimme absolut normal und bedächtig, keinerlei Aggressivität im Ton.

Pause. Dann fährt er mit veränderter, gewollter, lauterer Stimme fort, so, als würde er die Episode eines Abenteuers wiederaufnehmen:

Er: *Heute werde ich Menschenkonserven machen! Das ist sehr böse! Wer sich auf so was einläßt, dem wird was Schreckliches passieren!* Er knetet einen Mann. *Das ist ein ruhiger Spaziergänger, er bekommt ein Schlafmittel und fällt in eine Falle, von wo er in eine Konservenfabrik kommt.* (Das ähnelt einer Geschichte, die Tintin fast passiert wäre.) *Am Ende der vielen Maschinen gibt es menschliches Sauerkraut.* (Er mimt, es zu essen, und bietet mir welches an, dann mimt er, daß er ein Haar darin findet.) *Ein blondes Haar. Das ist eine Fabrik, wo man nur blonde Männer in Konserven tut. Nur die sind für den Konsum geeignet, und ihr Fleisch kann mit dem von Schweinen konkurrieren! Außer den Blonden werden in diese Fabrik auch alle Stänker geschickt, die per-cepteurs* (Steuereinzieher) *und die mer-cédès* (vgl. *père*/Vater; *mère*/Mutter). Er lacht schallend. *Und auch die Schuldirektoren und die Pfarrer!*

Ich: *Hast du schon mal den Ausdruck gehört »bouffer du curé«?* (wörtl.: »Pfarrer fressen«).

Er: *Nein, noch nie … Ich sagte das, um zu erklären, daß man schwarze Punkte in dem Sauerkraut sah, das aus den Blonden gemacht ist. Es ist sehr lustig, wenn man spielt, daß man es sich wie Kannibalen schmecken läßt. Die Kannibalen, die fressen die Missionare, das sind Pfarrer, sie finden das gut. Aber dort ist durch Zufall ein Pfarrer darunter geraten, es war für die Blonden.*
Ich: *Und du, hast du irgend etwas gegen die Pfarrer?*
Er: *Nein, ich gehe nicht in die Messe, mein Vater auch nicht. Er hat zuviel zu tun, um was anderes zu tun als sich einzuschließen und zu arbeiten oder ganz allein herumzubasteln, sonntags. Meine Mutter und meine Schwester verpassen keine Messe am Sonntag, aber ich, mich langweilt das. Ich habe meine erste Kommunion und meine Konfirmation hinter mir wie alle Leute. Sogar mein Vater, der Chorknabe war seine ganze Jugend über, der Pfarrer hat ihm sogar einmal im Jahr die Füße gewaschen. Das war lustig dieses Jahr bei dieser Messe, nachts, Pfingsten oder Weihnachten, oder beide, wo ich gern hingehe. Da gibt es Chorknaben, und man wäscht ihnen die Füße, aber ich habe es nicht gesehen. Mein Vater hat es mir erzählt. Ach ja, im Sauerkraut zieht man den Männern vorher die Schuhe aus, denn sonst wäre das zu schwer zu zerhacken.* Er knetet die Silhouette eines Pfarrers, redet vom Fernsehen und von Küchenrezepten, die ein Koch dort gibt: *Das ist ein Frauenberuf, der ins Maskulin gesetzt wird.* Er hat dieser Silhouette einen großen Schwanz angeklebt und sagt: *So, mein Meister Schwanz,* und schneidet ihn ab, fährt dann fort: *Es war einmal ein Mann, den ein anderer gezwungen hat, zu den Deutschen zu gehen. Das ist ein Film oder wie ein Film. Dann kommt eine Geschichte von Frauen, die wurden von einem Deutschen mitgenommen, aber die anderen, die mit ihm waren, wollten keine Frau. Es waren Männer, zu denen sagten sie: Meine Liebe; die Frau war dann wütend, und schließlich hat sich am Auto eine Schraube gelockert, es hätte der Mann sein können, der den Unfall verursacht hätte, er war es, der versucht hat, die Schraube zu lockern, aber am Ende war es eine Schafherde, die hat sie alle zum Halten gebracht. Dann hat man*

einen Knaben gesehen, der ein Mädchen küßte, und dann haben alle gesagt, er ist verrückt, man muß ihn erschlagen wie einen Hund, weil sie und die Deutschen fanden, daß Mädchen, Frauen, daß die nichts taugen. Pause ... *Fernandel, in einem Film, da hat er die Schwester von seinem Kameraden gefunden, ein sehr hübsches Mädchen, er hat sie hochgepäppelt und sie getröstet, daß der andere weg war, und dann ist da einer, der ihm an den Kragen will* (er streckt den Finger vor, in Richtung auf meine Nasenwurzel), *mein Vater, der macht das immer, ganz erschrockene Augen, wenn man eine Dummheit macht und ich, wissen Sie, ich habe viele Dummheiten gemacht. Also, er geht ihm so an den Kragen, und am nächsten Tag ist er ganz behämmert.* Er schweigt ...
Ich: *Ich glaube, daß sind wichtige Geschichten über die Art, wie du denkst, anders als dein Vater und deine Großväter. Der Mann, der den anderen zu den Deutschen geschickt hat, das bist vielleicht du bei deiner Geburt, alles vermischt sich mit deinem Vater, weil dein Vater damals diese Stellung angenommen hat und weil deine Mutter die ganze Zeit an ihn dachte und daß er sie verlassen hat. Du glaubst vielleicht, daß dein Interesse für die Mädchen nichts taugt, weil dein Vater sich nicht für Frauen interessiert, wie es scheint. Trotzdem hat er deiner Mutter Kinder gemacht* ... Dann schweige ich, er auch. Er scheint mir nichts mehr zu sagen zu haben. Ich sehe auf die Uhr: die Zeit für das Gespräch ist vorüber. Ich sage es ihm.
Er: *Warten Sie, bevor ich gehe, will ich Ihnen die zwei Konservenbüchsen machen.* Und er knetet sie in aller Eile, mit offenem Deckel, wirft die Knetreste hinein und schließt sie. *Das sind zwei Blonde als Sauerkraut.*
Ich lache und sage: *Dein Vater und dein Bruder.*
Er lacht schallend und steht auf. Ich begleite ihn ins Wartezimmer, um mich von ihnen zu verabschieden.

Beim Weggehen entschuldigt sich die Mutter, sie will mit mir sprechen. Ich stimme zu, und wir gehen alle drei in mein Büro zurück.

»Also, Frau Doktor, sind Sie damit einverstanden, daß Sie ihn nicht mehr sehen?« – »Und Sie selbst?« – »Ich muß unbedingt meinem Mann gehorchen.« – »Und Dominique?« Ich wende mich zu ihm. Dominique sagt: *Wenn ich was zu entscheiden hätte, dann würde ich wiederkommen. Ich weiß bestimmt, es würde mir weiterhelfen. Aber wenn Papa nicht mehr bezahlen will!* Die Mutter greift ein und sagt: »Ach nein, Frau Doktor, mein Mann sagt das nicht wegen dem Geld, für ihn ist das alles Quatsch, ich schrieb es Ihnen schon in meinem Brief. Er sagt, wenn er einen Chirurgen fände, wenn es den gibt, der die notwendige Operation macht, dafür würde er jeden Preis zahlen!« – »Was für eine Operation?« – »Na ja, die Operation des Rechenzentrums! So was soll es geben. Nur daran glaubt er, nicht an die Sachen mit Wörtern.« Während die Mutter spricht, knetet Dominique eine Schlange von mehr als einem Meter Länge, in Blau, ihr Kopf ist rot mit einem gelben Lothringer Kreuz (Lothringer wie seine Mutter? oder das Kreuz der Befreiung, vgl. das Pausenzeichen der BBC?). »Und du«, sagt sie zu Dominique, »du mußt sagen, was du willst.«
Dominique antwortet: *Ich habe dir schon gesagt, daß ich allein kommen könnte.*
»Das will ich nicht, ich habe es dir schon gesagt.«
Also wenn du nicht willst, dann kannst du nicht kommen, ohne daß du Papa nicht gehorchst. (Die Mutter sieht mich mit leuchtenden Augen an, als fände sie ihn sehr komisch.) *Aber wenn ich allein kommen könnte, na ja, dann käme ich jeden Freitag, und es würde mir guttun. Aber das macht nichts, Papa hat ja zu bestimmen, und wo Madame Dolto nicht böse ist, kann ich ja warten, bis ich groß bin und mein Leben selbst verdiene, dann werde ich wiederkommen, damit es mir ganz gutgeht, wenn ich noch schüchtern bin.*
Darauf verabschiedeten wir uns.

Knetfigur der zwölften Sitzung

16

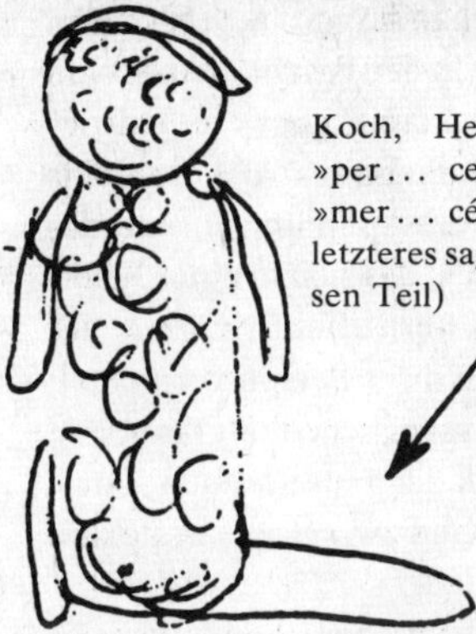

Koch, Herr Schwanz der »per... cepteurs« und der »mer... cédès« (während er letzteres sagt, entfernt er diesen Teil)

Boa-Kopf

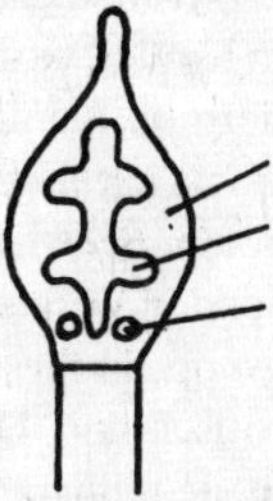

gelb

rosa

blau

die ganze Boa ist 1 Meter lang

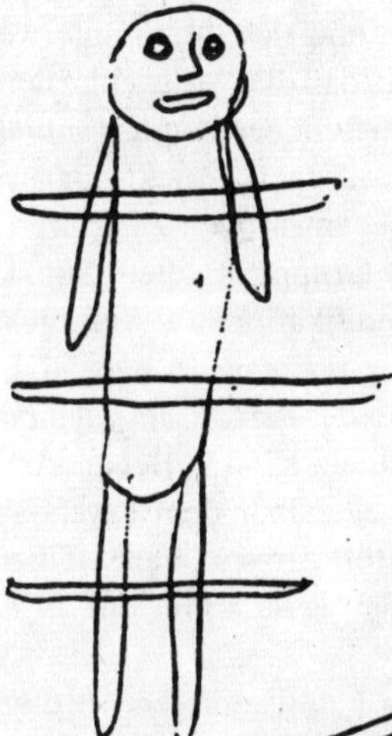

10 cm

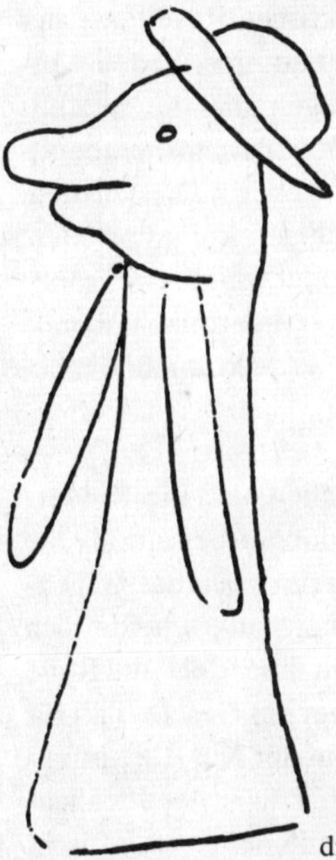

die Pfarrer, 10 cm

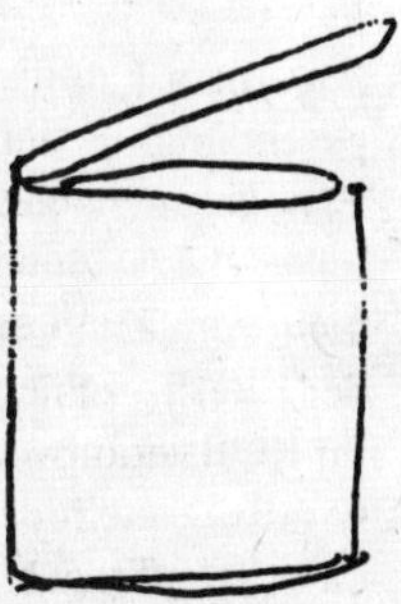

zerstückelt und in den Eimer geworfen

Die Darstellung dieses Teils der Behandlung eines psychotischen Kindes wird den Leser, der sich in der Psychoanalyse von Kindern im Familienmilieu wenig auskennt, über die Schwierigkeiten aufklären, die neben der Behandlung des Subjekts auftreten, Schwierigkeiten aufgrund der Spannungen und des drohenden Verlusts des Gleichgewichts, das sich in einer Familiengruppe hergestellt hat, in der die Eltern affektiv unreif oder neurotisch sind. Die Kinder werden in ihrer Person vernichtet, damit sie teilhaben an der schwach ausgeglichenen Ökonomie der unbewußten libidinösen Dynamik der betreffenden Familie: einer Familie, deren Gesetz das Kind zwingt, die Autorität zu achten und sich ihr zu unterwerfen.
Wir sehen, daß die Nachwehen der psychischen Traumata, wiewohl sie diesem bestimmten Subjekt absolut eigentümlich sind, ihren spezifischen Aspekt nur als dialektische Resultante der ständig gegenwärtigen Eingriffe der Libido eines jeden Mitglieds der Gruppe erhalten. Man kann sagen, daß die narzißtischen Modifikationen des Subjekts in der psychotherapeutischen Kur ebenfalls Anlaß zu Fragen geben, die sich dem Narzißmus der Person, die mit ihr in Berührung kommt, stellen. Wenn sich ein Kind in Behandlung befindet, zeigt seine ganze Familie gegenüber dem Psychoanalytiker übereinstimmende oder nichtübereinstimmende Übertragungsreaktionen, die berücksichtigt werden müssen.

An einem Fall wie diesem wird verständlich, daß die Kinderpsychoanalyse eine weit längere Ausbildung erheischt als die Erwachsenenanalyse, auch wenn man immer noch das Gegenteil hört. Das Zuhören des Psychoanalytikers unterscheidet sich nicht vom Zuhören in der Erwachsenenanalyse; doch die Rolle der Eltern – zahlende Dritte und gegenüber der Gesellschaft für ihr Kind verantwortlich – prägt den Ablauf der Kur. Ihre affektive Rolle stellt deshalb für das Kind den Träger des Idealichs dar: einen Träger, den es zu respektieren gilt, denn er vermischt

sich mit seiner gegenwärtigen Realität und ist Teil der notwendigen kastrierenden Mächte.
Die Rolle des Psychoanalytikers besteht, mittels der Übertragung, darin, das Ichideal des Subjekts aus seiner Abhängigkeit von dem neurotisierenden Idealich zu befreien, nicht aber, sich an die Stelle der Eltern zu setzen. Seine Rolle ist es auch, das präödipale archaische Überich zu analysieren, nicht aber, sich den Komponenten des sich entwickelnden Ödipuskomplexes in die Quere zu stellen.

Dominique ist nur von seiner psychotischen Regression geheilt. Es vollzieht sich eine verspätete Verarbeitung der Komponenten des Ödipuskomplexes. Sein Geschlecht ist für seinen Narzißmus rehabilitiert, desgleichen sein eigener Körper als ein menschlicher. Sein kritischer Geist kann sich ausdrücken. Seine Affektivität steht in Kommunikation mit den anderen. Er hat wieder Vertrauen gefaßt in seine Zukunft. Er nimmt seinen Wunsch nach Befreiung auf sich, den er – wenn auch verärgert –, im Namen der väterlichen Autorität aufzuschieben gewillt ist, sofern die Analytikerin nicht »verärgert« ist und sich nicht frustriert fühlt. Seinen für ihn noch unbefriedigenden Zustand, seine Angst, nennt er »noch schüchtern«.
Die Auflösung des Ödipuskomplexes erheischt im Fall von Dominique (und allen psychotischen Subjekten, die eine ähnliche frühe Regression hinter sich haben), daß die vorausgehenden Etappen sowie die vom Vater aufgezwungene Kastrationsangst effektiv erlebt werden. Dies kann jedoch nur gelingen mit einer wiedereroberten oralen libidinösen Struktur, mit der realen, vom Imaginären unterschiedenen Dimension des Zeit-Raums.

Die urethrale und anale Libido muß sich nach dem Primat der Genitalität ausrichten; doch damit dies real sei, muß die urethrale und anale Libido des Subjekts, mit seiner neu erworbenen Autonomie in der Gesellschaft, auch in kulturellen »Sublimierungen« nutzbar werden.
Mit einer Mutter, wie Dominique sie hat, ist allein die Gewährung – aufgrund des Alters der legalen Volljährigkeit – des tat-

sächlichen Rechts, über Autonomie zu verfügen in der Lage, zu dieser zu führen.
Durch die persönliche Beschaffung finanzieller Mittel zum Überleben – auch sie Resultat seiner kulturellen Sublimierungen – wird Dominique dem Verbot seiner Entwicklung entgehen können, das ihm seine finanzielle Abhängigkeit vom Vater auferlegte; ihm, der selbst von seinem Vater nicht als gültig anerkannt worden war, einem Vater, mit dem er sich, als einzig übriggebliebenem Sohn von dreien, nicht verstehen kann, und der selbst von einem Kindheits- und Jugendtrauma geprägt ist: entnarzißierter Vater und bemutternder Gatte einer infantilen Gattin.

Zweiter Teil

Die Beziehung der beiden Brüder und die mögliche pervertierende Rolle des Idealichs

Mir scheint, daß eine phänomenologische Untersuchung den Ursprung solcher präpsychotischen Kindheitszustände aufhellen kann: Zustände, die sich oftmals, wie der von Dominique, nicht mit der Pubertät »legen«, wie man es nur allzu häufig hofft, sondern sich im Gegenteil ohne Psychotherapie unwiderruflich verschlimmern.
Unsere Arbeit als Psychoanalytiker kann somit ein Licht werfen auf die Frage nach der Prophylaxe von Neurosen und Psychosen, mittels Interventionen, die nicht darauf abzielen, die Eltern zu beraten oder das Kind zu leiten, sondern die Bedeutung der Symptome zu erkennen, die einige Kinder aufzeigen, welche einerseits gesunde Sexualtriebe haben, andererseits jedoch eine strukturierende Kastration entbehren müssen, die als Antwort auf ihren unverstanden gebliebenen Ruf von den Eltern kommt.

Die Untersuchung der unbewußten dynamischen Beziehungen, die zwischen den Kindern einer Familie bestehen, wenn einer von ihnen Symptome aufweist, ist in der Kinderpsychiatrie häufig aufschlußreicher als die alleinige Untersuchung des Kindes, das seine Umwelt beunruhigt. Dynamisch gesehen liegt das letztere bei der Verteidigung seiner gesunden libidinösen Struktur zuweilen richtiger als seine scheinbar angepaßten älteren Geschwister. Die Rolle der Kinder, die aufgrund ihres geringen Altersunterschieds zusammen aufwachsen, sowie die der Kinder, die 6 bis 7 und 12 bis 15 Jahre auseinanderliegen, ist stets die aufschlußreichste: das Spiel der Vermeidungen der strukturierenden Kastration zeigt sich hier als besonders traumatisierend, wenn es nicht entmystifiziert wird. In der Tat spielt die bei jedem Kind besondere ödipale Situation allein die determinierende, humanisierende Rolle. In der Familie aber erlaubt es das Verhältnis unter den Geschwistern, daß sich die Beziehungen zu den Erzeugern, die phantasierten oder zuweilen sogar realen emotionalen Entschädigungen für den Inzest auf diese Geschwister verschieben, Entschädigungen, die mit fälschlich versichernden, in Wahrheit traumatisierenden brüderlichen Beziehungen verknüpft sind; was im Schutz solcher Entschädigungen vermieden wird, sind die auf gesunde Weise Angst machenden elterlichen Beziehungen, die zur Konfrontation der Lebenstriebe und der Todestriebe sowie zur ödipalen Kastration, zur Urszene führen müßten: Knotenpunkt der um die Ethik des Wunsches zentrierten humanisierenden symbolischen Funktion, deren unbewußte Kraftlinien die Kohäsion des grundlegenden Narzißmus bilden.
Bis zur Ankunft ihrer kleinen Schwester rivalisierten der ältere Paul-Marie und der jüngere Dominique in ihrer Sprache und ihrem Verhalten gegenüber der Mutter. Bei der Geburt von Sylvie brechen sie ihre interpersonellen Beziehungen, sogar die spiegelbildlichen Beziehungen zueinander ab. Ihr Gefecht ist für niemanden mehr ein Schauspiel. Der Wunsch, sich gegenseitig in den Schatten zu stellen, um allein der Sieger und im Blickfeld der Mutter zu bleiben, hat kein Objekt mehr. Dieser

Wunsch wird ausgeschlossen, weil er von ihnen nie erkannt noch von ihr als gültig anerkannt wurde. Es handelte sich um eine verbale »Geste«, in der das scheinbar pazifistische Duell zwischen zwei »Sprechenden« stattfand, die sich so vollkommen wie möglich als Echo ihrer Mutter ausdrückten.[1] Daß sich für jeden von ihnen der Wunsch, einander in den Schatten zu stellen, so ausgeschlossen hat, kam daher, daß die Mutter die Liebesbedeutung, die dieser Ehrgeiz bezeichnete, niemals aufgewertet hat. Aufgrund dieses Wunsches hatten sie sich alle beide in ihrer aktiv-oralen und passiv-analen Beziehung zur Mutter entwickelt, die für beide der begehrte Andere war, und jeder der Brüder war für den anderen der Rivale.

Für den älteren, Paul-Marie, galt es, die Mutter stärker einzufangen und zu interessieren, als Dominique es tat; so stellte er sich auf gleichen Fuß mit ihr (und mit seinem Vater, wenn er da war, der betrachtet wurde als der große Zwillingsbruder einer phallischen großen Schwester). Vergessen wir nicht, daß Paul-Marie bis zur Geburt von Dominique, als er dreieinhalb Jahre war, täglich die Anwesenheit von Vater und Mutter genießen konnte; und daß Paul-Marie, wenn Dominique ihn in der Wiege und im Hamstern der mütterlichen Fürsorge ersetzt hatte, gleichzeitig aufgerückt war und am Platz seines Vaters, des Gefährten der Mutter, bleiben durfte. Indem der Vater eine Stellung annahm, die ihn zu vielen Reisen zwang, hatte er Paul-Marie den Platz eines sogenannten »Großen« überlassen

1 Es ist festzustellen, daß es in dem großen Wortschatz dieser Familie kein Wort gibt, das das Geschlecht bezeichnet, weder das Gesäß noch das Becken: Geschlecht und Hinterteil haben nur einen einzigen Namen, für die Erwachsenen (die sich nackt zeigen) wie für die Kinder: es ist der »Popo«, sogar ohne die landläufigen unterscheidenen Bestimmungen von klein oder groß. Die Mutter hatte nie daran gedacht, daß es ein anderes Wort geben könnte als Geschlecht, das sie nicht zu sagen wagt, aber sie zeigt sich nackt und betrachtet ihre nackten Söhne, ohne an irgendeine Erotik zu denken; für sie ist dieses Wort neutral, sozusagen geographisch; Geschlecht bezeichnet für sie den instrumentellen Ort der für die Reproduktion notwendigen Beziehungen. Während ihrer Schwangerschaften hat sie niemals vom Bauch, sondern immer nur vom Herzen gesprochen, das das zu gebärende Baby enthält. Sie hat ihre Kinder gestillt, aber nie das Wort Brust ausgesprochen; sie sagte nähren, stillen, zu trinken geben. Unbewußt voyeuristisch, disqualifizierte sie die Scham mit der Vokabel »Prüderie«.

und ihm sogar seinen Bruder und seine Mutter »anvertraut«. Wenn also Dominique bei seinem großen Bruder eine beschützende Haltung hervorrief, durfte dieser sie ebenso als großer Bruder, Pseudovater oder Pseudomutter haben. Und das Verhalten des großen Bruders Paul-Marie gefiel dieser zwanghaften Mutter sehr, denn jeder Gefährte bedeutete für sie verbalen Austausch am Tag und Heizkörper in der Nacht, eine Rolle, die Paul-Marie damals vollkommen erfüllte. Der seltene Geschlechtsverkehr der Eltern entsprach nicht dem Wunsch der Mutter als Frau und wurde vom Vater nur im Hinblick auf die Befruchtung vollzogen.

Niemals haben Paul-Marie und Dominique sich gestritten, wie mir die Mutter versichert, als sie klein waren, und auch später nicht. Niemals lehnten sie sich gegeneinander auf, wie sie es oft bei anderen Brüdern sah. Und sie gratulierte sich dazu, ohne zu verstehen, daß daran die Abwesenheit eines genitalen Vaters und Herrn schuld war, der die Mutter besitzt, denn der Vater war, wenn anwesend, weder ein verlockenderes Vorbild als die Mutter noch ein Rivale mit unbestreitbaren genitalen Vorrechten, noch weniger der Vater, der den körperlichen Kontakt mit der Mutter verbot. Dieser Vater war also für Paul-Marie ein weniger phallisches Idealich als die Mutter: der Phallus der Mutter war Dominique, nach allgemeiner Ansicht das Ebenbild des mütterlichen Großvaters.

Unter den beiden Brüdern gab es denjenigen, welcher der Mutter dadurch am meisten Freude machte, daß er sie nach besten Kräften nachahmte, ihr die verbale Antwort gab, und mit ihr Papa und Mama spielte: Paul-Marie. Und es gab denjenigen, der seiner Mutter dadurch am meisten Freude machte, daß er der Repräsentant ihres imaginären Penis war, ihr unterworfen, Schmeichler und Geschmeichelter, körperlich verhätschelt, aber ästhetisch abgewertet: Dominique.

Was die Mutter betrifft, so war sie für die beiden Knaben eine phallische Repräsentantin der Erwachsenen in ihrer doppelten, mütterlichen und väterlichen, Funktion. Sie war beides gleichzeitg, gesetzgebend und überbeschützend; aber auch von ihnen

abhängig, von jedem von ihnen untrennbar. Ein narzißtisches Trio von drei verstümmelten Wesen, drei Invaliden, die sich gegenseitig stützten.
Doch die Situation ändert sich mit der Geburt und dem Wachstum von Sylvie. Die beiden Knaben können nicht mehr spielen, gegenüber der Mutter einander in den Schatten zu stellen. Dominique kann niemanden mehr in den Schatten stellen. Die Sonne seiner Schwester am Zenit verbrennt alles. In dieser ungewöhnlichen Einsamkeit befindet er sich selbst in einer Situation des Jammers und des Verlassenseins. Paul-Marie hat eher einen Todeswunsch gegenüber jenem kleinen Bruder, dessen Äußerungen des Elends in der Öffentlichkeit sehr stören und auf die Mutter in der eigenen Familie ein schlechtes Licht werfen. Also setzt sich Paul-Marie gegenüber den Geschwistern an die Stelle von Vater und Mutter, nach seinem Ermessen unzulängliche Erzieher, und macht sich die Reden der mütterlichen Großmutter zu eigen, der einzigen Person seiner Umgebung, die ihm gegenüber die gleiche emotionale Haltung beibehält wie vor der Geburt von Sylvie.
Bei der Geburt von Dominique wie bei der von Sylvie hat Paul-Marie gesehen, wie sein Vater zusammen mit der Schwiegermutter zu Hause die Mutter ersetzte. Er sah einen aufmerksamen und mütterlichen Vater. Er hat ein Vorbild. Der Vater überläßt ihm bei der Geburt von Sylvie einen noch schöneren Platz als bei der Geburt von Dominique; denn ein kleines Mädchen ist ein Geschenk für einen großen Bruder von sechs Jahren, der sich für den Vater ausgeben kann, indem er sich auf anale libidinöse Positionen fixiert. Während Dominique, von allen verlassen, bei allen schlecht angeschrieben, all seine oralen und analen kulturellen Erwerbungen verliert, hinter hysterischen Verhaltensweisen an Zerstückelung leidet, von der er nur die erwartete Frucht erntet, nämlich die phobische Furcht vor der Welt. Paul-Marie dagegen weiß wohl, welchen Kummer es der Großmutter machen würde, wenn er seinem kleinen Bruder etwas antun würde (die Spiele seines Vaters haben einst zum Tod eines kleinen Bruders geführt). Im übrigen kann man

sehr gut verstehen, daß die mörderischen Phantasien von Paul-Marie gegenüber Dominique, wenn zu bewußt angegangen, ihn mit einem prähistorischen Vater identifizieren würden, einem Vater aus der Zeit, da er Kind war, d. h. einem Vater, der seine eigene, Paul-Maries, Existenz leugnete.[2]
Einem Vater von vor der Urszene (vor einer geistigen Vorstellung von den Sexualbeziehungen der Erzeuger), der eine Drohung der Destrukturierung bei Paul-Marie hervorrief, dessen erektile urethrale libidinöse Positionen, zumindest vor der Pubertät, weder erobert noch im Einklang mit dem Erzeuger aufgewertet waren. Dominique bleibt nur eine einzige Sicherheit, nämlich seinen großen Bruder sehr zu respektieren und dennoch jede Berührung mit ihm zu vermeiden. Er respektiert ihn wie einen neutralen Schatten, anatomisch mit einem fleischlichen Mehrwert am »Popo« ausgestattet wie er, der ihn von Sylvie unterscheidet, jedoch wertmäßig kastriert, fast ebenso beeinträchtigt wie er. Die Palme der Wertschätzung trägt die kleine Schwester davon mit ihrem »Popo« ohne Penis. Und auch die Großmutter mit ihren magischen Riten; und der verschwundene Onkel, das idealisierte Phantom.
Gleichzeitig ist Paul-Marie für Dominique der Repräsentant des schönen Lebens von einst. Er hat die Zeit vor der Katastrophe erlebt, die Ära vor Sylvies Ära. Und außerdem ist Paul-Marie von der Mutter delegiert, Dominique in ihrem Namen zu bemuttern, sie befiehlt es. Und Dominiques Spiel wird darin bestehen, sich diesem Schutz zu entziehen und gleichzeitig die Situation auszunutzen, um seinen älteren Bruder in den Augen der Mutter und der sozialen Umwelt zu lähmen, lächerlich zu machen und abzuwerten. Man könnte sich vorstellen, daß es die Situation hätte retten können, wenn der große Bruder auf diese physischen Verdunkelungen aggressiv reagiert hätte, auf die physischen, psychischen und verbalen Verirrungen von Domi-

2 Aus diesem Grunde betrachten die Kinder niemals gern die Fotos ihrer Eltern als Kinder, bevor sie das Alter der Präadoleszenz erreicht haben, während die Familie sich darin gefällt, die Fotos der Kinder mit denen ihrer Vorfahren im selben Alter zu vergleichen.

nique, die zum größten Teil Kriegslisten waren.[3] Doch die beiden Brüder, die sich niemals gestritten haben, wie die Mutter voll Stolz sagt, haben sich auch nicht wegen der psychologischen Leistungen Dominiques gestritten.

Die allzu nachsichtige Mutter (die 150prozentige Mutter, wie der Vater sagt) drängt die regressiven Symptome als eine respektable Realität auf: »Der Große weiß zu gut, daß sein kleiner Bruder unverantwortlich ist, und daß er mir Freude macht, wenn er sich um ihn kümmert, wie es ein guter großer Bruder tun soll.« Sie handelt als Nabelschnur tragende, trächtige, parasitäre und bevormundende Mutter; und ebenso muß Paul-Marie sich verhalten, um ihr zu gefallen. Er wird für Dominique zu einem pervertierenden Idealich, zum Roboter seiner Mutter, die er bei ihm vertritt. Solange er zur Schule ging, hat Paul-Marie seinen kleinen Bruder in die Schule und wieder nach Hause gebracht, ein Umweg bis zu einer Stunde vor und nach seiner eigenen Schule, um ihn zu begleiten, d. h. ihm auf Schritt und Tritt zu folgen. Paul-Marie, der ältere, verfolgt den kleinen Bruder, klebt an ihm mit dem sadistischen, überbeschützenden Stil seiner Bevormundung. Doch Dominique zahlt es ihm heim. Dominique, dieser kostbare Phallus seiner Mutter, der den Vater teuer zu stehen kommt, Dominique, dieser merkwürdige närrische Fetisch der Familie, läßt Paul-Marie seine Launen spüren, er foppt ihn, so wie ein schlechtdressierter Jagdhund sich seinem Herrchen entzieht. Dieses Verhalten bringt ein an ein paranoides Ich gebundenes Über-Ich zum Ausdruck, ein Ich, eingekeilt zwischen seinen narzißtischen Wünschen und seinen ausgeschlossenen ödipalen Wünschen, seitdem es durch eine penislose Rivalin verdrängt worden ist. Auch Paul-Marie wertet den Besitz eines Penis ab; aber er ist derselbe geblieben in seiner bekannten Identität, dank der von allen geteilten Illusion, daß er ein Gatten-Ersatz für die Mutter und eine kastrie-

3 Daher die Gefahr in der Familie, die aggressiven Reaktionen oder das mangelnde Interesse der Älteren gegenüber den Nachgeborenen zu tadeln; eine Gefahr, die für den Jüngeren noch größer ist als für die Älteren, denn sie werden dadurch aufgefordert, ihre Sexualtriebe zu verdrängen oder zu verkehren.

rende Mutter oder ein bemutternder Vater für die beiden jüngeren Geschwister ist. Dieser Älteste kann nur ein Polizist ohne Macht sein: weil er vom Vater unkastriert blieb und im Kampf gegen den provozierenden Inzest lebt, indem er jede Genitalität verdrängt. Hauptsächlicher Gefährte, Vertrauter und Stütze der Mutter, albern und unbedeutend, sobald der Vater auftaucht, richtet er sich in der Gesellschaft ein, indem er jede wetteifernde Konfrontation vermeidet. Ein solches Verhalten gilt leider in der Familie als »Brüderlichkeit« und in der Gesellschaft als »christliche Nächstenliebe«.
Dominique dagegen flieht seinen großen Bruder, obwohl er ihn fürchtet und sich ihm fügt. Er imitiert ihn nicht mehr in seiner gesprochenen Sprache. Nach einer Phase totaler Stummheit, die in der Familie sehr aufgefallen war, hat er das Wort nur wieder ergriffen, um »Unsinn« zu reden. Er bringt verbale Fährte und physische Fährte durcheinander und verirrt sich. Er läßt sich weder mehr hören noch sehen, er verbirgt sich. Doch er vergiftet wahrhaftig seinen älteren Bruder aus körperlicher Entfernung, »tritt ihm auf die Füße«, bespritzt ihn, so könnte man sagen, subtil mit einem voyeuristischen Radar, eine Vergiftung, die die Wirkung hat, diesen großen Bruder unsichtbar zu verfolgen und zu hemmen.
Dies ist in der Tat das klinische Bild, das Paul-Marie seit seiner Pubertät aufweist; er siegt über libidinöse Positionen, ohne schöpferische Auswege. Dem Ödipuskomplex näher als der Jüngere, weil das Elternpaar bis zur Geburt von Dominique zusammen lebte, hat Paul-Marie das Kap des Zweifels über seine eigene Identität hinter sich gebracht. Er ist ein menschliches Wesen, das leider in einem männlichen sexuierten Körper wohnt; aber er ist angehalten, diesen parasitären Homunkulus (Dominique) zu akzeptieren, der seinen Eltern so kostbar ist. Er hat logisch die anale Unfähigkeit akzeptiert, Exkrementen-Kinder zu machen, sowie die reale Tatsache, daß der Mann ohne die Vermittlung einer Frau keine fleischlichen Kinder erzeugen kann. Man muß sich zu diesem widerlichen Akt bequemen, um zur Fruchtbarkeit beizutragen, dem glorreichen Erb-

teil der Frauen. Er wählt die Identifizierung mit der Gesellschaft seiner Mutter. Er macht sich zum Zwillingsbruder der Mutter, eine Rolle, die ihm auch seine mütterliche Großmutter zugesteht, indem sie ihn als ihren eigenen Sohn betrachtet, den sie nicht gehabt hat. Er ist der Zwilling und Diener seiner Mutter. Er spielt kein Spiel seines Alters. Da er in den Augen und Ohren seines Vaters nicht tüchtig erscheinen will, kann er seiner Mutter als dessen Ersatz gefallen und auch dem Wettkampf mit Gleichaltrigen und gleichgeschlechtlichen Kindern aus dem Weg gehen, sowohl hinsichtlich der kulturellen Erwerbungen wie hinsichtlich der Erfolge im Sport und bei Frauen. Die Beziehungen des Vaters zu seinem eigenen Vater beweisen, daß er die Kastration nicht durchgemacht hat. Er wurde nur finanziell und emotional in bezug auf seine Schwester entwertet. Weder sozial noch genital aufgewertet, ist Paul-Marie wie sein Vater. Aufgrund der ständigen Abwesenheiten und des seltsamen Unbekannten, in dem sein Vater lebt, kann dieser große kleine Knabe nur den Monsieur spielen. In diesem Sinne sehen wir, daß die »brüderliche« Beziehung von Dominique zu seinem Bruder wegen der fehlenden ödipalen Struktur des Älteren (die selbst durch die Geschichte der Eltern bedingt ist) ein sehr wichtiges Element in der psychotischen Entwicklung von Dominique gewesen ist.
Die beiden Brüder reproduzieren auf homosexueller Ebene die Geschichte der Eltern. »Wenn wir eine Meinungsverschiedenheit haben, mein Mann und ich«, sagte Madame Bel, »dann sagen wir es nie. Es sieht immer so aus, als seien wir gleicher Meinung.« Und sie fügte hinzu: »Seit zwölf, sogar seit 14 Jahren bin ich Vater und Mutter gleichzeitig«, wobei zwölf Jahre das Alter ihrer Tochter und vierzehn das von Dominique war. »Da wir uns sehr gut verstehen, sehen die Kinder keinen Unterschied darin, ob ihr Vater da ist oder nicht.« Sagt sie im übrigen nicht, daß es für sie im Bett, sofern sie nur die Wärme eines Körpers spürt, dasselbe sei, ob sie mit einem ihrer Kinder oder mit ihrem Mann schläft? Ihre Angst vor der Einsamkeit war, wie wir wissen, das Motiv für ihre Heirat, nicht ihr Wunsch nach

sexuellem Leben oder Mutterschaft. Doch jetzt hat sie »Gott sei Dank die Kinder«. Im täglichen Leben hält sie sich, sofern sie nur Geld hat, für ein »Glückskind«. Für sie gilt das Wort der Sekretärin, das ihr seine unvorhergesehene Abreise mitteilt, soviel wie das Wort ihres Mannes, mit dem sie, folgsam und unterwürfig, keinen telefonischen Austausch mehr zu wünschen wagt. Der Gatte hat »zuviel zu tun«, um seine Frau selbst anzurufen, und bezeichnet die Frau seines Chefs als »unausstehlich«, die am Telefon mit ihrem Mann zu sprechen wünscht und die Botschaften der Sekretärin ablehnt, »typisches Zeichen für Snobismus«. Außer diesen Zügen einer total passiven Gattin hat Madame Bel uns Material geliefert, mit dessen Hilfe wir einen anderen Aspekt ihrer Mutterpersönlichkeit verstehen konnten.

Was der Verlust eines Sohns bedeuten kann, hat sie erfahren, wie sie sagt, als sie den Schicksalsschlag ihrer Schwiegermutter miterlebte, während sie im siebten Monat mit Dominique schwanger war: zur Zeit, da der junge Bruder ihres Mannes verschwand. Folgendes sagt sie darüber, des alten Roms würdig: »Nicht daß man ein Kind verliert, ist das Schreckliche, sondern daß man nicht weiß, wo es gestorben ist und wie es verschwunden ist, weil keine öffentliche Trauerfeier stattfinden kann, da man die Zeit und den Ort seines Verschwindens nicht kennt.« Dieser verschwundene Schwager, ein beunruhigendes Phantom, unsichtbarer Forderer, der den Seinen den Schlaf raubt, dies ist, wie es scheint, das herrschende und perverse Ichideal eines des konkreten Erfolgs beraubten Dominique, eines Dominique, der sich (da sein ödipaler Wunsch mit einer regressiven Konstellation zusammentraf) bezüglich seiner Berufung, ein Mann zu werden, der als männliche Verkörperung fruchtbar ist, in einer Sackgasse befand: aus vielerlei überdeterminierten Ursachen entfremdet.

Die Gründe? Unter anderem folgende:

– bei der Geburt war er »häßlich«, »abscheulich«, »affenartig« (wo er doch den Namen Bel trägt), und er wurde genau in dem Augenblick geboren, als der junge Schwager, Bernard Bel, ver-

schwand, der alle Gedanken und alle Phantasien der Familie beherrschte;
– er war der Zweitgeborene in seiner Familie, während der Zweitgeborene in der Familie seines Vaters durch die Vermittlung seines älteren Bruders, von Dominiques eigenem Vater, gestorben ist;
– er wurde als Knabe geboren, während alle sich ein Mädchen gewünscht hatten;
– er war braun und behaart, während man, um ein Bel zu sein, blond sein muß.

Bis zum Alter von 20 Monaten baute sich seine ganze Sicherheit auf der Teilhabe am Körper seiner Mutter und dem frühzeitigen Sprechen auf, um in das Trio Mutter-Bruder-er Eingang zu finden und als plappernder Fetisch zu dienen, ohne motorische Beherrschung, ohne Sphinkterbeherrschung. Sein Verdauungsapparat, der dem Anschein nach sowohl in seinen Funktionen wie in seinen Bedürfnissen diszipliniert und zurückhaltend war, wurde unterjocht durch die bemutternden Gebote, auf jene aufmerksame Gegenwart aufgepfropft und seiner freien Wahl, seinem freien Geschmack, seinem autonomen Rhythmus verschlossen.

Doch alles wäre noch gutgegangen, hätte nicht die kleine Schwester den Begriff des anderen Geschlechts gebracht, die Frage des Nicht-Penis sowie die Frage der symbolischen Beziehung zum Phallus, dessen strahlende, von allen anerkannte Phallik dieses bezaubernde, mit blonden Locken geborene Mädchen besaß; und Sylvie war es auch, die ihn bei ihrer Geburt für die beiden Familien vergegenwärtigte. Ihre Ankunft beraubte Dominique seiner selbst, führte ihn zur phantasmatischen Identifizierung mit seiner Schwester und zur Regression in veraltete Verhaltensweisen, diesseits des schon erworbenen Tabus des Kannibalismus, was den Verlust seiner Identität, den Verlust seines sozialen Werts und seiner Nützlichkeit bedeutete. Die Regression diesseits oraler und analer Sublimierungen bescherte ihm die Unmöglichkeit, den Stolz auf sein männliches Geschlecht, auf seinen Namen aufrechtzuerhalten, den sein

Äußeres verleugnete, da kein lebendiger Träger des männlichen Idealichs vorhanden war, um ein gesundes und lebhaftes Ichideal zu stützen. *Der Todestrieb gewinnt die Oberhand, wenn die Libido keine imaginäre ödipale Stütze findet, anziehend und zugleich kastrierend, in einem Idealich vereint, das Vaterbild. Auf allen Ebenen der Hierarchie der Körperbilder*[4] *besteht Regression. Regression des funktionalen Bildes mit dem Verlust der Hierarchie der erogenen Zonen, Regression des Grundkörperbilds mit dem Verlust der Begriffe von Zeit und Raum; und was das dynamische Bild betrifft, das ohne Repräsentation ist, so kehrt es sich um und kontaminiert mit dieser Umkehrung die männliche Ethik seines Geschlechts bei Dominique, der seinen männlichen Wunsch noch mit phallischen Phantasien verteidigt, die sich Halluzinosen oraler und analer Phallik ausleihen, sowie durch die Mißachtung der zeiträumlichen Bedingungen sich berührender Körper.* Dominique verlangt nichts mehr, ruft nicht mehr, *er zieht sich in den Autismus zurück, passiv paranoisch, weil alles, was ihn stimulieren, dynamisieren könnte, das Rad der Gefahr in Bewegung setzt. Alles: das geruchliche Aufspüren, Lauern auf die Einverleibung, Wunsch nach dem Anderen, weil es die einzigen Beziehungen von körperlichem Kontakt sind,* die er ihm *durch Projektion seines residuellen Wunsches* zuschreiben kann, aber auch weil die Mutter, in der Realität, die befreiende Zäsur nicht gewährt und in ihrer aufzuwärmenden Säugetiernacktheit das Festkleben aufzwingt. Sie hat phobische Angst vor der Einsamkeit. Sie verhält sich unbewußt so, wie ein passiv-homosexueller Perverser es tun würde, masochistisch und päderastisch zu ihren eigenen Kindern, dabei tugendhafte Reden schwingend, eine Art unschuldiges Schneewittchen in-

4 Ich habe die Struktur des Körpers beschrieben als eine Dreifaltigkeit, bestehend aus der narzißtischen Konkordanz eines Grundbildes, eines funktionalen Bildes, das auf die erogenen Zonen polarisiert ist, und eines stets aktualen, passiven und/oder aktiven dynamischen Bildes. Diese drei Bilder konstituieren in ihrer ständigen unbewußten Verschränkung den Narzißmus des Subjekts, Symbol ihrer Aktualisierung. Das Körperschema ohne Körperbild kann zum sprachlichen Ausdruck von Subjekt zu Subjekt nicht beitragen.

mitten ihrer abhängigen Zwerge, die sich dem Zölibat verschrieben haben.
Was den Vater betrifft, so können wir mit Sicherheit sagen, daß er ein Kindheitstrauma erlitten, aber ein Mittel gefunden hat, sich vor der familiären Invasion durch eine verhexende Arbeit und während der seltenen Augenblicke seiner häuslichen Anwesenheit durch eine gut abgesicherte Isolation zu schützen. Sein elterliches Verhalten, wenn er überhaupt eines hat, ist nur bemutternd, voller Hingabe, sanft, bisher für seine Kinder niemals kastrierend. Wenn wir eine allegorische Entsprechung für ihn finden wollten, so würde er uns an das Askaris-Männchen erinnern, wenig störend, notwendig, verborgen und geschützt von seinem riesigen Weibchen, männlich nur durch seine Zeugerfunktion.
Der noch gesunde Teil von Dominiques Ichideal hat unter den männlichen Vertretern seiner Familie nur noch seinen Onkel Bobbi als Stütze, den Viehzüchter, den Mann seiner mütterlichen Tante, sowie dessen jungen Sohn. Sein Nachname ist in der Person des verschwundenen Onkels für die gesamte Familie aufgewertet; dieser Onkel, dessen Tod, durch den er idealisiert wurde, zeitlich mit den letzten Monaten von Dominiques fötalem Leben zusammenfällt, dieser Onkel, der verschwunden ist, weil er eine männliche Waffe gesucht hat und dabei seinen Kameraden, dem Verlobten seiner Schwester, entglitten ist.
Wir verstehen nun, auf welche Weise die passive und delirierende paranoische Struktur bei Dominique Fuß fassen konnte und auf welche Weise sein erstes wahres Wort zu mir: »Ich glaube, es ist mir etwas Wahres passiert«, und meine spontane Antwort: »Wer hat dich unwahr gemacht«, ihm mitten ins Herz dringen konnten. Er hatte Dinge erlebt, die, wenngleich seinem Alter und seinem sich entwickelnden Körper eigentümlich, mangels nichtgehörter Worte keinen Wert und keinen humanisierenden Sinn erhalten hatten. Dieses Fehlen von Worten hat ihn im unklaren über die unsinnigen Empfindungen, die instinktiven Kräfte belassen, die von der Umwelt in einer Nichtbeschränkung der Wünsche nicht als solche anerkannt wurden.

Der verwirrende Inzest bot sich an, ohne andere Schranken als eben diejenigen, die jeder Mensch in sich trägt und die aus ihm einen Psychopathen, einen Einsiedler machten, der praktisch eher sozial impotent denn delinquent ist.

Dritter Teil

Die Begegnung, die zwischenmenschliche Gemeinschaft und die Übertragung in der Psychoanalyse der Psychotiker

Die zwischenmenschliche Begegnung – wenn sie sich durch die sensorische Peripherie eines Menschen definiert, der einen anderen wahrnimmt – gehört in den physischen Bereich: sehen, hören, riechen, berühren, schmecken. Doch jede Begegnung zwischen Lebewesen, Pflanzen, Tieren, *a fortiori* die zwischenmenschliche Begegnung definiert sich überdies durch den Ausdruck von Veränderungen bei jedem, die für ihn spezifisch sind, sei's für jede Begegnung, sei's für »diese besondere« Begegnung. Beim menschlichen Wesen steht jede verändernde Wirkung auf der Wahrnehmungsebene der Beteiligten, die noch in den physischen Bereich fällt, in Korrelation mit psychischen Gegebenheiten. Diese sowohl physische wie psychische Wirkung mag für einen Zeugen durch nichts erkennbar sein: wenn »der Begegnungseffekt« zu keinerlei offenkundigen Veränderungen des vorhergehenden Habitus geführt hat. Dennoch bleibt es eine Tatsache, daß *jede* Wahrnehmung einen Eindruck hinterläßt, der irgendwo im Körperschema registriert wird. Es sind die Wahrnehmungen einer Abweichung in der Quantität wie der Qualität, der Spannung wie der Natur sensorieller Signalisierung, die nachweisbar werden, Lust oder Schmerz für den, der sie wahrnimmt, und für ihn einen angenehmen oder unangenehmen symbolischen Wert gewinnen, der auf die Begegnung bezogen wird. Wenn diese Wahrnehmungen eine Veränderung im Habitus verursachen und wenn diese Ausdrucksveränderung wiederum von einem anderen Lebewesen wahrgenommen wird, das mit einer erkennbaren, wechselnden und modulierten Antwort darauf reagiert, die mit der ersten zusammenstimmt, organisiert sich ein symbolischer Sinn, die Kommunikation: es ist der archaische Ursprung der Sprache.

Die Organisation der Sprache entsteht beim menschlichen Wesen immer aus der ursprünglichen und vorherrschenden Mutter-Kind-Beziehung, aufgrund der langen Unfähigkeit des Kindes, allein zu überleben. Mutter und Kind beeinflussen sich wechselseitig durch die emotionalen Modulationen, die verknüpft sind mit den Schwankungen in der Spannung, im Wohlbefinden und im Unbehagen, die ihr Zusammenleben und die Spezifität ihrer Trennungen und Wiederbegegnungen in Zeichenbildungen organisiert haben: erste Sprache. Erkennen, Verkennen, gegenseitiges Wiedererkennen verbinden sich mit substantiellen und subtilen Signifikanten. Substantiell sind der Austausch und der enge Körperkontakt, mit dem Bedürfnis des Kindes verknüpft: Nahrung, Toilette, Herumlaufen, Schlaf. Subtil ist die Zeichensprache des Gesichts, der Gestik, der Stimme; jede Wahrnehmung, die das Kind von der Mutter hat, und umgekehrt. Jede Begegnung, die im lebenden Organismus eine spürbare Veränderung, also eine Modifizierung im bestehenden Habitus erzeugt, wird für dieses Lebewesen bedeutungsvoll für seine Existenz sowie für diejenige eines anderen Objekts, mit dem Kommunikation bestand, bevor ein Abbruch dieser Kommunikation vorliegt. Jede Veränderung im Habitus kann zu Recht oder Unrecht auch als Folge der Begegnung empfunden werden. Begegnung heißt nicht immer zwischenmenschliche Begegnung.

Bei einem Lebewesen kann es Begegnungen mit allen möglichen Dingen geben: kosmischen Elementen, leblosen Gegenständen, Mineralien, Pflanzen, Tieren und Menschen. Die Modifikation im Eindruck, die daraus resultiert, zeigt die Spezifität der Beteiligten an. Nehmen wir ein pflanzliches Beispiel: der

Stamm der Weinrebe wächst spiralförmig; aber er rollt sich auch um jeden Träger, dem er begegnet; die Windung ist seine spezifische Lebensäußerung. Desgleichen zieht sich das Blatt der Mimose bei jeder ungewöhnlichen Wahrnehmung zusammen, bei einem plötzlichen Windstoß wie bei der Berührung eines Forschers. Die Wahrnehmungen sind in einem lebenden Organismus kontinuierlich; erst ihre modulierten oder plötzlichen Schwankungen werden für den Organismus zum Signal.
Sprechen wir nun von den menschlichen Wesen. Wenn das Signal dieselbe Wirkung hat, die sich bei beiden Beteiligten als Lust oder als Schmerz äußert, können ihre homologen Reaktionen ein Band der Gemeinsamkeit knüpfen. Wenn das vom einen gesendete Signal, das eine nach Linderung heischende Spannung ausdrückt, beim anderen als Antwort ein Signal auslöst, das dieses Verlangen befriedigt (Linderung der Spannung), so stellt diese Reaktion, wenn sie sich alle Tage wiederholt, zwischen ihnen ein Band gegenseitigen Verstehens, ein Band erkannter Kommunikation her.
Zwischen dem Säugling und seiner Mutter entsteht durch dieses Signalspiel ein Band lebensnotwendiger Abhängigkeit, Signifikant der Gemeinsamkeit in der Lust (Spannungslinderung) oder der Gemeinsamkeit im Schmerz (gesteigerte Spannung). Wenn ein menschliches Wesen auf die Schwankungen seiner inneren Empfindungen oder seiner Wahrnehmungen keine Antwort erhält, keine Antwort auf sein Verlangen nach ergänzendem Austausch, hat es bei der Begegnung nicht die Empfindung eines vertrauenswürdigen Wesens, das ihm durch das Band der Gemeinsamkeit ähnlich ist. Es empfindet dieses Nichts als Vereinsamung in seinem Habitus als menschliches Wesen, das sonst keine andere menschliche Begegnung hat. Es bleibt seinen inneren Spannungen, seinen Bedürfnissen und Wünschen allein überlassen, ohne jede Hilfe. Wenn dieses Phänomen der Abwesenheit einer helfenden oder ergänzenden Begegnung eine Begleiterscheinung seines Lebens inmitten anderer Lebewesen ist, heißt dieses Nichts, das ihn umschlingt: niemand (*personne*). Der bekannte Ausdruck: »es waren viele

Leute da, aber ich habe niemand getroffen«, veranschaulicht diesen Mangel an ergänzender emotionaler Begegnung, an spezifischer Kommunikation in einer wahren ausgetauschten Sprache inmitten doch zweifellos menschlicher Wesen.
Alles Vorstehende, das ich unbeholfen darlege, scheint mir notwendig zu sein, um das Befremdliche und jedesmal Besondere – eigentlich eine archaische zwischenmenschliche Art der Begegnung, bei der die Sprache fehlt, total oder zum Teil – in der Begegnung mit jenen Subjekten zu verstehen, die wir »psychotisch« nennen, welches Alter sie auch haben mögen. Die Schwankungen ihrer inneren Spannungen unterliegen nicht so sehr Wahrnehmungen aus der Umwelt als vielmehr physiologischen oder emotionalen Zuständen ohne Signalisierung, vor allem ohne Sprache, die sie ausdrücken könnte. Merkwürdige Eindrücke, Phantasien aus der Vergangenheit, die für Signale der Gegenwart gehalten werden, beeinflussen ihre Kontakte mit der Umwelt. Auf diese Weise sind ihre unmotiviert erscheinenden Ausdrücke stets motiviert, jedoch nur durch ihre Phantasien, d. h. durch ein imaginäres Leben, das alle ihre Energien absorbiert und ihnen nicht gestattet, die Realität zu erfassen, die sie umgibt. Ihre zuweilen totale Reglosigkeit, ihr zuweilen totales Schweigen, ihr Lächeln, ihre an die aktuelle Situation unangepaßten Abwehrmechanismen, ihre Schreie, ihre Gesten, ihre delirierenden, stereotypen, beschwörenden Worte sind für sie sehr wohl Äußerungen einer Sprache: d. h. ein symbolischer Ausdruck ihrer inneren Spannungen; doch diese Sprache scheint nicht mehr auf die Mitteilung ihrer Gemütsbewegungen an jenen gegenwärtigen Anderen abzuzielen, der wir ihnen gegenüber sind. Diese für andere unverständliche Art des Ausdrucks ist im Gegensatz zu dem, was die Sprache ursprünglich war, zu einem Mittel schützender Isolation geworden, in einem Habitus der Vereinsamung, an dem die Gegenwart anderer nichts zu verändern vermag. Die Kommunikation scheint endgültig abgerissen und durch einen undurchdringlichen Vorhang ersetzt worden zu sein. Scheint: denn dies sind falsche Schlußfolgerungen.

Jedes menschliche Wesen, gleich welchen Aussehens und welchen Verhaltens, nimmt die Gegenwart des anderen wahr; doch für einige von ihnen ist sie ein Signal für Lebensgefahr. Die Gegenwart des anderen, der wir sind, weckt bei den Psychotikern das Gefühl der Gefahr, das um so intensiver ist, als wir ihnen gegenüber einen Kontakt herzustellen wünschen, den sie meiden, oder daß wir die Art des Kontakts zu fliehen scheinen, den sie wünschen und der uns unangenehm, unpassend oder gefährlich zu sein scheint. *Wenn es uns gelingt, für sie auszudrükken, und zwar in einer Sprache, die für uns selbst so genau wie möglich das bedeutet, was wir von ihnen wahrnehmen, sofern es uns selbst klar ist, strukturieren wir gleichzeitig das Kommunikationsfeld.* Die stereotype Reaktion oder die offensichtlich fehlende Reaktion eines menschlichen Wesens in Gegenwart eines anderen ist keineswegs das Zeichen für eine perzeptive Empfängnislosigkeit; sie ist vielmehr bezeichnend für ihre aktive Annullierung. Auf diese Weise drückt der Psychotiker die Wirkung aus, die er durch seine Begegnung mit uns empfindet; die passive Dominante oder die aktive Flucht entspringen der Erschütterung seines Habitus, die wir dadurch verursacht haben, daß wir Todestriebe in ihm weckten.[1]
Derjenige, den wir psychotisch nennen, verhält sich vorsichtig angesichts einer ungewöhnlichen menschlichen Gegenwart – der des Psychoanalytikers –, die sich ihm wiederholt aufmerksam zuwendet. Früher oder später, nach mehreren Begegnungen, zeigt der Psychotiker stets irgendeine Veränderung in seinem Habitus, die für den Analytiker bezeichnend ist. Diese

1 Die Todestriebe, bezogen auf die archaischen oralen Gemütsbewegungen, verursachen Berührungsangst und Angst vor Zerstückelung. Die Todestriebe, bezogen auf die analen und urethralen archaischen Gemütsbewegungen, verursachen Zwangsvorstellungen: ideative und verbale Vorstellungen schmachvoller Verwerfung, oder motorische mit verifikatorischem Inhalt, skatologische, beschwörende und blasphemische. Die Todestriebe, bezogen auf die genitalen Gemütsbewegungen, verursachen Ängste vor unheilbaren Krankheiten, sexueller Verstümmelung, Raub, Vergewaltigung, Mord. Die Angst vor der bevorstehenden Verwirklichung der genannten Phantasien gegenüber dem Übertragungsobjekt und umgekehrt ist eine der Manifestationen der analytischen Situation.

wahrnehmbare Veränderung ist der Beginn einer Sprache, die sich an unsere Person richtet, welche in das Wahrnehmungsfeld integriert wurde: Vorspiel einer möglichen Kommunikation. Der Psychotiker erkennt unsere Person, insofern er sich selbst uns gegenüber erkennt, die wir von Sitzung zu Sitzung gleichbleiben. Unsere Gegenwart ist für ihn nicht mehr völlig ungewöhnlich noch fremd; sie ist eine besondere geworden. *Die Übertragung setzt auf einem Hintergrund alarmierten Narzißmus ein, wo Wunsch und Todestriebe einander dramatisch entgegenstehen.* Die Aufmerksamkeit[2] des Analytikers, die er durch seine Worte oder durch sein Schweigen bedeutet, das die Mimik, die Gesten und die Worte des Psychotikers aufnehmen, wertet den, der ihm gegenübersitzt, als Menschen auf.

Beim Analytiker gibt es eine spezifische Übertragung, denn er glaubt an den Menschen, sein Gegenüber, ein in seiner Art einzigartiges Wesen, Subjekt der symbolischen Funktion, ein Subjekt, dem seine Geschichte unbewußt ist, ein Subjekt, das sich zu bezeichnen wünscht, ein Subjekt, das eine Antwort auf seine Frage erheischt. Diese stumme Frage kann entweder noch nicht bewußt sein, wie beim Kleinkind, oder nach einer Periode des Bewußtseins durch eine Verdrängung wieder unbewußt geworden sein. In diesem Fall hat die Verdrängung eine Spur hinterlassen, eine Deckerinnerung, ein wiederholt vorkommendes Traumelement, ein phobisches oder zwanghaftes Symptom. Diese Spur kann auch ein Habitus sein, eine Somatisierung, ja sogar eine Allergie. Dies sind Störungen der Körpersprache, die an die Stelle der imaginären, mimischen oder verbalen Sprache tritt.

Der aufmerksame, beharrliche und rezeptive Zeuge, der Psychoanalytiker, vermutet, daß die unverständliche, delirierende Sprache oder das Schweigen einen Sinn hat; er deutet sie stets als Sonderfälle der Sprache, die zu entziffern ihm obliegt. Er

2 Vom Analytiker heißt es, er habe eine »gleichschwebende« Aufmerksamkeit; dieses Wort muß richtig verstanden werden. Es ist nicht eine zerstreute Aufmerksamkeit, wie einige glauben. Es handelt sich um Zuhören, das für alle signifikanten Spuren verfügbar ist, um eine Präsenz gegenüber dem anderen, so weit wie möglich frei von Sperren. Die Ausbildung des Analytikers bereitet ihn darauf vor.

vermutet, daß hinter den Gesten oder der Reglosigkeit ein Sinn steckt, der dieses hinter dem psychotischen Aspekt verborgene, hier präsente Subjekt bezeichnet. Der Psychoanalytiker ist ein Vermittler der symbolischen Funktion, insofern er für den, der schweigt, der vorbeiredet, der seine Gegenwart oder die Gegenwart von anderen passiv ignoriert oder aktiv leugnet, die Erfahrung einer wirklichen Begegnung darstellt. Für den Psychoanalytiker ist jeder andere, unabhängig von seinem Verhalten, zugleich der vollständige Vertreter der menschlichen Gattung, und der »Psychotiker« ist für ihn das Subjekt einer unbewußten Geschichte, die er aktualisiert, statt sie, wie diejenigen, die man »normal« oder »neurotisch« nennt, in strukturierten Erzählungen zu symbolisieren. Diese Geschichte ist dem Psychoanalytiker unbekannt. Zuweilen kennt er einige phänomenologische Elemente von ihr durch die Umwelt, und diese Elemente sind ein zureichender Ausgangspunkt dafür, daß er sich für diesen anderen, seinen atopischen Gesprächspartner interessiert.

Die Sprache dieses sensiblen Beobachters, des Psychoanalytikers, selbst wenn er schweigt, sein Zuhören und seine aufmerksame Gegenwart für einen anderen, in dem er seinen Nebenmenschen erkennt, während dieser sich diese Eigenschaft abspricht, bilden eine Anerkennung der symbolischen Existenz desjenigen, der noch unfähig ist, seinen Wunsch auf sich zu nehmen oder mitzuteilen; sein Wunsch, der, wie jeder menschliche Wunsch, aus Lebenstrieben und Todestrieben besteht, jedoch beim Psychotiker mehr oder minder von den Todestrieben beherrscht ist. Der Psychoanalytiker muß in seiner Übertragung für alles, was der Psychotiker ausdrückt, so empfänglich sein wie nur möglich und gleichzeitig versuchen, den Todeswunsch auf sich zu nehmen und seine residuellen Phantasien der Angst, schon erlebter gefährlicher Begegnungen zu entschlüsseln, die seine, des Analytikers, Gegenwart weckt. Eine Angst, die der Psychotiker zu fliehen oder zu überwinden trachtet, ohne daß ihm dies schon gänzlich gelungen wäre. Eine Angst, an der er oft festhält, weil sie für ihn zur einzigen Eroti-

sierung geworden ist, die seinen ursprünglichen Narzißmus stützt.
Durch seine Einsicht in das, was er empfindet, vermittelt der Psychoanalytiker die Erkenntnis für jeden der beiden an der Begegnung Beteiligten: seiner selbst sowohl in bezug zu sich selbst wie in bezug zum anderen. Er vermittelt auch von jedem zu jedem und von jedem zu sich selbst die Freiheit, hier gegenwärtig zu sein oder nicht. In der zwischenmenschlichen Begegnung gibt es zwei Selbst, zwei getrennte Körper, und jeder von ihnen hat ein Körperbild und andere ausgestrahlte und empfangene Eindrücke, die jedoch jenseits ihrer Trennung und ihres unterschiedlichen Empfindens Einfluß haben. Die Begegnung macht sie desgleichen, d. h. auch im gleichen Augenblick, ungehindert erkennbar als getrennte und, seitens des Analytikers, so total wie möglich dem Wunsch präsent, durch die Sprache und ohne körperlichen Kontakt mit dem anderen zu kommunizieren. Dieses »desgleichen« will hier sagen, daß in einem Raum und in einer Zeit, die beiden gemeinsam sind, in der Zeit und dem Raum, die ihren wiederholten Begegnungen zugemessen ist, ihr verschiedenes, aber gleichzeitiges Empfinden über die Kommunikation hinaus, die darüber zustande kommen kann, wieder Sinn erhält. Dieser Sinn wird modifiziert von demjenigen, der das Zeugnis dessen, was er wahrgenommen hat, hört, empfängt und zurückgibt: Sinn der modifizierenden Gegenwart, die in ihm derjenige hervorruft, dem er aufmerksam zugewandt ist. Hinfort Sinn modifizierender Gegenwart für denjenigen, der feststellt, daß man ihm zuhört, ihn in seiner Wahrheit erwartet, und sich vernehmbar machen kann.
Die Sprache dieser Modifizierungen, die sich aus der Begegnung eines Psychotikers mit einem Psychoanalytiker ergeben, kann für beide Beteiligten unbewußt oder nur für einen von beiden unbewußt bleiben; ihr Ausdruck für den einen oder anderen oder auch für beide infraverbal sein. Ein Spracheffekt liegt vor, sobald die Varianz von jedem erkannt wird als etwas, das ihre Begegnung spezifiziert und keiner anderen völlig gleicht. Daraus kann sich zum Teil, *hic et nunc*, Kommunika-

tion ergeben, und zwar je nach der Beherrschung des Ausdrucks, wie immer er aussehen mag, der bei dem einen besteht, wie auch nach der Fähigkeit, den anderen im Augenblick der Begegnung wahrzunehmen. Die Kommunikation kann sich auch niederschlagen in den Spuren auf dem Papier, in der Knetmasse, in räumlichen Gesten – präverbale autistische Sprache –, sie kann sich ausdrücken in Phonemen, Wörtern, die für den einen, den anderen oder für beide sofort interpretierbar sind oder nicht. Diese weggeschobenen und in Effekte, die der verbalen Sprache parallel laufen, abgeleiteten oder ihr substituierten Teile gilt es zu »hören«.

Die Psychoanalyse zielt auf die Untersuchung und die Entzifferung dieser unbewußten Sprache, die der hier und jetzt bewußt mitgeteilten Sprache zugrunde liegt, und zwar innerhalb der einer Sitzung zugemessenen Zeitspanne; einer Zeitspanne, die auch an einem Ort der zwei menschlichen Wesen gemeinsamen Gegenwart erlebt wird, von denen das eine, der Psychoanalytiker, durch seine Gegenwart dem anderen helfen möchte, der diese Arbeitsgliederung aus freien Stücken akzeptiert.

Wie sieht nun diese Arbeit aus, die der Psychoanalytiker zu stützen wünscht? Daß derjenige, der hier und jetzt ihm gegenübersteht, zur aktualen dynamischen Wahrheit gelangt. Sein Mittel dafür ist die Gegenwart des Psychoanalytikers, der die verdrängten unbewußten Triebe des Analysanden, dem er zuhört, wieder aktualisiert.

Bei der psychoanalytischen Begegnung gilt die Aufmerksamkeit des Analytikers, wenn es um die Psychoanalyse von neurotischen oder nichtneurotischen Erwachsenen geht, vor allem, wiewohl vielleicht nicht ausschließlich, der verborgenen Wahrheit, die der Faden der Assoziationen der gesprochenen Sprache übermittelt. Der Psychoanalytiker leiht der Rede des Analysanden sein Ohr; er weicht auch konstruierten Geschichten nicht aus, aber lauscht besonders dem unbewußten Sinn, der wahrhaftigen Grundlage dieses »Subjekts«, dessen Träger die bewußte Rede des Patienten ist, die häufiger von der sozialen Person eines Menschen als von seiner irreduziblen Authentizität als Subjekt seiner Identität vermittels seiner Geschichte zeugt. Die vom Analysanden verschwiegenen begleitenden Phantasien scheinen in den Pausen auf, in den Themawechseln, in den Versprechen, kurz, in den Klüften der bewußten Rede. Diese Phantasien sind es, welche die gegenwärtige, unbewußte Dynamik des Wunsches enthüllen.

Wenn es sich um ganz kleine Kinder handelt, die körperlich noch nicht von dem schützenden Erwachsenen getrennt werden können, ohne umzukommen, hört der Psychoanalytiker die funktionellen, somatischen Reaktionen aus dem Mund der Mutter, wobei der Säugling vorzugsweise anwesend ist. Er versucht die Reaktionen zu verstehen, die die Geburt des Kindes zu Hause, bei den Geschwistern hervorgerufen hat, die unbewußten Phantasien im Erleben der Mutter bezüglich ihrer emotionalen Welt infolge der Empfängnis, der Schwangerschaft und der Existenz dieses Kindes. Er versucht zu verstehen, was das gegenwärtige narzißtische Gleichgewicht der Mutter ausmacht, ihr Verhältnis zum Erzeuger des Kindes oder die Beziehung, die dieses Kind für sie zu noch bestehenden ödipalen Phantasien hat; oder auch die Beziehung dieses Narzißmus der Mutter zu einer aktualen Bedrängnis aufgrund der bestehenden Dinge. Kurz, der Psychoanalytiker versucht in seinem Gespräch mit der Mutter, ihre Rede auf alles zu lenken, was beim Kind, aufgrund seiner Beziehung zur Welt durch die Mutter, eine induzierte Intensivierung seiner Todestriebe verursachen könnte, vielmehr als Apriori-Haltungen oder Antworten, die auf die Unterhaltung seiner Lebenstriebe abzielen würden.

Dennoch achtet der Analytiker auch auf das Kind selbst in seinem bestehenden Wunsch als ganz rezeptives Subjekt, das jedoch zur Autonomie bestimmt ist; mittels seines theoretischen und klinischen Wissens um die frühesten Stadien der Libido versucht er, mit Worten, die unmittelbar an dieses noch kindliche Subjekt gerichtet sind und die die Mutter[3] gleichzeitig hö-

3 Auch der Vater, wenn er anwesend ist. Ist er es nicht, muß der Psychoanalytiker ihn immer in Worten präsent machen, indem er sich jenseits seiner Abwesenheit bei dem Gespräch auf ihn bezieht.

ren kann und soll, das zu erklären, was es durch die Symptome ausdrückt, die die Angst der Eltern und die Zuhilfenahme eines Dritten, des Psychoanalytikers, ausgelöst haben. Der Psychoanalytiker erkennt damit in diesem Säugling das Subjekt eines Wunschs, der von den libidinösen energetischen Einflüssen der Familie und der Eltern abhängt. Er erkennt, daß es, aufgrund seiner Abhängigkeit, sowohl somatisch wie emotional, perzeptiv wie rezeptiv der Detektor einer beunruhigenden Kommunikation ist.
Es gibt Psychoanalytiker, für die das Neugeborene und das Kleinkind nur durch den Wunsch ihrer Eltern bedeutsam sind, wenn ich sie richtig verstanden habe. Ich für meinen Teil glaube, daß der Wunsch der Eltern ihr Kind zwar mittels der Sprache induziert, daß aber jedes menschliche Wesen von Anfang an selbst autonome Quelle des Wunsches ist. Ich glaube, daß sein lebendiges Auftauchen in der Welt (bei der Geburt) an sich selbst Symbol für den autonomen Wunsch ist, sich zu erfüllen als drittes Subjekt der Urszene und einziges Subjekt der Erfüllung des gemeinsamen genitalen Wunsches der Eltern, dessen einziger Signifikant es ist. Der Appell an seine individualisierte Person, genannt mit den Phonemen, welche die Eltern ihm zivilrechtlich gegeben haben, ein Vorname, den es zu Beginn seines Lebens in den ihn betreffenden Reden immer vernommen hat, auch wenn seine Eltern es seither nur mit einem Spitznamen rufen, kann ein Appell sein, den es wahrnimmt. Dieser Appell, durch die Stimme des Psychoanalytikers, weckt in ihm den Wunsch, sich von der Induktion der Angst zu lösen, die es unbewußt von seinen Eltern oder nur der Mutter erhält: ein Wunsch – der seiner Mutter –, auf den es ohne diesen Appell durch totale Unterwerfung reagieren kann: Wunsch der Mutter, daß es nur das sein möge, was es zu sein scheint, ihr Partialobjekt, d. h. Verleugnung der Geburtszäsur. Dieser Appell an das Kind mittels seines Namens, den es von einer neuen Stimme hört, ermuntert es, der Vertreter dieser Phoneme zu sein, statt nur der Vertreter des mütterlichen Worts, das sich nur durch die Sprache der Symptome des Kin-

des aussprechen läßt; oder auch nur der Vertreter des unformulierbaren Worts des Vaters. Ein Vater, der in seiner Vaterschaft die Erfüllung eines Wunsches verkennt, den er leugnet, kann einem sensiblen Kind abstreiten, den Status des Erzeugten zu haben, Subjekt eines eigenen Wunsches zu sein, nämlich zu leben. Ich erinnere mich an ein zwei Wochen altes, an Anorexie leidendes Babys in den Armen seiner ängstlichen Mutter, das von einem nicht minder ängstlichen Pädiater zum Analytiker geschickt worden war: ich hatte mit der Mutter jene Art von Gespräch, die ich vorhin schilderte, während sie ihr an sie gepreßtes Baby in den Armen hielt. Bei jedem Satz, der der Mutter galt, richtete ich mich an die Person des Säuglings, der keine Wahrnehmung zu haben schien. Die Mutter sagte mir: »Meinen Sie wirklich, daß er Sie hört und versteht?« Nun rief ich das Baby bei seinem Namen, wie ich es schon vorher getan hatte, wiederholte für es langsam die Worte seiner Mutter und sagte: »Deine Mutter glaubt, du verstehst nichts. Wenn du verstehst, daß ich mit dir spreche, dann dreh deinen Kopf zu mir, damit auch deine Mutter versteht, daß du mir zuhörst.« In diesem Augenblick drehte das Baby, unter den erschütterten Blicken der Mutter, seinen Kopf zu mir, wodurch es seine gegen die Mutter gekauerte Haltung aufgab, die es seit Beginn der Sitzung einnahm.

Diejenigen, die durch die Psychoanalyse verstanden haben, daß das menschliche Wesen die symbolische Verkörperung dreier Wünsche ist, seines Vaters, seiner Mutter und seines eigenen Wunsches, insofern alle drei sprachbegabte Wesen sind, werden sich darüber nicht wundern. Man kann nicht Kinderanalytiker sein, ohne diesen Glauben an ein Subjekt zu haben, das Subjekt seines eigenen Wunsches, von dem dieser atmende Körper zeugt, auch wenn es denen mißfällt, die auf einen Säugling ihren einzigen Glauben an einen vegetativen Verdauungskanal projizieren, der noch nicht seine volle menschliche symbolische Bedeutung habe: d. h. jenen, die nicht glauben, daß das Leben eines für andere noch unwissenden Kindes der Ausdruck seines Worts, Signifikant seines Verbums »wünschen« ist, unbewußt im Augenblick der Empfängnis Fleisch geworden; die nicht glauben, daß die Entwicklung und der Tod, dem dieses Fleisch geweiht ist, Symbole sind für eine an sich unergründliche Energie auf der Suche nach ihrer Erfüllung durch die Vermittlung vernünftiger Begegnungen, die fortlaufend Sinn schöpfen, einen Sinn, den zu bezeichnen weder das Leben noch der Tod eines Menschen ausreichen. Diese Energie, die uns speist und uns umhüllt, der Geist unseres Fleisches, unseres Verhaltens, unserer Gesten und unserer Worte sind in diesem Sinne nur eine substantielle oder subtile Verdichtung, die Verdichtung des Verbums »sein«, das wir manifestieren, das uns jedoch nicht gehört. Wir bezeichnen es durch unsere Fragen und unsere Antworten, unsere flüchtigen Begegnungen mit unseresgleichen, die einander erkennen, in einer Ohnmacht, die als einzige bei allen Wesen menschlicher Gattung die gleiche ist, wiewohl sie unterschiedlich zum Ausdruck kommt. Die Liebeserregungen, subtile Schwingungen des Wunsches, sind uns eine Quelle des Seins; doch leider ist das Sein, das wir wahrnehmen, stets sterblich, auch wenn es Worte hat, die es übersteigen, vor ihm existieren und es in der Zeit wie im Raum überleben. Jedes Wort kann Sinn für uns nur gewinnen, wenn es durch unsere Wahrnehmungserinnerungen geht, durch den unbewußten Engpaß unseres Körperbildes. Dieses ist Symbol jenes fleischlichen Körpers, den die Lebenserfahrung verstümmelt, verbraucht, verloren hat; doch der Schmerz oder die Lust, die im Laufe dieser Geschichte empfunden wurden, waren von gehörten Worten begleitet, die bei Begegnungen mit Nebenmenschen vernommen und ausgetauscht wurden; und wenn sie für sie die gleichen Empfindungen wie die unseren bezeichnet haben, dann haben sie den Sinn von reinen Signifikanten angenommen, die nun die Macht besitzen, unabhängig von der fleischlichen Gegenwart, uns dem anderen präsent zu machen und den anderen, in seiner Abwesenheit, uns präsent zu machen. Und wir finden Gefallen daran, diesen Worten unser individuelles Empfinden zuzugesellen; ihr Sinn evoziert das unbewußt mit dem verschwundenen Empfinden verbundene Bild.

Diese Worte sind Träger des Narzißmus. Das menschliche Wesen, dank der Sprache in seinen Affekten in Kontakt mit anderen auf diese Weise strukturiert, humanisiert seine Triebe, die gemäß dem Code der mit der Sprache verwobenen Affekte ausdrückbar geworden sind. Durch diese Worte, Signifikanten einer menschlichen Psyche, die mit der anderen in Einklang steht, können wir die Einsamkeit des Kummers und der Freude, die Prüfung der Trennung von den anderen in Raum und Zeit, die Trennung des Todes ertragen; nur der Tod versichert uns durch seine Gewißheit und unser Warten auf ihn der Realität unserer Existenz, uns, die wir, ohne Sprache, einen Begriff vom Sein nur hätten durch die hinfällige Gestalt vergänglichen Fleisches.

Wenn der Psychoanalytiker kleinen Kindern begegnet, die schlecht leben, und sich mit ihnen auf die Suche nach ihrer Wahrheit begibt, ist er weder Pädagoge noch Erzieher, noch weniger Umerzieher und ebensowenig Arzt. Seine Rolle ist dieselbe wie bei seiner psychoanalytischen Arbeit mit Erwachsenen. Nur das physiologische Alter der Analysanden ist verschieden. Diese schlecht lebenden Kinder sprechen mittels ihres verbotenen oder in seinen motorischen Funktionen nicht organisierten Körpers. Sie sprechen auch mittels eines Körpers, dessen vegetative Funktion aus dem Rhythmus gekommen ist oder eine nichtorganisierte, ja desorganisierte kybernetische Funktion aufweist, symbolischer Ausdruck ihrer Lebensangst oder ihrer Not. Sie drücken sich in einer Sprache aus, die sich gegen das wahrhaftige Wort sträubt oder in der das Wort ein Synonym für abwesende Sprache, d. h. für fehlende Kommunikation ist: eine Art Tonband voll aufgezeichneter Wörter, die für den, der sie ausspricht, keinen Sinn haben, wenn sie ausgesprochen werden. Der Psychoanalytiker, der die Begegnung mit solchen Kindern sucht, muß auf die Sprache des Körpers und der Mimik lauschen. Denn vor der Einführung des expressiven Worts existiert schon (und dauert fort auch nach dem imitativen, passiven Erlernen der verbalen und gestischen Sprache) die Sprache der Körperbilder, eingeschrieben in die

Phantasien bezüglich des grundlegenden Narzißmus, des Wunsches und der Bedürfnisse (als Träger angrenzender Wünsche). Es ist diese *Sprache der Körperbilder*[4], die der Kinderanalytiker sowie der Analytiker von Psychotikern verstehen und analysieren muß. Diese Sprache besitzen alle menschlichen Wesen, solange sie leben. Sie allein besitzt das Kind, bevor es durch die autonome Bewegung und die Begegnung mit seinem Spiegelbild in sein Körperschema eingeweiht wird: eine Begegnung, die es zur formalen Identifikation mit den Menschen seiner Umwelt veranlaßt und ausgehend von der Entdeckung dessen, was diese sehen läßt, seine Gebärdensprache und seine Wortsprache, eine zuerst phonetische, dann grammatikalische Sprache, veranlaßt, die der Erwachsenen nachzuahmen. Die Sprache der Bilder des Körpers, der für ein Subjekt der erste Signifikant all seiner Begegnungen ist, wird begleitet von Kynemen des Körperschemas und, sobald das Kind sprechen kann, von Phonemen der vokalen Sprache, und zwar bei jeder Begegnung mit Tieren oder Menschen. Es ist diese (narzißtische) Sprache der Körperbilder, die unbewußt immer mitschwingt, bei jedem Signifikanten und besonders bei den Worten jenseits der stets getrennten Körper; diese Sprache kann sich unbewußt auch stumm durch die Gestik, im Körperschema ausdrücken.

Die totale Aufmerksamkeit, nicht nur die auditive und intellektuelle, wie die Kinder sie von den Erwachsenen kennen, übersteigt die der Erwachsenen. Das Aufmerksamkeitsfeld der Erwachsenen ist seit ihrer Kindheit im allgemeinen beschränkt auf die bewußte Expressivität ihrer selbst sowie auf die Sensibilität durch Kontamination angesichts der Expressivität anderer. Die Impressivität und Expressivität des Kindes, die noch nicht durch die Form der formalen Sprache geprägt sind, entgehen zum größten Teil dem Ohr und der Aufmerksamkeit der Erwachsenen. Kinder z. B. vernehmen und reproduzieren die Geräusche von allem, was sie hören. Die Erwachsenen sind dazu nicht mehr in der Lage.

4 Vgl. unten.

Das Wissen entfernt vom unmittelbaren Sein. Die physische Ohnmacht sowie die neurologische Unvollkommenheit des Kindes bestärken den Erwachsenen in dem Glauben, daß dem Kind ein Erkenntnisvermögen *in actu* fehlt, aber das ist falsch. Das menschliche Subjekt hat im Zustand der Kindheit (Kindheit heißt hier: noch nicht sprechen können) ein ebenso feines Erkenntnisvermögen wie später im Erwachsenenalter; nur kann es davon kein Zeugnis ablegen. Beim Erwachsenen sind die unbewußten oder bewußten Gesichtszüge selbst fast alle spezifisch für das soziale Milieu oder das geographische Gebiet, in dem er aufgezogen wurde; was bedeutet, daß die sogenannten angepaßten Erwachsenen in ihrer Mimik und Gestik auf allen Ausdrucksebenen ihrer Libido die symbolische Kastration erfahren haben; mit anderen Worten, sie wurden dadurch geprägt, daß sie die vielen Mittel zur expressiven Signalisierung, welche die partiellen Mobilisierungen des menschlichen Körperschemas bergen, nicht erhalten haben, was einen hemmenden Effekt hatte. Diese hemmenden Effekte besiegeln die Zugehörigkeit des menschlichen Wesens im Laufe seines Wachstums zu einem Ausdruckscode, der es zu einem verbindenden Element der Familiengruppe macht, von der sein Überleben noch lange Zeit abhängt. Die Familie, in der es groß wird, informiert es über es selbst und die Welt. Es muß ein aktives oder passives sprechendes Element der Wünsche und Bedürfnisse der Subjekte werden, die ihm am nächsten stehen und deren Ethik eine unbewußte Resultante der Triebkomplexe eines jeden ist, der Triebkomplexe, die durch die Interaktionen und Einflüsse derer manipuliert werden, die wirklich die Rolle von Machtinhabern spielen.

Die Erwachsenen bleiben immer mehr oder weniger ihrer impressiven und expressiven grundlegenden Wahrheit unterworfen, d. h. ihr mehr oder weniger entfremdet. Wie oft hören wir nicht einen Erwachsenen von einem Kind sagen: »Es sagt oder macht nur Dummheiten« (d. h. Dinge, die für den Erwachsenen keinen Sinn haben), während das Kind im Gegenteil in all seinen Verhaltensweisen und Reden Gold im Mund hat und authentisch agiert, beseelt von seinem unbewußten) Wunsch, noch nicht völlig (vor dem Ödipuskomplex) in der Identifikation mit einem verantwortlichen sozialen Element befangen. Es wird dies erst durch die Integrierung des Gesetzes, das die alte Flamme der ödipalen Kastrationsangst (die Glut des genitalen Sohneswunschs verzehrt sich ohnmächtig in ihr) in seiner genitalen Libido mit dem Inzestverbot verbindet. Wir wissen z. B., daß die Erwachsenen keine Möglichkeit mehr haben, all die Phoneme auszusprechen, derer die menschliche Kehle in der Kindheit fähig ist; das unbewußte Bild ihres Kehlkopfs zusammen mit dem ihres Gehörs ist unfähig geworden, Laute auszustoßen und oft sogar zu vernehmen, die im sprachlichen Austausch mit seiner Gruppe nicht validiert worden sind, wie er zuerst durch die Mutter, dann durch die Familie signifikativ wird durch die Phoneme der Muttersprache. Dasselbe gilt für den Inzest. Der bewußte Erwachsene ist unfähig, einen genitalen Sohneswunsch zu erfüllen.

Alle menschlichen Wesen sind also unbewußt, aufgrund ihrer sprachlichen Anpassung (im weiten Sinn des Terminus), Verräter an ihrem Empfinden, das sie, aufgrund der Gewohnheit, es niemals wahrhaftig auszudrücken, früher oder später verdrängt haben. Das Empfinden kann dann eingekeilt bleiben, ohne Möglichkeit, sich mitzuteilen. Die Musik ist ein Mittel, physische und emotionale Spannungen in einem anderen auditiven Register als der Sprache auszudrücken; die Musik ist eine »Sublimierung« der auf die Oralität bezogenen Triebe und Affekte. Sie bedient sich, indem sie sie expressiv organisiert, der Frequenzen, Rhythmen und Modulationen, die die gesprochene Sprache verdrängt hat. Im Tanz kann sich durch Bewegungen und verhaltensmäßige und sprachliche expressive Gebärden ausdrücken, was die Schicklichkeit in den gewöhnlichen gestischen Ausdruck zu verdrängen zwang. Der Tanz ist eine auf die Analität bezogene Subliminierung. Triebe und Affekte können alle »subliminiert« werden.

Jeder Künstler ist Vermittler von verbotenen oder verdrängten Ausdrücken, auf welchem sprachlichen Sektor seine Kunst

auch wirkt, wo seine schöpferische Phantasie dieses Verdrängte befreit, das sich zu seiner Zeit nicht auszudrücken vermochte. Er gestattet es auch, daß sich sein aktuales Erleben, und nicht nur sein archaisches Erleben, anders ausdrücken kann als in der üblichen interpersonellen Sprache. Seine Kunst ist spezifisch für seine ursprüngliche libidinöse Struktur: weshalb man die Künstler oft für große Kinder hält. Zu Unrecht: denn die libidinösen Triebe des Erwachsenen, die sich aus einem biologischen Substrat nähren, das mit einem ausgebildeten genitalen Körperschema zusammenhängt, ist grundlegend verschieden von denen des Kindes, das er einmal war. Es ist die ödipale Kastrationsangst, die, wenn durch die Integrierung des Inzestverbots überwunden, der künstlerischen Wahl kreative und soziale Macht verleiht, einer Kunst, durch die sich ein Subjekt in seiner Authentizität und seiner irreduziblen Originalität ausdrückt.
Jene Erwachsenen, die die Prüfung der genitalen ödipalen Kastration nicht vollständig humanisiert hat in der erlebten Übereinstimmung ihrer Worte mit den Worten ihrer Eltern als Antwort auf ihre Empfindungen und ihre Handlungen, oder solche, die verführerische Traumata, die faktisch von den Erwachsenen kamen, in ihrem Kindheitswunsch verstümmelt haben und die während der prägenitalen Sexualität teilweise verkrüppelt wurden, behalten eine strukturelle Schwäche, die in ihrer mimischen Sprache, ihrer gesprochenen Sprache und sogar in ihrer somatischen Sprache durchscheint und sie zu momentan oder endgültig Unangepaßten macht.
Psychosomatiker, Psychotiker, Neurotiker können sicherlich allesamt psychoanalysiert werden und – dank der Übertragung, bei der, in der Beziehung zum Analytiker, die prägenden Prüfungen ihrer Geschichte noch einmal erlebt werden – die Libido wiederfinden, die bisher für die Kommunikation und Kreativität nicht zur Verfügung stand. Im Laufe der Arbeit taucht die Wahrheit ihres Wunsches auf, von seinen Ängsten befreit; die Mobilisierung der so in der Kommunikation mit dem Psychoanalytiker reaktualisierten Triebe macht das Subjekt zum Zeugen dafür; daß sie durch die Begegnung mit der Person des

Analytikers in Worte gefaßt werden, verleiht ihnen menschlichen Wert. Ihr Ausdruck in der Sprache konfrontiert sie mit dem Imaginären des Wunsches sowie mit der Kastration in der Realität. Die analysierte Übertragung ermöglicht es dem Subjekt, seinen Wunsch zu erkennen und seine Triebe, in seiner Beziehung zur Welt, ihrer symbolischen Funktion zuzuführen. Oft hört man, die psychoanalytische Arbeit könne gefährlich sein, sie trenne Ehepaare oder mache Künstler steril. Nun, wenn ihr Zugang zu ihrer Wahrheit dahin führt, daß ihre vorherigen Entscheidungen für sie jeden Sinn verlieren, dann heißt das, daß das Engagement dieser Subjekte nur ein neurotisches Engagement gewesen war und, für Berufskünstler, daß ihre Kreativität nicht authentisch war. Was sie aufgebaut haben, erweist sich bei der psychoanalytischen Arbeit als ein Ausweichen vor der Kommunikation, ein Ausweichen vor der Verantwortung in der Gesellschaft, viel eher denn als das, was die Umwelt darin sah, nämlich den Beweis, daß sie sowohl ihren Wunsch wie seinen Niederschlag in der Wirklichkeit einer verantwortungsvollen Kreativität auf sich genommen hatten. Keine wahre, lebendige Liebe ist je durch die Arbeit der Psychoanalyse zerstörbar. Keine Kommunikation eines authentischen Künstlers ist je durch eine Psychoanalyse sterilisierbar; denn der Künstler nimmt auch weiterhin sehr viel mehr wahr als die anderen, und so bleibt auch sein Wunsch, es den anderen mitzuteilen, bestehen. Was an einem Menschen authentisch ist, ist es nach einer Psychoanalyse nur um so mehr. Aber es stimmt, daß Menschen, denen keine Kommunikation oder Schöpfung im sozialen Leben gelingt, laterale Mittel gefunden haben, sich in einer Zufluchtskunst auszudrücken, die für sie ihren Sinn verliert, wenn sie die Authentizität ihrer Dynamik wiedergefunden haben.

Wenn sich im Laufe einer Psychoanalyse herausstellt, daß das eheliche Band nur einen imaginären und neurotischen Sinn hatte, kann es vorkommen, daß das Verantwortungsgefühl, das sich beim Analysanden entwickelt und verfeinert, ihn dazu zwingt, die Wahrheit zu akzeptieren und seine Ehebande zu zerreißen. Doch die Verantwortung für die Kinder, die aus einer solchen neurotischen Vereinigung hervorgegangen sein mögen, ist ihm dann nur um so bewußter und sein Anteil an ihrer Erziehung nur um so wichtiger. Fest steht, daß das Wiederfinden seiner Wahrheit dem menschlichen Wesen eine sehr viel größere Verantwortung in seinen Handlungen sowie in seiner Beziehung zu anderen auferlegt. Eine Psychoanalyse ist, wenn sie bis zum Ende geführt wird, eine Aufklärungsarbeit hin zur Wahrheit und ein Erwecken der Achtung vor der Freiheit anderer. Ich persönlich kenne viele neurotische Ehepaare, bei denen die Psychoanalyse eines der beiden Gatten die Kommunikation möglich gemacht hat, Ehepaare, die vor der Psychoanalyse keinen Sinn mehr in ihrem Geschlechtsleben oder ihrer Ehegemeinschaft sahen. Vor der Analyse waren sie schon seit langem innerlich getrennt, zuweilen Feinde oder Fremde füreinander, zuweilen (als Überkompensierung) im Verdruß oder in der Opferhaltung regressiv voneinander abhängig geworden, zwei Folgen, die für die Struktur und die Entwicklung zur Autonomie der Kinder, die von solch schlechtverheirateten Eltern erzogen werden, weit schädlicher sind als eine wenngleich nicht ohne Enttäuschung, aber doch ohne Konflikte offiziell vollzogene Trennung.

Doch kehren wir zu unserem Thema zurück, der psychoanalytischen Arbeit mit Psychotikern. Bei Psychotikern muß sich die Psychoanalyse mit der Untersuchung der Bruchstücke von Phantasien befassen, zuweilen mit ihren Spuren in den unbewußten Klüften der gesprochenen Sprache, in den Widersprüchen zwischen den Handlungen und dem mimischen Ausdruck des Gesichts oder dem gestischen des Körpers. Durch genaue Beobachtung muß die Aufmerksamkeit des Analytikers eine archaische oder verschobene, orale, anale oder genitale Erotisierung in Fragmenten des Soma aufspüren: erogenen Zonen, Organen oder Organsystemen, die ihren Wunsch sprechen oder schreien, der in der inkohärenten Ganzheit der Person unkenntlich ist; den gestörten, eingekeilten, verbogenen Sinn aufspüren, den diese Erotik in bezug auf das Ganze gewonnen hat. Eine solche Wahrnehmung bedient sich im Laufe der psychoanalytischen Begegnung der Spuren in Zeichnungen und Knetfiguren, die, von assoziativen Reden begleitet oder nicht, in solchen Momenten für den Analytiker hergestellt werden, in denen der Analysand sich für die Person des Analytikers ausdrückt: ein Ausdruck, der nicht immer während der wirklichen Begegnungen Platz greift, sondern zuweilen in Botschaften zwischen den stummen oder wortreichen Sitzungen besteht. Die eigene Analyse des Psychoanalytikers hat ihn zumindest für sich selbst vorbereitet, was ihm erlaubt, dem anderen für ihn selbst und nur durch seine Geschichte hindurch Aufmerksamkeit zu schenken. Für den Analytiker vergegenwärtigen diese verstreuten Fragmente, diese Phantasiespuren auf seiten des Analysanden, aber auch auf seiten des Analytikers, das Phänomen der Begegnung, sei's der Begegnung mit jedweder Person, sei's der Begegnung mit der Person dieses elektiven Anderen mit dem der Analysand erneut die Gemütsbewegungen seiner Vergangenheit erlebt, und dies ist dann das Phänomen der Übertragung. Doch eine wirkliche »Begegnung«, im Sinn eines Wiedererkennens in menschlicher Sprache zwischen Analysand und Analytiker, findet erst in dem Augenblick statt, da der Analytiker den unbewußten, exekutorischen oder schöpferischen Sinn des emotionalen Empfindens des Analysanden entziffert: das sogar für das Subjekt, das es geliefert hat, ganz oder zum Teil verschleiert ist. Daß der Analytiker redet, ist zuweilen notwendig, manchmal ein Hilfsmittel, und sein Agieren hat stets sprachlichen Wert; er bedient sich seiner, um dem Analysanden seine bedeutsamen Worte besser zu vergegenwärtigen. Bei dieser Entzifferungsarbeit läßt sich beobachten, daß die meisten Fragmente, die der Analysand, in unserem besonderen Fall Dominique, beibrachte, erkannt werden konnten als Teile der verschobenen Sprache eines zugrunde liegenden Wunschs oder als Teile einer Sprache, die in Phantasien abgelenkt war, die darauf abzielten, einen Wunsch des autonom und männlich werdenden Subjekts dadurch auszudrücken, daß sie ihn versteinten; einen Wunsch, dessen Wiedererkennen vor der Analyse weder menschlich noch ethisch empfunden worden war. »Verschoben« kann im übrigen in beiden Bedeutungen verstanden werden: d. h. es handelt sich um einen Wunsch, der in eine andere Zeit als die, in der Dominique ihn erlebt und ihn befriedigen könnte, oder in einen anderen Ort imaginiert wird, anderswohin, dank der Vermittlung der Phantasie eines anderen Körpers als des seinen: ein Körper, den er in eine entfremdete Empfindung phantasiert, die anders und anderswo imaginiert wird als in der aktualen Realität dieses heranwachsenden Knabenkörpers. Und so sind auch die Phantasien die einzigen Ausdrucksmittel während eines großen Teils der Behandlung: es geht um Gefühlsregungen, die, von frühester Kindheit an erstarrt, ein Mittel finden müssen, sich auszudrükken, und die einem Bild des kindlichen Körpers entsprechen, das zu jener Zeit nicht symbolisierbar war und seither verschwunden ist. Dominiques aktualer Körper liefert ihm nicht mehr dieselben Bezugspunkte wie einst. Er ist der Ort erotischer Wahrnehmungen, die menschlich nicht zu klassifizieren sind, mangels symbolischen Austauschs im Laufe seiner Entwicklung mit Erzeugern und Geschwistern, in gesprochenen und – aufgrund deren eigener ödipaler Kastration – vernünftigen zwischenmenschlichen Begegnungen. Erst am Ende seiner Begegnungen mit mir spricht Dominique wie ein gesundes oder neurotisches Wesen, d. h. zu meiner Person und als Antwort auf meine Reden oder meine Fragen. Während eines Großteils der Behandlung ist in seinen Fragen, seinen Worten, nie oder fast nie die Rede von meiner Gegenwart, auch nicht von ihm hier und jetzt; sondern er handelt geheimnisvoll, er spricht abseits oder von anderswo, von anderen Stätten, anderen Begegnungen, anderen Zeiten, von »Personen«, die »nicht prähistorisch« sein sollen und in die sich ein Teil seiner Libido als entfremdete projiziert, erfundenen Körpern zugesprochen, die den bekannten lebenden Arten fremd, der menschlichen Gattung fremd oder von umgekehrtem Geschlecht sind: d. h. in einer erotischen Situation, die sich auf eine Frage seines gegenwärtigen

Körpers, der sich an einen anderen gegenwärtigen Körper wenden würde, nicht zu artikulieren vermag.
Der Panik auslösende, konfus perverse Wunsch, bezogen auf alle libidinösen Stufen, zu Beginn der Begegnung mit meiner Person nicht deutlich auf sich genommen, ist von derselben Art wie der, den Dominique seit seinem Eintritt in die Psychose gegenüber allen anderen Personen immer wieder verspürte. Der Beweis dafür sind die stereotypen Knetfiguren und die stereotypen Zeichnungen, die meist delirierenden Reden, in denen sich Dominique seit Jahren gleichförmig überall ausdrückte und die ich als Zeugnisse der beiden ersten Sitzungen angeführt habe. In dieser delirierenden Rede konnte man hören, wie wir uns erinnern, daß die Autos (Autonomie des Wunschs) sich im Blattwerk der Bäume (auf den pflanzlichen Körper bezogenes Körperbild, im viszeralen Unsagbaren der Angst) verkrochen und versteckten.
Schon in der zweiten Sitzung setzt eine Modifikation ein. Die »Person« wird mit zwei Achsen geknetet, die den Torso einrahmen, statt nur einer einzigen, wie es seit Jahren der Fall war.[5]
Bei diesem verweigerten Kontakt, der Dominique charakterisierte, war es mir zu Beginn der Behandlung unmöglich, ihn zu verstehen, nicht aber, ihm zuzuhören oder ihm mein Ohr zu leihen, indem ich versuchte, ein Verständnis für ihn zu artikulieren: man achte auf den Unterschied der Ohren der neuen Person und der stereotypen Person.
Erst gegen Ende der Behandlung der Psychose – da, sofern möglich, die Behandlung der Neurose einsetzen müßte – verstehen wir, was Dominique bei jedem menschlichen Wesen befürchtete. Nämlich – gemäß der Erfahrung mit Personen, denen er früher begegnet war – die Nichtanerkennung seiner Ängste, die einem kannibalischen und inzestuösen Wunsch entsprangen; einem Wunsch, der ständig geschürt und überreizt wurde, weil sich seinem Körper und seinem Geschlecht der Körper seiner Mutter aufzwang und er dadurch die gefährliche Versu-

5 Siehe S. 44 und S. 16.

chung verspürte, sich auf allen Ebenen durch und in seinem Körper zu erfüllen: einem Körper, der nicht einmal mehr wußte und es immer weniger hätte wissen können, ob er ein männlicher oder ein weiblicher war, derjenige irgendeiner historischen, prähistorischen oder halluzinierten, para- oder antihistorischen Art.

Doch zu Beginn der Behandlung galt es nicht, dem nachzuspüren, wovor Dominique sich fürchtete; vielmehr wie er sich in seiner Panik fühlte; um dies zu erfahren, mußte ich in der Übertragung zu verstehen versuchen, wie er meine Gegenwart empfand und dadurch der Phantasie ins Auge sah, die ich, wie im übrigen jeder Mensch, in ihm wachrief. Die gekneteten und gezeichneten Darstellungen haben, durch ihre Varianten, als Veranschaulichungen, als Bilder sowohl der Phantasien des vermittelnden Körpers wie der Sperre gegen die Begegnung mit mir gedient.

Einige erklärende Worte über mein Tun als Antwort auf seine wenig übliche Sprache haben Dominique den Eindruck einer Begegnung verschafft. Wir erinnern uns des Augenblicks, da er, gleichsam in die Luft gesprochen und schmetternd sagte: »Manchmal, wenn ich aufwache, denke ich, daß mir eine wahre Geschichte passiert ist«, worauf ich antwortete: »Und wer hat dich unwahr gemacht«, und er augenblicklich erwiderte: »Ja, genau, das ist es! aber woher wissen Sie das?« Die ersten Worte eines Kindes oder eines Psychotikers sind wie der erste Traum des erwachsenen Neurotikers. Sie registrieren und hören zu können als voll des Sinns alles Folgenden, ist äußerst wichtig, und weil ich ihm sagte, daß ich es nicht von mir aus wüßte, sondern daß er es war, der es mir gerade zu verstehen gegeben hatte, daß also sein eigener, von mir in Empfang genommener Ausdruck es war, der mich in Worten hat antworten lassen, die er als wahr empfand, ein Beweis dafür, daß ich ihn gehört und verstanden hatte – gerade dies hat bei ihm den Eindruck eines neuen Zuhörens, den Eindruck der Begegnung hinterlassen, den Eindruck, daß das Schweigen meines Zuhörens voller Sinn war, voll jenes Sinns, von dem er spricht: »Lärm, Lärm, und dann plötzlich völlige Stille, daß man eine Fliege hören könnte. Ich mag das.« Eindruck der Stille zu mehreren, nach dem Lärm der Worte, was zweifellos mit der Erinnerung an den elterlichen Koitus in ihrem Zimmer assoziiert wurde, der Dominique beschäftigte, als er klein war, d. h. die Stille der schöpferischen Begegnung in der Angst der Fliegen, die den Milchkühen (seiner Mutter oder mir) die Ruhe raubt; signifikant vielleicht auch für die verfolgungswütige Eifersucht des Zeugen, der ich war und in den Dominiques Kindheitserinnerungen sich projizierten: ich, ein auditiver und visueller Zeuge seines Verhaltens zu sich selbst, durch das Dominique eine Art konstanten körperlichen Kontakts vergegenwärtigte, der in einer stummen Phantasie autistisch und steril von neuem erlebt wurde.

Doch diese Begegnung reihte mich weiterhin unter die sehr gefährlichen Personen ein; da mich seine Umwelt als gültig anerkannte, mußte ich den anderen ähneln und mit ihnen unter einer Decke stecken. Ich war wohl auch infiziert von jenem Unverständnis und jener Mißbilligung, die seine Umwelt gegenüber seiner Angst zeigte, ich meine jenem symptomatischen Habitus, der ihn zu einem Ausgestoßenen machte. Deshalb war bis zur vierten Sitzung die Übertragung, im Vertrauen und Mißtrauen, sehr ambivalent.

Erst nach und nach, durch Eindrücke einer sinnvollen Begegnung, gelangte ich, dank meines Zuhörens in der Übertragung, an seine Peripherie, kohäsiv, nahe, aber ihm äußerlich, ihm, der seinerseits kohäsiv wurde, nicht zerstückelt von mir, in der er sich, ohne Körperkontakt, spiegelte und den Ausdrucksraum ermaß, in dem er sich von nun an situieren, beziehen und (mit mir) kommunizieren konnte, ohne die Gefahr, durch einen Wunsch (den meinen) kooptiert oder zerstört zu werden, einen Wunsch, den er nach dem Muster des seinen als kannibalisch verstümmelnd projizierte.

Auf diese Weise wird, in der Übertragung, der Psychoanalytiker zum Symbol des Zusammenhalts der sich herausbildenden Person, der Person des Psychotikers. Gleichzeitig wird er zum Vertreter des bezeugten Gedächtnisses eines wiederholt verspürten Empfindens, das die Bedeutung einer narzißtischen libidinösen Versöhnung gewinnt. Dieser Prozeß kommt dadurch zustande, daß das Ausgedrückte des Analysanden vom Analytiker stets als gültig anerkannt wird, auch wenn er es bewußt nicht versteht. Dieses Phänomen ist an sich selbst symbolisch für eine authentische Begegnung mit einem Wesen menschlicher Gattung[6], dessen äußerer Schein die restlichen Spuren der Vergangenheit weckt, ohne die zersetzende Wirkung einer sensorisch-kinästhetischen Destrukturierung nach sich zu ziehen. Die bestehende Varianz dessen, was das Subjekt im Kontakt mit dem Psychoanalytiker wahrnimmt, muß ähnliche Empfindungen unterschiedlicher Intensität bei anderen Umständen, deren Begegnungen heraufbeschwören, die anderswo, zu anderen Zeiten, an anderen Orten und mit anderen Personen, anderen Lebewesen, anderen Dingen stattgefunden haben; doch diese Begegnung, hier und jetzt, ist der Garant für die Dynamik des hier gegenwärtigen Körpers, und nicht eines Körpers, der mit dem wiedergefundenen Imaginären in seiner Realität entschwindet. All dies ist möglich nur im Phänomen der Übertragung, durch die Vermittlung dessen, was der Analysand ausdrückt, und dessen, was der Analytiker zu erhalten beweist. Der Analytiker selbst wird weder sentimental noch sensorisch von den Phantasien berührt: der Analysand findet ihn stets als den gleichen wieder. Seine Realität bleibt im Laufe der Sitzungen die gleiche, wie groß die Angst und die Gewalt der Triebe auch sein mag, die der Analysand zum Ausdruck bringt. Der Analytiker kann nun in aller Ruhe an seinem Platz und in seiner imaginären Rolle betrachtet werden, als die andere Seite des symbolischen Feldes, statt in einem körperlichen Kontakt zu verschmelzen, was geschehen könnte, wenn spielerischer oder bemutternder Körperkontakt bestünde, und nicht das Gespräch aus körperlicher Distanz zwischen Analysand und Analytiker.

Um die in das Verhalten, die Zeichnungen, die Knetfiguren und die Reden des Analysanden abgelenkte und verschobene Spra-

6 Vgl. das Ich und seine Beziehungen zum »ich«, S. 227.

che zu untersuchen, steht der Psychoanalytiker Phantasien gegenüber (sogar Phantasien von Phantasien[7]), Masken wie Zwiebelschalen, so könnte man sagen, »Widerständen«, die er unbedingt respektieren muß, wenn er dem Subjekt in seinem Verhältnis zu sich selbst beistehen will, das als verhüllt erkannt wurde, dem es aber auch freisteht, es zu bleiben.

Wenn das Subjekt einen Ausdruck oder ein Verständnis seines Ausdrucks beim Analytiker gefunden hat, über welche Mittel verfügt dann dieser letztere, um die Erkenntnis der bewußten Wirkung der Begegnung hervorzurufen? Er verfügt meiner Meinung nach über eine Verbalisierung, welche die vom Subjekt tatsächlich erlebten Ereignisse kundtut, und zwar sofort, in ein und derselben Sitzung, indem sie sie deutet als wahrscheinlich mit einem früheren historischen Ereignis assoziiert, oder sie mit einem Ereignis verknüpft, von dem er, der Analytiker, Kenntnis erlangt hat, entweder durch eine frühere Aussage des Analysanden oder durch eine Information seitens der verantwortlichen Umwelt, der Eltern. Der Psychoanalytiker muß im übrigen die Quellen seiner Information preisgeben, wenn sie nicht in Gegenwart des Analysanden gegeben wurden. Ich spreche hier von einem ausgeschlossenen, entfremdeten Subjekt sowie von einem Subjekt, das noch zu kindlich ist, als daß es die Koordinaten der Ereignisse hätte fixieren können, in die es emotional verwickelt war, die es geprägt haben und die in den Reden auftauchen, die es darüber hält – sowie in den Phantasien, die seine Zeichnungen und Knetfiguren während der Sitzungen begleiten –, Reden, die den libidinösen Stil jener Zeit enthüllen und gleichzeitig verschleiern, da es sie erlebte, ohne sie zu integrieren. Dann werden die Spuren interpretierbar, die auf die Totalität der erlebten historischen Tatsache verweisen, weil in der Übertragung erneut evoziert. Und ebendiese Bezugnahme auf das erlebte Faktum ist die Analyse der Übertragung.

7 Vgl. im Fall von Dominique die Kuh, die träumt, sie sei ein Ochse, oben, S. 62 (vierte Sitzung).

Abgesehen davon verfügt der Psychoanalytiker über sein eigenes Verständnis, dasjenige, zu dem ihm die Erfahrung seiner eigenen Psychoanalyse sowie zahlreicher Beobachtungen gesunder Kinder in ihren prägenitalen Epochen verholfen hat; Epochen, in denen sie spontan durch Abwehrmittel, Reaktionen der Simulation oder schöpferische, symbolische, mythomanische, abwegige Reaktionen oder auch durch »Symptome« genannte Reaktionen auf die Prüfungen der Ohnmacht oder der Kastration reagieren; alles Reaktionen, die im Fall von sogenannten normalen Kindern so lange wie nötig ihren Narzißmus stützen und dazu beitragen, ihre Persönlichkeit gegenüber den realen Prüfungen und den Traumata zu strukturieren, die alle Menschen mit unterschiedlicher Intensität erleben.
Es erscheint mir unmöglich, sich mit Psychotikern zu befassen, ohne Kenntnis und Verständnis der Kinder unter drei Jahren zu haben. Viele somatische Störungen der Erwachsenen resultieren aus der Ausschließung der für die rekurrenten prägenitalen Gefühlsregungen tauglichen Ausdrucksmittel, Gefühlsregungen, deren Schauplatz die Subjekte sind bei einigen ihrer emotionalen, elektiven oder nicht elektiven Beziehungen, d. h. solchen, die von ihnen als erotisch empfunden werden oder nicht, es jedoch sind. Ich denke an jene psychosomatischen Reaktionen bei gewissen Begegnungen während der Arbeit, Begegnungen mit dem Chef, den Kollegen, die Spannungen hervorrufen; oder an jene zuweilen kritischen Spannungsregelungen in Familien, in denen Kinder verschiedenen Alters leben und jeder Beteiligte auf einer anderen libidinösen Entwicklungsstufe steht. Dann müssen einige dieser Kinder Prüfungen durchmachen, die mit dem Leben in Gemeinschaft zusammenhängen und die sie zuweilen so stark berühren, daß sie durch das Verhalten der anderen Geschwister in ihrer psychischen Struktur erschüttert oder zerstört werden: nicht aufgrund dieser Verhaltensweisen selbst, sondern aufgrund dessen, was sie im Imaginären für sie darstellen – in bezug auf die unbewußten Instanzen ihrer Psyche, die stets mehr oder weniger auf eines der Elternteile bezogen werden: es kommt dem Kind so vor, als

werde eines der Elternteile, in bezug auf es oder in bezug auf den anderen Elternteil, aus seiner Rolle gedrängt durch diesen Bruder oder jene Schwester, die bei Gelegenheit der gültige Partner des zweiten Elternteils anstelle des Gatten werden. Das ödipale Dreieck, Grundlage für die Struktur jedes menschlichen Wesens bis gegen Ende des Ödipuskomplexes, wird damit geschwächt oder aus den Fugen gehoben.

Wenn sich die Kinder in einem Zustand besonderer Bereitschaft oder Überanstrengung befinden, sind sie für solche Störungen noch anfälliger. Dann können die Schlüsseldimensionen des Gleichgewichts einer jeden ihrer vergangenen libidinösen Etappen durch Kontamination erneut in Frage gestellt werden: z. B. zwischen 10 und 20 Monaten das Tabu des Kannibalismus, wenn sie sehen, daß ein Nachgeborener an der Brust saugt, oder auch das Tabu des Mords, vor allem zwischen 2 und 3 Jahren, wenn sie, einen Vertreter des augenblicklichen Idealichs verherrlichend, vom Tod sprechen hören, der während eines Gefechts mit Absicht gegeben oder empfangen wurde; oder es vollzieht sich eine Destrukturierung der narzißtischen Grundlagen, wenn das Kind Ereignissen beiwohnt, die für die Eltern demütigend sind, oder wenn es falsche oder wahre abschätzige Reden bezüglich der Eltern vernimmt, sobald sie von Personen kommen, die das Kind respektiert, während seine Eltern noch die Vertreter seines Idealichs sind: dies ist bei einem Kind der Fall, das die Prüfung des Ödipuskomplexes nicht bestanden hat oder mit seiner spezifischen Angst ringt. Die im Kontakt mit den Eltern erworbenen Kenntnisse, die als Ausgangsbasis, d. h. als Sprungbrett oder Stütze für kulturelle Haltungen, also der strukturierenden symbolischen Funktion seiner Person dienten, können damit geschwächt oder sogar zerstört werden.[8]

8 Die durch diese Wunden bedingten Symptome sind sehr verschieden, sie reichen von der »Laune« (Mikro-Hysterie), stets ein Zeichen der Angst, bis zu den diversen Dysfunktionen in der Sprache, der Schrift, im Schulleben zur Gleichgültigkeit gegenüber dem Spiel, über Zustände organischer Devitalisationen, die die Angst der Umwelt, den Besuch des Arztes sowie die unnötigen oder schädlichen symptomatischen Therapien veterinären Stils nach sich ziehen. Zuweilen schwächen die unbewußten affektiven Symptome den organischen Bereich und führen,

Im Laufe der Entwicklung des menschlichen Wesens vollziehen sich erotische Mutationen, die sich sowohl der physiologischen Entwicklung des Körpers wie den imaginären Erfahrungen verdanken, insbesondere den nicht verbalisierten sensorischen Wahrnehmungen, die das Kind auf sich nehmen mußte. Ihre Symbolisierung, die notwendig ist, damit diese Erfahrungen überwunden werden können, hängt zum Teil von den Worten und emotionalen Reaktionen der Erwachsenen ab, sowie davon, ob zu jener Zeit der ethische Wert der libidinösen Äußerungen bekräftigt oder entkräftet wird, die das Kind von dem gibt, was es denkt, was es sieht, was es tut, oder von dem, was es tun sieht. Die Elternpersonen, bei denen ihm gar nichts anderes übrigbleibt, als zu versuchen, sich mit ihnen zu identifizieren, als Vertretern (in erwachsenen Körpern) seiner selbst, der auf dem Wege ist, ein Erwachsener zu werden, sind besonders bedeutsam. Durch das Phänomen der Begegnung hindurch, so wie es sich zwischen einem Psychoanalytiker und seinem Patienten in der Beziehung der Übertragung ereignet, findet somit das Subjekt sich selbst wieder als Subjekt, das anderswo wohnt als in seinem Körper und es informiert: dank der Übertragungsbeziehung und durch das Prisma einer Historizität hindurch, die es mit den Lebewesen derselben familiären oder sozialen menschlichen Gruppe teilt, die in bezug auf den Phallus, d. h. den unbestrittenen Wert, libidinös besetzt ist.
Aus diesem Grunde scheinen in jedem Fall alle Personen, die dazu beigetragen haben, die Struktur des Subjekts zu bestimmen, für letzteres durch ihren Wunsch mit dem seinen vermischt zu sein, als Grund für seine Schwierigkeiten. Die Gefühle des Unbehagens, der Schuld suchen nach Verantwortlichen, wenn nicht Schuldigen. In der über die Psychoanalyse uninformierten oder nicht genug informierten Öffentlichkeit hört man Sätze der Art: wegen diesem oder jenem ist er so ge-

aufgrund des geringeren Widerstands gegen pathogene Keime, zu schweren organischen Krankheiten. Die frühe wie die spätere Kindheit sind die Zeiten des Psychosomatischen, das die Gesundheit wie die Krankheit beherrscht (siehe *Psychoanalyse und Pädiatrie*).

worden; bei solchen Eltern ... usw. Aber nicht immer sind die Ereignisse der Realität, auch nicht das erzieherische Verhalten der Eltern, seien sie außergewöhnlich oder banal, die wirkliche Ursache für psychotische und neurotische Störungen. Es geht hier um eine Dialektik. Ob die Persönlichkeiten der elterlichen oder erzieherischen Umwelt in bezug auf eine Pseudo-Normalität, die es in der Erziehung nicht gibt, beeinträchtigt worden sind oder immer noch beeinträchtigt werden, ob sie in bezug auf stets schwammige Kriterien nicht an die Gesellschaft angepaßt sind oder ob sie verschwunden sind – das alles ist von geringer oder gar keiner Bedeutung: vor allen Dingen von dem Moment an nicht, da das Kind in der Psychoanalyse ist.

Auch nicht das reale Ereignis – das als Erinnerung wiederkehrt oder im Gedächtnis fixiert bleibt – ist an sich selbst von Bedeutung; sondern die von Depersonalisierung oder Verzerrung des menschlichen Werts kontaminierte Erregung, die das Subjekt darüber empfunden hat, die es überlebt hat und auf die zu verzichten es akzeptieren muß. Denn auf diese Erregung, die auf ihre Weise narzißierend war, schon aufgrund der Tatsache, daß das Subjekt in seinem Körper am Leben blieb, kann das Subjekt in der Tat sehr schwer verzichten, ob die Erinnerung nun Teil seines persönlichen Mythos ist oder ob es Zeugen für sie hat. Deshalb muß es durch die Übertragung hindurchgehen, dank der sich alles reaktualisiert, und dann den Psychoanalytiker – seinen Arbeitsgefährten – gleichzeitig mit seiner Vergangenheit verwinden.

Alles, was in den Reden, den registrierten Ereignissen oder elterlichen Verhaltensweisen darauf schließen läßt, daß der Inzest, der Mord, der Kannibalismus erlaubte Wünsche sind, Wünsche, deren Befriedigung allein die Ohnmacht des Kindes, das zu früh geboren wird, aufschiebt, all dies bildet tatsächlich traumatische Erfahrungen. Die behütete Erziehung, in der das Kind in Unwissenheit über die realen Prüfungen seiner Eltern belassen und von ihnen im Status eines sexuell und politisch Unmündigen gehalten wird, ist ebenfalls eine traumatisierende Erziehung, weil ohne Abgrenzung durch Worte zwischen dem

Imaginären und der Realität. Doch diese traumatischen Erfahrungen, die im Laufe der Entwicklung gemacht wurden, gehen mit dem Aufbau des Narzißmus des Subjekts einher und sind aus diesem Grunde eng mit seinem Auf-der-Welt-Sein verbunden. Deshalb kann eine intellektuelle Aufklärung, das, was man eine »Bewußtwerdung« nennt, nicht ausreichen, die Dynamik des Unbewußten zu befreien. Zunächst muß sich die Beziehung des Narzißmus des Subjekts zu seinem Psychoanalytiker herstellen. Sodann muß der Analysand, durch die Arbeit der Analyse, den Ablauf der freien Assoziationen, die Untersuchung der Träume, in der Beziehung zu seinem Analytiker archaische emotionale Zustände noch einmal durchleben und auf diese Weise seine imaginäre Welt mit der Realität konfrontieren – eine peinsame und oft erschütternde Konfrontation, eine Prüfung, welche die Beziehung zum Analytiker ertragen hilft und von der das Wiederfinden der verlorenen symbolischen Ordnung abhängt. Jede Begegnung mit einem derart frühzeitig im Laufe einer behüteten Erziehung traumatisierten Subjekt weckt früher oder später, ausgedrückt in der Übertragungssituation, Wünsche, die in ihrem Streben nach Erfüllung als ethisch gültig eingeschrieben sind, die aber, durch die Enthumanisierung, den Verlust der Kreativität, deren Träger nun ihre Erfüllung in der Realität wäre, die Selbstbilder vernichten würden, falls sie anderswo als in der analytischen Beziehung auftauchten. Das menschliche Selbstbild aber ist in der Gesellschaft die gewöhnliche und notwendige Stütze des gesunden Narzißmus. Außerdem bedeutet für das Subjekt selbst die völlige oder partielle Vernichtung des Körperbildes das Emportauchen der Todestriebe. Um ein solches Emportauchen zu vermeiden, zieht das Subjekt es auch vor, seinen Narzißmus in die Phantasien eines anderen Selbst einzuschreiben, das nicht auf seinen eigenen Körper oder auf diesen genital sexuierten Körper bezogen wird, der in der Realität der seine ist, oder nicht einmal menschlich ist, was es zum Delirium führen kann. Das Subjekt zieht es auch vor, seine Todestriebe einem anderen menschlichen Wesen zuzuschreiben, dem Analytiker, der dank der Übertragung in der Tat entweder das Subjekt selbst oder eine andere für es reale Person aus der Gegenwart oder seiner Kindheit, oder auch eine symbolische oder geisterhafte und sogar magische Figur darzustellen, in Zeit und Raum zu reaktualisieren scheint.

Deshalb ist die Begegnung mit einem Subjekt, das unter der Spannung von Todestrieben steht, wie es beim Psychotiker der Fall ist, die Realität, die der Analytiker ohne Phantasien auf sich nehmen muß, d. h. ohne narzißtischen Wert für ihn selbst, damit diese traumatisierten und psychotischen Subjekte ihre gefährliche Wahl weiterverfolgen können, ihre gefährliche Wette menschlichen Ausharrens in jenen Begegnungen, die von all den unbewußten Triebresonanzen des Lebens oder des Todes überschwemmt werden, die nicht beherrschbar wären, wenn sie nicht in einer Übertragung symbolisiert würden.
Beim Psychotiker verursachen die Lebenstriebe das Auftauchen der Todesangst, die seinen eigenen Körper umschlingt, die Abwehrmechanismen lähmt und sogar jede Dynamik vernichten kann; dann tauchen, entmischt von den Lebenstrieben, die Todestriebe auf, dank derer die Angst verschwindet. Doch da die Todestriebe nicht symbolisierbar sind, beeinträchtigt ihr Vorherrschen jede Ethik.

Beim Neurotiker gibt es immer nur die Angst vor der Kastration einer erogenen Zone in Beziehung zu einem Wunsch, den das Über-Ich verbietet: diese Angst ist stets eine Bestätigung des Lebens für seinen eigenen Körper, dessen Bild dank der Kastrationsangst bewahrt wird, die beim Erwachsenen niemals vom genitalen Wunsch zu trennen ist, dem er seinen Wert verleiht. Der Narzißmus wird dann ethisch von der Angst überbewertet, die dem Subjekt sein menschliches Gesicht bestätigt, das, untrennbar von seinem Körper, ihn als vernunftbegabtes, für seine Worte und Taten verantwortliches Wesen spezifiziert. Die Angst ist tatsächlich die Prüfung, durch die das Subjekt im Augenblick des Ödipuskomplexes, und dann wieder in der Pubertät, das Gesetz erfährt, das, wenn die respektierte Autorität

(Vater oder Ersatz) es ausspricht, das Subjekt in die Gesellschaft der Menschen eingliedert.
Dies ist die psychoanalytische Erfahrung, die die Therapie der Psychotiker mir bezüglich der spezifischen zwischenmenschlichen Begegnung zu machen erlaubte, die die Übertragung vermittelt, wenn der Ausschluß der libidinösen Triebe durch die verkörperte Unvernunft und Abweichung symbolisiert wird. In der Tat sind die Symptome symbolische Folgen der Information, in einem wichtigen libidinösen Augenblick während der Strukturierung oder Entwicklung des Subjekts, über sein Ichideal durch ein Idealich, das von einer erzieherischen Instanz mit mystifizierender, pervertierter oder abwesender Sprache vergegenwärtigt wurde. Das Ichideal, das nicht beschützt und nicht von einer Ethik bestätigt wird, die sich genital an der männlichen oder der weiblichen Richtung des Körperschemas orientiert, gemäß der aktualen Raum-Zeit, in jedem Augenblick des erprobten Körperschemas des Subjekts, denzentriert es vom Wort und liefert es, gleichsam magisch, den Todestrieben und dem Zerfall des Bildes eines Körpers aus, der »das Gesicht verloren« hat: das Gesicht, Ort des symbolischen Bandes des Körpers eines menschlichen Wesens und seines Worts.
Zum Abschluß möchte ich noch sagen, daß es auf der Hand liegt, daß all diese Überlegungen nicht während der Arbeit und der Begegnung mit Dominique angestellt wurden. Alle Reflexionen, die ich im Verlauf dieses Falles notierte, sowie diejenigen, die ich im folgenden niederlege, verdanke ich der erneuten Lektüre der Sitzungen, die ich wörtlich oder fast wörtlich mitschrieb, sowie den Knetfiguren, die ich in den verschiedenen Phasen ihrer Ausfertigung skizzierte und damit registrierte. Über diese Sitzungen habe ich, indem ich sie berichtete, nachträglich nachgedacht. Ich habe nachgedacht über die Bedeutung dessen, was Dominique manifestierte – sowohl durch seine Reden wie durch seine graphischen und plastischen Ausdrucksformen und durch den modulierten Strom seiner Kommunikation in der Übertragung. Ich, ganz Auge und Ohr, ganz präsent für die Begegnung mit ihm, ich fühlte, daß ich der Re-

sonanzboden seiner Wahrheit war, die sich ihm durch mich, seine Psychoanalytikerin hindurch, mitteilte. Daß ich augenblicklich ihren Sinn verstanden hätte, stimmt nicht. Ich hörte zu, registrierte, »es« reagierte spontan in mir. Wenn ich zu verstehen glaubte, sprach ich gemäß dem, was ich verstand. Daß ich ihn später in gewisser Weise besser verstanden habe, kann ich zugeben. Wie dem auch sei, man sieht, daß wir von einer Arbeit zu zweit in Anspruch genommen waren, und durch das Zeugnis, das ich von ihr ablege, hoffe ich, daß diese Arbeit eine Arbeit zu mehreren und sogar zu vielen werden kann.
Dominique und ich sind Vertreter zweier Welten, denen es gelungen ist, miteinander zu kommunizieren. Beide der Sprache mächtig, ich an die Sprache der größeren Zahl mehr angepaßt, er weniger; ich weniger mißtrauisch ihm gegenüber als er mir gegenüber; ich mit dem richtigen oder falschen Gedanken, daß sein psychotisch genannter *Habitus* ihn daran hindern würde, seine menschliche, schöpferische Berufung zu erfüllen, weshalb ich versuchte, ihn durch mein Verständnis dorthin gelangen zu lassen. Der Leser findet hier das Zeugnis dieser symbolischen Beziehung; sie fixiert auch einen kurzen Moment der psychoanalytischen Forschung unserer Zeit, zu der beizutragen mein Wunsch ist.

Anhang

Erläuterungen zur Freudschen Theorie der Instanzen der Psyche im Laufe der Entwicklung der Sexualität, in bezug zum Ödipuskomplex. Neurose und Psychose

Ein Kind, das zur Sprache gelangt, spricht von sich in der dritten Person; es ist die dritte Person des Trios Vater, Mutter, Kind.

Wenn das Kind »ich« sagt, bezeichnet es immer »ich (meine Mama)« oder »ich (mein Papa)«.
Der Begriff seiner Existenz ist für jeden Menschen sowohl mit sich selbst verknüpft wie in seinem Körper situiert und mit einem anderen in bezug gesetzt, der wieder mit anderen in Beziehung steht.
In der Freudschen Psychoanalyse spricht man vom Ich – vom Idealich –, vom Über-Ich und vom Ichideal als Instanzen der Psyche, dynamischen Instanzen, die aus der Libido hervorgehen, d. h. aus dem Es: einer Libido, die den Wunsch fokalisiert. Zwischen diesen Instanzen entsteht eine unbewußte energetische Ökonomie.
Ich werde versuchen, den praktischen Sinn zu erhellen, der diesen Instanzen gegeben werden muß: einen Sinn, der durch das Verständnis ihrer dynamischen Rolle in der Entwicklung des Kindes seinen Wert gewinnt und uns erlaubt, die Herausbildung der symbolischen Struktur des menschlichen Wesens zu verfolgen wie auch seine pathologische Strukturierung zu verstehen.

Das Ich

Das Subjekt des Wunsches gelangt nach und nach zum Begriff seiner autonomen, bewußten Existenz. Es gelangt bewußt dahin nur mit dem Personalpronomen »ich«, das spät in der Sprache auftritt, lange nach dem »du« und dem »er« oder »sie«, und das stets das Subjekt bezeichnet, das sich aus der Quelle des Es speist, durch das Prisma des Ichs hindurch, sowie den Körper, der es repräsentiert.
Ein »unbewußtes ich« scheint jedoch schon vor der Sprache zu bestehen und muß als organisierende Instanz des Fötus im Gespräch mit dem unbewußten »ich« seiner Eltern betrachtet werden. Dieses »unbewußte ich«, im traumlosen Schlaf gegenwärtig, ist das Subjekt des Wunsches zu leben, zu wachsen, sich durch seine Taten mittels der Kreativität zu erfüllen und nach Erschöpfung der Lebenstriebe zu sterben, welche das Ich selbst

schützen und verteidigen, das Ich als körperlichen Vertreter der menschlichen und sterblichen Art; dieses Ich, das andererseits das mit dem Vornamen verwachsene »ich« manifestiert und gleichzeitig immer den aus dem Es stammenden Trieben unterworfen bleibt.

Was den an den Vornamen angehängten Vaternamen betrifft, so ist er mit dem Geschlecht des Subjekts verwachsen und von der Struktur des ödipalen Ichs nicht zu trennen. Durch seine Phoneme führt er das Subjekt in das Gesetz ein, das ihm gegenüber den inzestuösen Wunsch seiner Erzeuger, Vorfahren, Seitenverwandten und Nachfahren verbietet. Dieser Name, der das Subjekt, durch seinen Körper, mit einer Linie assoziiert, legitimiert auch ihm gegenüber, als Sohn oder Tochter, die fürsorgende Verantwortung seiner Erzeuger in der Jugend sowie die seine ihnen gegenüber im Alter. Das Subjekt wird bei seiner Geburt *de jure* eine narzißtische Verlängerung ihrer Ichs, die verbunden sind oder nicht durch das Gesetz, das selbst durch diesen Vaternamen bezeichnet ist. Dieser verschränkt also sprachlich und unbewußt (bevor er bewußt ist) die Existenz des Subjekts mit dem Ödipus seiner Eltern, mit dem ihre Nachkommenschaft sie konfrontiert; durch den Vaternamen, den sie ihr verleihen, verkünden sie ihr das Gesetz der keuschen Liebe, das in der Sprache eingeschlossen ist, noch bevor ihr Wunsch ihr gegenübersteht.

Während der Vorname für das Subjekt über seinen Tod hinaus symbolisch ist, ist der Nachname symbolisch für die Kastration des Wunschs der Erzeuger, von denen die einen in bezug auf die anderen erzeugt sind. Das Verbot des inzestuösen Wunsches bezeichnet die Filiation, die ein von seinem Körper ungetrenntes Subjekt zum repräsentativen Objekt einer Linie macht, die jedes menschliche Wesen auch für sich und für andere ist.

Das Idealich ist eine weitere unbewußte Instanz der Psyche. Es wird *stets durch ein Lebewesen repräsentiert, ein Objekt, um dessen Ähnlichkeit das Subjekt sich bewirbt:* so als ob dieses Lebewesen die Realisierung einer antizipierten Etappe des Subjekts darstellte, die es in seinem Wunsch zu erreichen hofft. Das Idealich wird stets in der erfaßbaren Realität gesucht. Das Idealich ist für das Subjekt verführerisch und eine Stütze der Trieborganisation. Das menschliche Wesen, das es darstellt, hat symbolischen, phallischen Wert, d. h. absoluten Wert für die Libido des Subjekts. Der Körper dessen, der das Idealich vergegenwärtigt, ist für das Subjekt vor der Entdeckung des Geschlechtsunterschieds der Definition nach ein Nebenmensch mit dem gleichen Geschlecht wie es. Deshalb kann in der ersten Kindheit das Idealich für das Kind sowohl die Mutter wie der Vater oder jeder andere menschliche Vertreter sein, der dem Kind heldenhaft zu sein scheint, aufgrund des Werts, den die Umwelt ihm verleiht und den das Kind ihm durch Kontamination ebenfalls zuspricht. Das Idealich stellt für das Subjekt einen Zustand der Vollkommenheit, der Zwanglosigkeit und der Macht in einem Körper dar, der in seiner Natur dem seinen gleicht, nur tüchtiger ist als er im Augenblick.

Kurz, das Idealich ist ein *narzißierendes Bild* des Subjekts, das sich in einem Körper, der anfangs total hilflos, total abhängig ist, nach einem Muster entwickelt, das seiner Art entspricht, einem Muster, von dem es eine Ahnung hat, wie alles beweist. Ein entwickeltes, fertiges Bild von sich selbst ruft es, sowohl auf biologischer wie auf emotionaler Ebene; es stellt sich zunächst in Form der schützenden Erwachsenen dar, sodann als irgend jemand, der ihm durch seine Eltern und die soziale Umwelt wertvoll gemacht wurde. Das Idealich ist also exemplarisch. Es konfrontiert das Imaginäre des Kindes mit einer Realität. Die imaginäre Abhängigkeit des Kindes von dieser Realität narzißiert es, spornt die Triebe dazu an, in die Verwirklichungen einzufließen, die es sein Idealich vollbringen sieht. Was »Ich«, das in seinem Körper lokalisierte und sich so nennende Subjekt, wünscht, besteht darin, »*zu sein wie*«, »zu haben wie«, »zu tun wie«, »zu werden wie« dieses lebendige Vorbild. Es besteht hier ein »Vor-Ich«, in Wahrheit eine gängige Organisation des »Es« durch das Körperbild hindurch, das der Wunsch organisiert. Die Körperbilder dieses »Vor-Ichs« entwickeln sich mit dem Kind, vom Säuglingsalter bis zum Laufalter. Wir wollen hier nicht die Struktur der Körperbilder darlegen. Sagen wir nur, daß sie nicht skopisch sind, daß Gesicht und Hals nicht dazugehören und erst sehr viel später, nach der Selbstwahrnehmung im Spiegel, dazugehören werden; daß die Körperbilder dieses »Vor-Ichs« stets dreifach sind: ein Grundlagenbild, ein funktionales Bild und ein erogenes Bild. Das letztere wird durch den Wunsch gerade nach dem Idealich fokalisiert, durch die Trennungen und das Wiederfinden erotischer Befriedigungen während der neurologischen Evolution mediatisiert. Der Wunsch, der sich somit sukzessiv als oral, anal-urethral bei beiden Geschlechtern, sodann phallisch-urethral beim Knaben und oral-vaginal beim Mädchen bezeichnen läßt, ist, in der subtilen Kommunikation mit dem Idealich, eine Metapher substantieller Kommunikationen, die in den Bedürfnissen gründen. Auf jeder Stufe organisiert sich ein narzißtisches Körperbild, aus dem eine unbewußte Ethik hervorgeht, die sich von Stufe zu Stufe modifiziert in dem üblichen Fall, in dem die Person, die der Träger des Idealichs dieses archaischen »Vor-Ichs« ist, seinen eigenen Wunsch nach der alleinigen Beziehung zum Kind nicht befriedigt. Im gegenteiligen Fall bleibt die Ethik des Kindes narzißtisch auf einer archaischen Stufe blockiert. Im Fall einer nichtblockierten Entwicklung wird die neurophysiologische und physische Evolution des Kindes durch die Überwindung der Kastrationen einer jeden Stufe gestützt:

– Abschneiden der Nabelschnur (und Einsetzen von Atmung und Geruch, Gehör, Ernährung);
– Entwöhnung von der Brust;
– Entwöhnung von der Flasche und der ausschließlich flüssigen Nahrung;

- Befreiung von der funktionalen physischen Abhängigkeit;
- autonomes Laufen;
- Kontinenz;
- totale Autonomie.

Die Überwindung jeder Kastration wird erworben als eine Mutation der narzißtischen Ethik, eine Mutation, welche die Tabus des Vampirismus (Fötus-Stufe), des Kannibalismus (orale Stufe), des Haftens an der Mutter (anale, urethrale, archaische vaginale Stufe) strukturiert. Der metaphorische Erwerb, der aus diesen Tabus entsteht, ist die respiratorische, vegetative und phonematische Gesundheit; sodann die Oralisierung der perzeptiven Ausgänge, sodann die greifenden Hände, gefolgt von der emissiven und verwerfenden Analisierung ebenderselben Regionen: Phoneme empfangen, behalten und ausstoßen, mit den Händen greifen, behalten und wegwerfen, wobei sich das Ganze in der Sprache mit der Mutter organisiert; sodann die Artikulierung all dieses Gelernten in der gesprochenen und der gestischen Sprache, die der allmählichen Autonomisierung vorhergeht; diese setzt ein mit der Revolution, die das Laufen und das autonome Herumgehen bedeutet, womit das Alter des Greifens nach allem und der intelligenten spielerischen Geschicklichkeit beginnt.

Beim Baby und Kleinkind wird die Mutter stets als das nachzuahmende Wesen empfunden. Doch das Kind kann noch nicht »ich« sagen; wir sagen, daß es sich bis zum Alter von zweieinhalb Jahren um ein »Vor-Ich« handelt. Das bevorzugte Objekt der Mutter, das Andere der Mutter, wird aufgewertet als ein Repräsentant des Wunsches der Mutter, es wird auch mit Wert besetzt, durch Kontamination der Gemütsbewegungen des mütterlichen Wunsches, es ist ein Repräsentant des symbolischen Phallus. Alle menschlichen Wesen, die entwickelter sind als das Kind, können momentan beiläufige Träger dieses Idealichs sein; doch sie unterliegen der Wertschätzung der Mutter, die für das Kind das vorherrschende koexistentielle Objekt ist. Jedes Objekt, das für sie ein präferentielles ist, gewinnt einen prägenden phallischen Wert, d. h. den Wert einer unbestrittenen und unbestreitbaren Macht. Auch die Geschwisterschaft spielt ihre Rolle. Im Vater, für das Kind eng mit seiner Mutter verbunden, durch die es ihn von den anderen Mitgliedern der Umwelt aufgrund ihres präferentiellen Wunsches unterschieden fühlt, setzt sich mehr als in jedem anderen die Rolle des Idealichs in Verbindung mit der Mutter fort.[1]

Die primäre Kastration

Etwa im Alter von zwei bis drei Jahren, also zur Zeit der Entdeckung des Geschlechtsunterschieds, müssen sich die Triebe der Problematik des Imaginären und der *Realität* stellen. Es ist dies die Folge der *phallischen Verstümmelung,* die als »drohend« imaginiert wird und die für den Knaben die Existenz der attraktiven »Mädchen« darstellt, die attraktiv sind, jedoch durch ihr Geschlecht, und als seltsam Verstümmelte wahrgenommen werden; und auch die Folge der Verstümmelung, die als »zugefügt« imaginiert wird und die für die Mädchen die Entdeckung des männlichen Geschlechts darstellt, mit der formellen Signifikanz des Wunsches, der an dieser Stätte keine Sprache hat: der Penis, verführerischer Schrecken (wenn er als »Pipi« gesehen wird) oder Wunderwerk (wenn er als die Macht gesehen wird, ihren genitalen Wunsch auszudrücken), den jene seltsamen und faszinierenden »Knaben« besitzen. Die Antwort, die ein Vertreter des Idealichs gibt auf die Frage nach der Wahrheit über die Abwesenheit oder die Abwesenheit des Penis, der das Geschlecht[2] als weiblich oder als männlich bezeich-

1 Dieses zweiköpfige Idealich spielt vor der formalen Wahrnehmung des Geschlechtsunterschieds zweifellos eine Rolle bei der Unterweisung in den Wunsch nach Kommunikation, wenn der mit dem tragenden Erwachsenen verschmolzene Säugling, auf diese Weise von ihm mitbeseelt, mit dem anderen Erwachsenen kokommuniziert. Diese Triangulierung ist für die Sprache des Kindes gleichsam eine Matrix, sie ist notwendig für die Wirksamkeit der symbolischen Funktion, ob die elterlichen Pole von den Erzeugern dargestellt werden oder nicht.

2 Und nicht etwa die Besonderheit des alleinigen Harnapparats.

net, bringt Enthüllung über das »Schicksal«, nicht zu trennen von der Komplementarität von Männern und Frauen in der Fruchtbarkeit; d. h. Enthüllung einer Dynamik des Wunsches für das Subjekt, ob Mädchen oder Knabe, das auf seine irreduzible Realität verwiesen wird. Das dreijährige Kind gelangt über diese Enthüllung hinaus zur Autonomie: durch die Aussage des Idealichs bezüglich eines zu erobernden Erwachsenenschicksals. Diese Aussage stellt eine konditionale Beziehung zwischen der Realität und dem Imaginären her, sie steckt das Mögliche und das Unmögliche zum ersten Mal ab, fixiert das Immer und das Niemals für das, was die Realität der Zeit ist, durch diesen eigenen Körper im Raum, dessen natürliche Beschaffenheit für das Subjekt der Repräsentant seines Ichs wird. Eines Ichs, mit dem das Subjekt die grammatische Silbe »ich« in den Taten und Gedanken assoziiert, die seine Sprache auf sich nimmt.

Die überwundene primäre Kastration verursacht beim Kind folgendes: das vorherrschende Idealich wird zu einem menschlichen Wesen in einem Körper, der gewiß entwickelter ist als der des Kindes, jedoch den Gesetzen der Realität unterliegt wie es und in der Tat dasselbe Geschlecht hat wie es. Der Versuch der Identifizierung des Ichs mit dem Idealich führt das Kind zu den kulturellen, in der oralen und analen Libido wurzelnden Eroberungen, welche Libido schon mit der Gewandtheit ihres ganzen Seins lernt, sich total mit dem erwachsenen Erzeuger oder, wenn dieser fehlt, mit einem Ersatz gleichen Geschlechts wie es zu identifizieren. Es nimmt ihn als Vorbild und übt sich darin, ihn in allem nachzuahmen und sogar seiner spezifischen Rolle beim ergänzenden Erzeuger in den Verhaltensweisen nachzujagen, die ihn in seinen Augen ausdrücken. Nach diesem Beispiel erschließt sich das Kind in seiner ethnischen Gruppe mit der Wertsprache der Libido das Männliche oder das Weibliche. Auf diese Weise wird es dazu bewogen, den Wunsch auszudrücken, eines Tages mit seinem Erzeuger des komplementären Geschlechts ein Kind zu empfangen. Dieser Wunsch nach Identifizierung mit dem hervorstechenden Erwachsenen des

ursprünglichen Dreiecks Vater-Mutter-Kind führt also jedes Kind zur Phantasie der inzestuösen Empfängnis, die seinem Wunsch versprochen ist, einem Wunsch, der auf dem Wege ist, ein genitaler Erwachsenenwunsch zu werden.
Es gibt beim Kind die normale Autoerotik, und sie zentriert sich vom Alter der primären Kastration an bis zur ödipalen Auflösung auf den genitalen Bereich. Wenn es nicht getadelt wird – außer dann, wenn es sie in der Öffentlichkeit betreibt und weil es sich langweilt –, tritt die normale Masturbation des Kindes beim Einschlafen und beim Erwachen auf.
Zuweilen besteht eine vorübergehende Zeit des Exhibitionismus bei noch nicht aufgeklärten Kindern, die durch diese Mimik stumm die Vertrauensfrage bezüglich des Sinns der Lust stellen, die sie entdeckt haben. Vergessen wir nicht, daß sich das Kind mit drei Jahren bei allem und jedem die Frage stellt: »was ist das?«, »wozu ist das gut?«, »wie heißt das?«. In der Tat stellt den Knaben die Erektilität seines Penis, begleitet von Lust, aber mit dem Harnlassen unvereinbar, in den normalen Fällen nach 21 oder 25 Monaten vor ein Problem. Desgleichen die besondere Empfindlichkeit seiner Hodensäcke, von denen er sich insgeheim vorstellt, daß sie eventuell Behälter von Exkrementen sind. Auch die Reizung der besonders empfindlichen Eichel kann ihn beunruhigen, vor allem wenn die Vorhaut eng ist. All diese Informationen sind ihm unerläßlich. Er braucht das Wissen, daß alles in ihm in Ordnung ist, damit er, wenn er groß wird, ein Mann werden kann wie sein Vater.
Abschätzige Worte über sein Geschlecht, jetzt, da er dessen formale Spezifizität im Vergleich zu dem des Mädchens entdeckt hat, die Adjektive »schmutzig«, »nicht schön«, die seinem Geschlecht gelten und es durch das verwendete Vokabular in die Verachtung der Funktionen exkrementieller Bedürfnisse zu verbannen scheinen, sind traumatisierende Wörter, mehr noch für die Knaben, deren Geschlecht sichtbarer ist, als für die Mädchen. Aus diesem Grunde ist das Geschlecht im wörtlichen wie im übertragenen Sinn verletzbarer aufgrund der Tatsache, daß die unvermeidlichen Erektionen häufig und unvorhergese-

hen auftreten und den Narzißmus des Knaben zentrieren. Auch das kleine Mädchen muß wahrheitsgetreu über die empfindlichen und erigierbaren Teile ihrer genitalen Anatomie aufgeklärt werden; obwohl sie für sie weniger sichtbar sind, hat sie doch eine taktile Kenntnis und eine subjektive erogene Kenntnis von ihnen. Sie muß informiert werden, daß die richtigen Namen Vulva und Schamlippen sind, und daß Klitoris heißt, was sie den Knopf nennt, wie ihre ebenfalls erigierbaren Brustwarzen, mit denen sie sie ganz natürlich assoziiert. Sie muß auch das Wort Vagina kennen, die ihr hohles weibliches Geschlecht bezeichnet, das sie in Ermangelung des richtigen Worts Loch nennt und das sie bei bestimmten Erregungen, die ihr die Knaben verschaffen, als kreisartig erektil empfindet. Wenn dem Kind die richtigen Wörter des Vokabulars bezüglich seiner genitalen Anatomie genannt werden müssen, so deshalb, weil diese Wörter, die von der Mutter ausgesprochen werden – der ersten Sprachlehrerin, welche bisher die Wörter für den Körper, Erwachsenenwörter, geliefert hat –, dem ihre Weiblichkeit begründenden Bereich sowie den subjektiv präzisen Empfindungen, deren Funktion jedoch noch unbekannt ist, Sinn und zugleich Wert verleihen. Vom dritten Lebensjahr an sind intelligente Kinder voller Neugier für ihr Geschlecht, das so besonders erregend ist und für sie noch so nah an der Verlassenheit der exkrementiellen Funktionen in ihrem gegenwärtigen ethischen Wert. Vertrauensvolle Kinder stellen immer Fragen nach jener geheimnisvollen Region, von der sie intuitiv spüren, daß ihr in der Zukunft eine wichtige Rolle zukommt, die aber noch geheimnisvoller ist seit der klaren Entdeckung des sexuellen Unterschieds (die sie zunächst aufgefaßt haben als Entdeckung einer unterschiedlichen Harnfunktion bei den stehenden Knaben und den sitzenden oder kauernden Mädchen). Warum? Wozu ist das gut? Sie wollen das künftige Schicksal dieses Körpers, dieses Geschlechts erfahren, und ob die Knaben ihrem Vater ähneln, als er klein war, und ob alle Knaben, wenn sie groß werden, Männer werden? Ist das schön? Ist ein Geschlecht also gut? Und werden die Mädchen, wenn sie wachsen, Frauen sein, werden sie eine Brust haben wie ihre Mutter und die anderen Frauen?

Alle diese informierenden Worte, die die Fragen des Kindes beantworten, habilitieren ihr Interesse für den genitalen Bereich, den sie bisher als einen anatomischen Bereich betrachteten, welcher der expulsiven Erleichterung der Bedürfnisse zugeschrieben wurde.

Für folgendes ist ihr Name, ihre Bekleidung (wenn dies der Fall ist) das Signal: nicht Papa oder Mama wollten einen kleinen Jungen oder ein kleines Mädchen haben oder nicht, sondern sie selbst, durch ihre Beschaffenheit, haben es bei der Geburt bezeichnet, und das ist eine Wahrheit, die ihr Körper ausdrückt, was immer die blinden Erwachsenen darüber sagen mögen, die durch ihr Gesicht oder ihre Kleidung in die Irre geführt werden können.

Aufgrund dieser verbalen Informationen über ihre Anatomie erhellt sich der Sinn ihrer dort lokalisierten Lust. Der kleine Junge und das kleine Mädchen, die sich ihres künftigen Schicksals bewußt geworden sind, können ihre Phantasien verbalisieren, zeichnen, spielen, die um die Wette ihren Wunsch nach Erwachsenen ihres Geschlechts illustrieren, mit dem Glorienschein einer verführerischen Macht, die sowohl die Identität wie die befördernden Identifikationen stützt.

Gerade die überwundene primäre Kastrationsangst, indem sie das Subjekt in die Realität seines männlichen oder weiblichen Körpers einweiht, führt es in die Problematik seine Geschlechts und gleichzeitig in den Wunsch ein, die volle Größe eines Erwachsenen zu erreichen in der Hoffnung, den gleichgeschlechtlichen Erzeuger von seinem Platz und aus seiner Rolle beim anderen zu verdrängen. Schon im Alter von drei Jahren hegt es diese Hoffnung, einem Alter, in dem sich die energetischen libidinösen Komponenten des heterosexuellen Wunsches organisieren, der durch masturbatorische Phantasien auf den Weg des Ödipuskomplexes geschickt wird.

Die Aussicht auf diesen Erfolg stimuliert das Kind, den gleichgeschlechtlichen Erzeuger als Vorbild zu nehmen, um gleich ihm zu gefallen und den andersgeschlechtlichen Erzeuger zu verführen. Und dennoch muß es den gleichgeschlechtlichen Elternteil schonen; einerseits weil er noch immer das mit dem anderen Elternteil assoziierte Idealich repräsentiert; andererseits weil er der Garant für die existentielle Kontinuität und seine notwendigen regressiven Befriedigungen ist. Das Kind bedarf, zur Sicherung seines Narzißmus, der Rückkehr zum Geborgenheit schaffenden Grundkörperbild bei den neuen schlechten Erfahrungen, die das Leben ihm bringt und die es den Schutz seiner beiden Erzeuger suchen lassen, der verbundenen Repräsentanten seiner archaischen Struktur.

Die ödipale Kastration

Nach einigen Jahren dieser Problematik – in deren Verlauf das Kind den Narzißmus seiner kleinen Person entwickelt, die sich gegenüber der familiären und außerfamiliären Umwelt durchsetzt, mit Hilfe der Beherrschung der Sprache, der körperlichen und manuellen Gewandtheit, der Entdeckung von immer deutlicheren genitalen autoerotischen Empfindungen zusammen mit ödipalen Phantasien – taucht immer prägnanter *die Angst vor der verführerischen Ohnmacht gegenüber einem elterlichen Erwachsenen* auf, der stets von dem anderen Erwachsenen stärker angezogen wird. Nie erreicht das Kind die kompetitive Realität. Es gelingt ihm nicht, »wirklich« jenen Platz einzunehmen, obwohl es die kleine Geliebte oder den kleinen Geliebten spielt. Seine reale sexuelle Ohnmacht liegt offen zutage. Jedesmal, wenn sein Wunsch sich regt und das inzestuöse Objekt zu erobern trachtet, wird ihm die Widrigkeit der Realität auferlegt. Dann erscheint die Angst der ödipalen Kastration, das Gefühl, von der Destrukturierung seiner Person oder der Verstümmelung seines Geschlechts bedroht zu sein, Phantasien, die die Projektion der eigenen rivalisierenden Gemütsbewegungen auf den Erwachsenen hervorrufen. Für seinen Wunsch mit dem Tod bestraft oder angegriffen zu werden, ist das nar-

zißtische Dilemma, mit dem das Kind konfrontiert ist und das es zuweilen bis zur Selbstverlassenheit trifft, so daß es von seinen Todestrieben bedroht sein kann, weil es auf dem Höhepunkt des Ödipuskomplexes etwa um die Zeit, da die Milchzähne ausfallen, alle ethischen Anhaltspunkte verliert.
Diese imaginär verstümmelnde Kastrationsangst, für den Knaben testikulär und für das Mädchen eviszerierend, ist desto stärker, je stärker der sexuelle Wunsch beim Kind ist und je toleranter seine Eltern ihm gestatten, seine immer heftigeren Wünsche zu befriedigen, je mehr sie ihm gegenüber zu Äußerungen körperlicher Nähe neigen, handle es sich nun um Vertraulichkeiten verhätschelnder Zärtlichkeit oder um repressive körperliche Züchtigungen: Erziehungsstile, die alle gleichermaßen pervertierend sind und vom Kind immer als verführerische Liebe oder eifersüchtige Rivalität ihm gegenüber seitens dieses oder jenes seiner Eltern interpretiert werden. Eine diskret zärtliche Haltung zusammen mit einer Erziehung, deren Erfordernisse seine menschliche Würde respektieren, ist die Haltung, die das ödipale Kind am wenigsten behindert.
So wie im Laufe der Entwicklung seiner genitalen Triebe zwischen drei und sieben Jahren die Abwesenheit (oder die emotionale oder sexuelle Versagung) eines seiner Eltern seine Evolution zum Primat eines vom erwachsenen Rivalen nicht überwachten genitalen Wunsches erschwert, ebenso kann zum Zeitpunkt der Krise der Kastrationsangst angesichts des ödipalen Wunschs mit sieben Jahren die Haltung des Elternpaars die Entwicklung des Kindes hemmen, indem sie sie mit Angst überlasten.
Dies ist dann der Fall, wenn das Kind bei seinen Eltern in ihrem jeweiligen erzieherischen Verhalten einen Zwiespalt bemerkt. Es kann dann unbewußt alles daransetzen – was für es gefährlich werden kann –, die zärtliche Schwäche des einen und die repressive überaggressive Macht des anderen zu manipulieren: was es auf perverse Weise in dem Wunsch bestärkt, der ungebührliche Pol des ödipalen Dreiecks, das im Hause vorherrschende Objekt, der Mittelpunkt des Interesses zu sein. Damit

wird es in einer Angst vor schuldiger und zugleich genüßlicher ödipaler Kastration gehalten, der Quelle psychosomatischer und affektiver infantiler Stagnation. Wenn die Angst des Kindes das Einvernehmen des Paares stört, wenn die erzieherischen Sorgen und Reaktionen über die anderen Interessen der Gemeinschaft und des schöpferischen oder sozialen Lebens der Eltern die Oberhand gewinnen, ist es dem Kind unmöglich, das Drama des ödipalen Wunschs und die Kastrationsangst zu überwinden, die dieser in der unbewußten Ökonomie seiner Libido hervorruft.

Der Wert der Person und der Wert des Geschlechts sind vollständig in diesen inzestuösen Wunsch verwickelt, der etwa im Alter von sieben Jahren in den meisten Fällen glücklicherweise einem physiologischen Erschlaffen der genitalen Triebe bis zur Pubertät unterliegt. Das Kind kommt nun in die sogenannte physiologische Latenzperiode. Wenn dem Kind *das Gesetz des Inzestverbots* nicht deutlich als *Gesetz* klargemacht wurde, *dem sowohl seine Eltern und seine Geschwister wie es selbst unterliegen,* kann es in einem Zustand latent konfliktgeladener Struktur verharren, die bis zur Pubertät nicht überwunden wird. Der physiologische Schub dieses Alters wird den Konflikt des inzestuösen Wunsches und der damit verbundenen Angst gebieterisch zum Ausbruch bringen, bis zur Auflösung im Verzicht auf den genitalen Wunsch als solchen (und nicht nur als inzestuösen), der dann die ganze Adoleszenz hindurch völlig verdrängt werden kann: was auf alle Fälle eine Neurose zur Folge hat.

Wenn hingegen ungefähr im Alter von sieben Jahren der klare Begriff des Inzestverbots auftaucht und dem Kind die Bedeutung des gemeinsamen Gesetzes erschließt, dem seine Erzeuger und seine Geschwister sowie es selbst und alle menschlichen Wesen unterliegen, dann vollzieht sich vor dem Eintritt in die Pubertät eine Umstrukturierung der Libido. Die Spaltung in genitalen Wunsch und keusche Liebe für die Eltern und Geschwister erlaubt es dem Narzißmus der Person, des Ichs, auf die imaginären infantilen Ziele zu verzichten. Das bedeutet Aufgeben der totalen Abhängigkeit von den aggressiven und sexuellen Trieben gegenüber den beiden ersten Vertretern des Idealichs sowie gleichzeitig Auftauchen eines autonomen Ichs, das dem genitalen Über-Ich untersteht, dem Wächter des Inzestverbots, und von einem Idealich gefordert wird, das nicht mehr mit den Objekten des ödipalen Dreiecks verwechselt wird. Das Ichideal wird zur Attraktion für eine Ethik des genital vorherrschenden Wunsches, eine Ethik, welche das autonome Gewissen, das Gefühl der Verantwortung für seine Handlungen und Worte sein wird.

Vor der ödipalen Periode, obwohl das Kind immer noch von weiblichen oder männlichen Trieben bewegt wird, schwankt die Moral des Kindes von Tag zu Tag, beherrscht von den Imperativen der Verführung mit dem Ziel amouröser Herrschaft über das elterliche Objekt, das es erobern und zu seinem Komplizen machen will, und der Furcht vor dem elterlichen Rivalen, den es als einen störenden, sogar gefährlichen Dritten empfindet, mit dem es sich versöhnen oder dessen Aggression es neutralisieren muß. Erst nach der Auflösung des Ödipuskomplexes kann das Kind, ob Knabe oder Mädchen, auf den Trümmern seiner für immer zerstörten Hoffnungen nach inzestuöser Verführung der Eltern, nach Verführung seiner Geschwister, die in seinen Augen hinfällig und lächerlich kindisch geworden ist, sich außerhalb der Familie auf die Suche nach gleichgeschlechtlichen oder andersgeschlechtlichen, mehr oder weniger amourösen Zweierfreundschaften begeben, in denen sich, verschoben, die letzten Feuer des aggressiven, possessiven und eifersüchtigen Inzestswunschs gegenüber einem Dritten verzehren, der sich ihrem Duo zugesellen möchte. Es sucht vor allem Leidensgefährten: »Hilfs-Ichs«, gleichgeschlechtliche, ebenfalls vom Inzestverbot betroffene Freunde, um mit ihnen auf kollektive kulturelle Eroberungen auszugehen.

Diese »Hilfs-Ichs« findet es bei Kameraden seiner Altersklasse, außerhalb der Familie.

Mit acht, neun Jahren verkehrt das Kind, abgesehen von Nachbarn oder Vettern, lieber mit Kindern, deren Eltern die seinen nicht kennen. Die Freundschaft hat keinen Reiz mehr, wenn die

Eltern sich einmischen. (Der Abscheu vor der Frage: »was machen deine Eltern?«, als ob das irgendwie von Bedeutung wäre!) Die Soziologie der Kinder entspricht absolut nicht den Kriterien der Soziologie ihrer Eltern. Dies geschieht gleich nach der ödipalen Auflösung, und es ist sogar einer der phänomenologischen Aspekte der ödipalen Auflösung, daß viele sich dagegen auflehnende Eltern deren Sublimierungen in der Latenzperiode verzögern, wenn sie sich durch eine ängstliche Kontrolle dem außerfamiliären Aufschwung an emotionaler und spielerischer Aktivität ihrer Kinder widersetzen. Insgeheim möchte man sich gegenüber den Erwachsenen lieben, schätzen, verachten, verzanken, wiederversöhnen, und zwar aus Gründen, die die Eltern nicht verstehen können. Mit den Kameraden, den Freunden wird man sich eins und uneins über die Lehrer, die in der Schule beobachteten Älteren, über die Helden aus der Literaturgeschichte, aus Kino und Fernsehen. In den Berühmtheiten aus Sport, Kultur, Kunst, in der in der auserwählten Gruppe kursierenden »Mode« sucht man nach positiven oder negativen »Vorbildern«, die einer narzißtischen Wahl entsprechen, die anscheinend von den ödipalen Vorbildern so weit wie nur möglich entfernt sind und mit jeder Saison wechseln. Eine jede dieser Schwärmereien stützt Phantasien vorübergehender Identifizierung, die zur Entdeckung seiner selbst im sozialen Leben und in der Schule zur Entdeckung derer beitragen, die man bewundert.

Das Über-Ich

Gleichzeitig wie das autonome, vom inzestuösen Wunsch kastrierte Ich, das bislang die Psyche organisierte, entsteht im Unbewußten das Über-Ich, Erbe der Enthüllung einer Ethik des Wunschs, die das Gesetz mit der Filiation verschränkt und die die Erfüllung des genitalen Wunsches unter nahen Verwandten verbietet. Das ödipale Über-Ich ist der Zeugnis ablegende Garant eines Überlebens zum Preis des Verzichts auf den inzestuösen genitalen Wunsch: eine repressive, Vorsicht gebietende Instanz, dazu bestimmt, das Subjekt vor der Rückkehr zur Kastrationsangst zu bewahren. Diese Instanz wird durch die Introjektion des Gesetzes unbewußt, verknüpft mit der die Existenz des Kindes eröffnenden Urszene, Ursprung seiner Filiation. Das Über-Ich ist also das posthume Erbe des prädipalen Idealichs. Seine Rolle besteht darin, das Inzestverbot durch die Kastrationsangst aufrechtzuerhalten, die bei masturbatorischen Phantasien mit inzestuösem Ziel erwacht. Das Über-Ich verdrängt die genitalen Triebe, die in den meisten Fällen die Phantasien inzestuöser körperlicher Nähe sowie den Wunsch nach inzestuöser Fruchtbarkeit zu einem unbewußten Tabu organisieren. Das Über-Ich hat also die Wirkung, in dem Fall die Kastrationsangst wiederzuerwecken, in dem das Ich versucht wäre, sie zu hintergehen oder das Gesetz, wenn auch nur in Phantasien, zu umgehen. Das genitale Über-Ich verbietet nicht jene genitalen Triebe, die sich auf außerfamiliäre heterosexuelle Objekte richten: ganz im Gegenteil, es hilft dem Narzißmus, sich im Geist seines Geschlechts durchzusetzen, sowohl im Sinne amouröser Eroberungen außerhalb der Familie wie im Sinne beruflicher und kultureller kompetitiver Erfolge in der Gesellschaft.

Das Ichideal

Die mit dem Verbot des inzestuösen Wunsches konfrontierten genitalen Triebe lassen von dem Ziel nach den elterlichen Objekten ab. Sie fließen, durch Verdrängung, auf den Narzißmus zurück, der mit dem Körper des Kindes verknüpft ist, das für sich selbst kostbar wird in Erwartung der Zukunft, wo es, wie es weiß, mit dem Wachstum die sekundären Merkmale der Geschlechtsreife erwerben wird. Es bereitet sich darauf vor, indem es den kulturellen Anforderungen entspricht. Diese verheißene Zukunft ist der attraktive Pol der Phantasien der Latenzphase, Phantasien, die sich in langfristige Projekte verarbeiten, die

eine neue, mit der ödipalen Auflösung einhergehende Instanz fokalisiert: das Ichideal.
Das Ichideal, aus den Trümmern des Inzestwunsches entstanden, drängt das Ich zu kulturellen Leistungen in der außerfamiliären Gesellschaft, für eine andere Freude als diejenige, Vater oder Mutter zu verführen, indem man ihnen »Freude macht«. Das Ichideal wird für ein Subjekt um so stärker, ich würde sogar sagen kohäsiver, als letzteres in Kindern seines Alters und älteren Kindern seines Geschlechts denselben Entwicklungswerten begegnet, die es zu der Definition nach unerreichbarer Verwirklichung dieses Idealichs locken. Der Definition nach unerreichbar, denn das Ichideal wird nicht von einem menschlichen Wesen verkörpert: es ist eine Ethik, die zur Folge hat, von einem Tag auf den anderen die Triebe in schöpferische Initiativen zu fokalisieren, die in der Gesellschaft gültig und von den anderen anerkannt sind: die Sublimierungen. Was das Über-Ich betrifft, so ist seine Wirkung die, Triebe zu hemmen, die das Subjekt von einem Vektor seiner Triebe ablenken und es dazu führen könnten, sich durch Sublimierungen um einen seinem Ichideal entsprechenden Erfolg zu bemühen.
Wenn nämlich das Gesetz nicht durch einen wertgeschätzten Vertreter vom Geschlecht des Kindes, dem Verantwortlichen und Garanten für seine Wahrheit, ausgesprochen wird, bleibt das Kind in einem Zustand der Verwirrung bezüglich seines sexuierten Seins und seines Werts als männlicher oder weiblicher Wunsch in der Gesellschaft befangen.
Von hier aus verstehen wir, daß Kinder, die im physiologischen Augenblick des Ödipuskomplexes nicht genital strukturiert worden sind, in der Latenzperiode noch der ödipalen Kastrationsangst unterliegen und sich sehr leicht von den Beispielen und Reden derjenigen beeinflussen lassen, die sie bewundern oder fürchten, gleichaltriger und älterer Kinder. Diese »Hilfs-Ichs«, wenn sie selbst nicht in dem Gesetz leben, können dann ihr Ichideal verfälschen, verzerren und für sie weiterhin ein verführerisches Idealich ödipalen Stils darstellen, das verjährt sein müßte.

In Wahrheit verläuft eine kontinuierliche Achse von den genetischen Möglichkeiten, die im libidinösen Kapital des Es liegen, zum Ichideal. Die genetischen Fähigkeiten des Es können bis zum Augenblick des Ödipuskomplexes von den Personen verzerrt worden sein, die dem Kind als Idealich dienten. Doch sobald es deutlich darauf verzichtet, seinen Wunsch mit dem ihren zu identifizieren – und vor allem wenn die Erzeuger ihrerseits sich nicht mehr in ihr Kind projizieren –, ist das Ich des Kindes tatsächlich für seinen Wunsch ohne elterliches genitales Vorbild. Das Kind weiß, daß es keine Hoffnung auf Erfüllung seines genitalen Wunsches nach den Objekten seiner engeren Familie mehr hat. Das Ich des Kindes kann endlich die Sorge um eine inzestuöse Eroberung aufgeben und sich gemäß seinen Möglichkeiten entwickeln; es muß sich nicht mehr, wenn es ein Knabe ist, darum bemühen, seiner Mutter zu gefallen oder mit deren Gatten, sci er nun sein Erzeuger oder nicht, ständig derselben Meinung zu sein; oder, wenn es sich um ein Mädchen handelt, ihren Vater und ihre älteren Brüder zu verführen und gleichzeitig den Mißhelligkeiten mit der Gattin ihres Vaters, sei sie nun ihre Erzeugerin oder nicht, aus dem Weg zu gehen.
Für die Kinder beiderlei Geschlechts kann sich die perverse oder delinquente Struktur entwickeln aus einem schlecht erlebten Ödipuskomplex, einer ödipalen Kastration, die ein noch an seine eigene Mutter fixierter Vater nicht auf sich genommen hat, oder durch eine Mutter, die noch auf ihren eigenen Vater fixiert ist oder mit ihren Kindern »Puppen« spielt. Die Schwierigkeiten rühren daher, daß das Kind mit der Latenzphase in frühere, homosexuelle und narzißtische Positionen regredieren kann, wenn der Vater und die Mutter, welche zu Hause die Erwachsenen repräsentieren, die das offensichtliche Niveau der genitalen und schöpferischen Kommunikation erreicht haben, in Wahrheit unreif, phobisch, zwanghaft oder hysterisch sind. Es ist nicht ausgeschlossen, daß die Anwesenheit des ödipalen Kindes in ihnen eine verdrängte homosexuelle und narzißtische Libido wachruft: eine Libido, die täglich aus ihren genitalen Positionen auf prägenitale Positionen verdrängt wird. Die Kin-

der solcher Eltern treten mit etwa neun Jahren in die physiologische Latenzphase ein, ohne Stolz auf ihr Geschlecht, vielmehr als neutrale, wenig sexuierte Wesen; und in der Pubertät stellen sich dann schwere Probleme, die zu einer Neurose führen, welche die Genitalität um so stärker hemmt, als der schulische Erfolg gleichbleibt[3], der den Eltern Befriedigung verschafft und die Libido eines Kindes mit Beschlag belegt, die somit für den Verkehr mit anderen jungen Leuten, die es flieht und fürchtet, nicht mehr zur Verfügung steht; es versenkt sich in die Masturbation und die damit verbundene ödipale Kastrationsangst, weil die Phantasien, die sie begleiten, auf die Eroberung imaginärer oder unerreichbarer Objekte zielen, der verkappten Substitute der Eltern.

Es geht um Fälle, in denen das Ichideal durch den Fortbestand des ödipalen Idealichs verzerrt wird, repräsentiert entweder noch immer durch ein Elternteil oder durch den Lebensstil, den die Eltern als Beispiel hinstellen, oder auch durch die moralisierenden Reden der Eltern, die eine persönliche Erarbeitung ethischer Urteile total ersetzen. Das Schuldgefühl erstickt den Narzißmus.

Dieses verzerrte Ichideal kann die Triebe der archaischen erogenen Stufen sowie die Triebe der gegenwärtigen genitalen Stufe nicht fokalisieren. Alle aggressiven, aktiven und passiven Triebe, die mit den genitalen Trieben in der Verfolgung des Wunschobjekts und eines Werks (kreative Arbeit und Fruchtbarkeit) in Einklang stehen müßten, alle diese Triebe sind unterschiedslos durch das falsche, präödipal gebliebene Über-Ich verdrängt. *Dieses rückwärts gewandte Über-Ich zwingt den Wunsch,* bei Strafe von oft somatisierter Kastrationsangst

3 Es handelt sich um einen Erfolg durch zwanghafte Fixierung auf die alleinigen kompetitiven Ergebnisse ohne wirkliche Öffnung zur Kultur. Die homosexuelle und heterosexuelle Fixierung auf die Lehrer zwingt das Kind, vor ihnen keine Schwäche zu zeigen, es wird gleichgültig gegenüber allen anderen Interessen seines Alters, überbeansprucht von der Schule, voller Angst zu versagen, was sein verwundeter Narzißmus als Nichtbefriedigung des Wunschs des Meisters empfindet, mit dem sich der seine identifiziert. Die Überspannung in ihm kann zu einem chronischen depressiven Zustand führen.

(Müdigkeit, Schlaflosigkeit, Verdauungsstörungen), *sich nicht nach einem Ichideal, wie es geschehen müßte, sondern nach einem Idealich zu richten,* d. h. nach jemandem. Dies ist zweifellos nicht mehr absolut der Vater, aber ein denkbarer Herr, eine dem Subjekt exogene »sichere« Instanz, die ihm sein Verhalten vorschreibt; z. B. eine religiöse, medizinische, syndikalistische Instanz in den Fällen, wo es nicht einfach um eine offene homosexuelle Fixierung an einen gleichgeschlechtlichen Älteren geht.
Aufgrund dessen besteht Abhängigkeit des Ichs und zwangsläufig Mangel der totalen Dynamik der genitalen Triebe. Und in seinem zum Teil infantil (und in seiner unbestrittenen Unterwerfung oft heroisch) gebliebenen Ich findet das Subjekt nichts mehr, womit es seine Triebe organisieren könnte. Seine Pläne, die, wenn es ein Ichideal hat, dem genitalen Wunsch dienen, den der freie Ruf nach Lust lenkt, vermengen sich mit einem Nebel an Phantasien, die den klaren Blick für die Realität trüben. Seine Pläne scheitern entweder bei ihrer Erfüllung oder bei der Erreichung der Lust. Der sexuierte genitale Wettstreit ist kraftlos, schuldhaft geworden. Er kann nicht in verantwortungsvollen Verhaltensweisen in den Dienst des Wunsches gestellt werden. Die Furcht vor dem Versagen zieht so viel Energie zur Vermeidung dieses Versagens ab, daß dieses zwangsläufig folgt und damit das Schuldgefühl befriedigt und ein Subjekt durchkältet zurückläßt. Wenn nicht die Furcht es beherrscht, dann der Aufschub oder auch die Sorge, nicht im totalen Einvernehmen mit dem Idealich zu stehen, d. h. mit dieser oder jener Meinung eines anderen, den zu schonen das Über-Ich zwingt. *Im Fall der vollständigen ödipalen Loslösung* beim Individuum, das im Dienst seiner genitalen Triebe steht, für die es die volle Verantwortung trägt, *besteht dagegen die freie Zirkulation der Libido gemäß einer Achse, die vom Es zum Ichideal reicht, über das Ich, das bewacht wird vom Über-Ich des introjizierten Gesetzes.* Der Wunsch fokalisiert sich ohne Kraftschwund, begleitet von einem Gefühl der Freiheit, auf den Erfolg, auf seine Erfüllung in der Lust, sein Ziel zu erreichen. Und

wenn der Erfolg ausbleibt, so folgt daraus weder ein Schuldgefühl noch eine narzißtische Wunde: das Subjekt hat aus diesem Scheitern eine Erfahrung der Realität zugunsten des Ichs gewonnen, es bewahrt das Ziel seines Ichideals. Die nächsten genitalen Triebe sind dann noch besser befähigt, das Ziel des Subjekts zu erreichen: das Objekt seines Wunsches für den Lustgewinn. So ist die libidinöse »Gesundheit« des Erwachsenenalters in der Reife organisiert, und zwar bis zum physiologischen Alter der Menopause bei Frauen, der Andropause bei Männern, einer neuen (natürlichen) Kastration, die eine neue Symbolisierung des Wunsches mit sich bringt, ohne Angst und ohne Regressionssymptome.

Neurose und Psychose

Aus dem Vorstehenden ergibt sich, daß die Neurose bei einem menschlichen Wesen auftritt, dessen libidinöse Verwirrung sich erst nach der überwundenen primären Kastration festgesetzt hat, d. h. bei einem Menschen, der stolz ist auf seine Sexualmerkmale, der den Ödipuskomplex durchlebt hat, ohne ihn völlig gelöst zu haben, daher seine latente Angst vor genitaler Kastration, die meist völlig unbewußt ist und in Symptomen zum Ausdruck kommt, an denen er bewußt leidet, sowohl wegen der Beschwerden, die sie ihm verschaffen, wie auch wegen der Schuldgefühle, die er empfindet, wenn er nicht Herr über sie zu werden vermag. Charakteristisch aber für die Neurose ist, daß das Subjekt, selbst in seinen Träumen, niemals in ein Ich regredieren kann, das nicht seinem Geschlecht und nicht der menschlichen Gattung angehörte.

Die Psychose dagegen tritt bei einem Menschen auf, der im Alter des Vor-Ichs, vor dem dritten Lebensjahr, als Stütze seines Idealichs keine Mutter hatte, die auf ihre Weiblichkeit stolz war, mit einem auf seine Männlichkeit stolzen Vater, glücklich, ihn empfangen zu haben und glücklich darüber, daß er mit dem Geschlecht geboren wurde, welches das seine ist: was vor-

kommt, wenn der Vater und die Mutter ihren eigenen Ödipuskomplex nicht gelöst haben und ein neurotisches, auf sich selbst und den materiellen Unterhalt ihrer Nachkommenschaft beschränktes Paar bilden. Es sind Erwachsene, die ihren genitalen Wunsch verdrängen. Sie »arbeiten« und sind »Erzieher«. Ihre Kinder sind die Frucht von Wünschen, die geäußert zu haben sie sich schämen; sie erziehen sie in der Puerilität und der Angst vor einer Sexualität, die als gefährlich schuldhaft empfunden wird. Solche Eltern sind zwangsläufig furchtsam gegenüber der Gesellschaft anderer Erwachsener, mit denen sie wenig verkehren. Und sofern nur die Großeltern, Ursprung dieser Neurose, eine noch vorherrschende Rolle entweder im Haus ihrer Eltern gewordenen Kinder oder bei der Erziehung ihrer Enkel spielen, erleiden diese schwere Traumata, die ihre libidinöse Struktur beeinträchtigen.
Es bedarf also dreier Generationen, damit eine Psychose ausbricht: zwei Generationen von neurotischen Großeltern und Eltern in der Genetik des Subjekts, damit es psychotisch wird. Einer der Erzeuger des Subjekts muß eine Lücke präödipaler oder ödipaler Struktur der Libido in einer seiner Entwicklungsphasen aufweisen und in der unbewußten Struktur seines Gatten einem analogen Mangel begegnet sein, der auch bei diesem zumindest von einem seiner Eltern herrührt. Wenn man einen Psychotiker analysiert, entdeckt man, daß er schon von klein auf kein Idealich hatte, das von einem genital verbundenen elterlichen Erwachsenen repräsentiert wurde, weder in der Realität noch symbolisch. Seine Beziehungssituation als erotisiertes Partialobjekt im Dreieck Vater-Mutter-Kind hat eine beängstigende Unsicherheit über sein Geschlecht erzeugt, einmal wegen der Schwäche der Elternobjekte, die als Idealich dienten, und zum anderen wegen der Unbeständigkeit des ödipalen Rivalen in der Realität. Im Augenblick der ödipalen Auflösung bewirkt die genitale Libido der Eltern, die sich nicht auf ein befriedigendes erwachsenes genitales Sexualleben polarisiert hat, aufgrund einer Kastrationsangst, die sich einem infantil gebliebenem Pseudo-Über-Ich verdankt, daß sie auf ihre Nachkom-

menschaft fixiert bleiben, bei der sie infolgedessen jeden Ausdruck von Autonomie schuldig sprechen, so unbefreit sind sie erotisch von den Gemütsbewegungen ihrer eigenen schuldhaften Kindheit. Ihr erzieherisches Verhalten trägt den Stempel polizeimäßiger Kontrolle oder überreizter angstvoller Liebe. Sie versagen ihren Kindern das Recht auf den spielerischen libidinösen Aufschwung außerhalb der Familie und sogar jede autonome schöpferische Initiative.[4]

Was man außerhalb psychoanalytischer Kreise noch nicht genug weiß, ist die Tatsache, daß es bei den Erwachsenen psychotische und perverse Strukturen gibt, die phänomenologisch vollkommen unbemerkt bleiben. Sie sind verschleiert hinter charakteriellen Verhaltensweisen, die von einer Gesellschaft, die sie ignorieren kann, mehr oder minder anerkannt werden; erst die Kinder, die sich im erzieherischen Kontakt mit solchen unbewußt perversen oder latent psychotischen Erwachsenen entwickeln, bringen durch ihre fehlende Struktur in irgendeinem Stadium ihrer Entwicklung die Todestriebe zur Geltung, denen sie im Unbewußten ausgeliefert waren: gerade aufgrund solcher Eltern, deren offenkundiges Verhalten sowie die damit einhergehenden Reden nicht mit der Wahrheit der bewußten oder verdrängten perversen Wünsche übereinstimmen, die sie im vertrauten Umgang mit ihren Kindern hegen. Im übrigen erlaubt gerade die Existenz ihrer an die Gesellschaft unangepaßten Kinder diesen Erwachsenen, entweder die Neurose derjenigen ihrer Kinder, die in ihren Augen »angepaßt«, aber nur schulisch angepaßt sind, oder ihre eigene Neurose oder Psychose zu ignorieren, so angepaßt sind sie an ihre Arbeit. Daher impliziert die Behandlung psychotischer Kinder auch eine psychoanalytische Arbeit mit den Geschwistern des Kindes sowie

4 Die Rolle der Ammen oder Kindermädchen, die ebenfalls für das Kind Vertreter des Ideal-Vor-Ichs sind, verschlimmert oder korrigiert im frühen Alter den Mangel an libidinöser Struktur der Eltern. Das gleiche gilt in der Latenzphase und in der Pubertät für die Erzieher, wenn das Kind in ein Internat geschickt wird, ohne den Stolz auf sein Geschlecht zu besitzen, oder wenn es, mangels einer klaren Information über das Inzestverbot, seinen Ödipuskomplex nicht aufgelöst hat.

mit seinen Eltern: d. h. mit denen, die dem Psychotiker als Vertreter des Idealichs dienten, aber seinen Narzißmus in der symbolischen Kommunikation seiner Gemütsbewegungen ihnen gegenüber nicht zu unterstützen vermochten: einer Kommunikation, die von dem Elternteil fordert, daß er seine Beziehung zu diesem Kind nicht erotisiert, d. h. daß er selbst auf jeder Stufe die humanisierende Kastration erfahren hat.

Und in der Tat weist gerade dasjenige Kind einer Familie, das mit der größten Libido ausgestattet ist, die schwersten Störungen auf; denn mehr als die anderen erweckt es, durch die Kraft seines Wunsches, bei diesen schwachen Erwachsenen eine unerträgliche Angst: und sie zügeln den Ausdruck des Wunschs dieses Kindes, dessen natürliche Frühreife und hohe Sensibilität ihr instabiles unbewußtes libidinöses Gleichgewicht zu zerstören drohen.[5]

5 All dies ist verständlich. Im Laufe der Entwicklung organisiert sich der Wunsch sukzessiv um vorherrschende erogene Zonen gemäß der Entwicklung zur neurophysiologischen Reife. In jedem Stadium erliegen einige der libidinösen Triebe Beschränkungen in ihren Befriedigungen, entweder aufgrund der Natur der Dinge oder weil der Erwachsene ihren Äußerungen keine Toleranz entgegenbringt. Das Wichtige jedoch, das eine energetische Modifikation und den Übergang zur folgenden Organisationsstufe markiert, ist das totale Verbot, das einigen Triebzielen dieser Stufe bedeutet wird. Dieses totale Verbot trennt das funktionale Körperbild von einem Teil, der bislang, wiewohl im Körper eines anderen situiert, zu seiner Natur gehörte und für die Phantasien seines Wunsches notwendig war. In psychoanalytischen Termini nennt man das eine Kastration. Der *impact* dieser Kastration liegt darin, daß sie in symbolischer Hinsicht für das Subjekt strukturierend oder aber verwundend, sogar verstümmelnd sein kann. Alles hängt von den Modalitäten dieses Ereignisses ab, sowohl hinsichtlich des Zeitpunkts, zu dem es auftritt, wie hinsichtlich der Qualität des emotionalen Bandes des Subjekts zu dem, der der Ausführende ist oder ihm als solcher erscheint. Der humanisierende Wert dieser Kastration hängt auch von der Tatsache ab, daß die gleiche Kastration tatsächlich ihm gegenüber von dem anderen auf sich genommen wird, der ihm das Verbot auferlegt und seinerseits das Kind als wünschendes Subjekt respektiert oder nicht. Der wechselseitig anerkannte Wert als menschliches Subjekt in der Würde seiner Person und seines Geschlechts ist unabdingbar dafür, daß die Kastration, nach der »Deprivation«, die sie einigen Trieben auferlegt, Früchte tragen kann; d. h. die Sublimierung der verbotenen Triebe in humanisierende Verhaltensweisen, die in der Gruppe weiterbringen. Ein Subjekt, das dem Gesetz eines seinem Wunsch auferlegten Verbots unterliegt, leidet, aber es betrachtet den, der ihm das Verbot bezeichnet, als ein heldenhaftes Bild seiner selbst in der Zukunft. Dies ist der Fall eines Kindes gegenüber einem Erwachsenen; es versucht alles, um den Ausdruck seines Wunschs in gestattete oder neue Ziele

Bei der Behandlung einer Psychose ist man überrascht, daß in dem Maße der Besserung des Subjekts, wenn man sich nicht um die Erzeuger und die Geschwister kümmert, eines der Geschwister oder der Eltern sich auflöst, sei's durch eine Neurose, sei's durch *acting outs*[6], sei's durch einen Unfall oder eine psychosomatische Störung. Oft stellen dann die Eltern die Behandlung des Kindes ein; oder sie verlieren, um gegen diese Auflösung zu kämpfen, jedes Interesse an dem Kind, das sich anpaßt und gesund wird, während ebendiese Gesundung ursprünglich ihr sehnlichster Wunsch zu sein schien. Es ist sehr wichtig, solche Reaktionen vorauszusehen und zu verstehen: denn die Heilung eines Psychotikers um den Preis einer Destrukturierung naher Verwandter erweckt sekundäre Schuld und hält seine Entwicklung auf oder droht sogar, ihn in einen zufälligen oder willentlichen Tod zu reißen: was sich vermeiden läßt, wenn man sich mit der Familie befaßt und den Eltern gestattet, daß auch sie sich in ihrer Neurose entwickeln, parallel zur Behandlung des Psychotikers.
Während eine Neurose durch die Analyse des Ödipuskomplexes des Subjekts und seine Überwindung geheilt wird, ist die Heilung eines jungen Psychotikers noch nicht beendet, wenn sich seine Struktur in bezug auf die archaischen Phasen wiederhergestellt hat, die er mit seinem Psychoanalytiker noch einmal durchleben und neu ordnen konnte. Denn er ist in beträchtlichen Rückstand geraten mit seinen Sublimierungen, seinen oralen und analen Trieben, die sich während seiner unangepaßten und delirierenden Periode im Vergleich mit seiner Alters-

einfließen zu lassen, die, dank seiner neurophysiologischen Entwicklung, seine Triebe entdecken und genießen werden. Die Eltern oder Erzieher von Kindern, die an sie unangepaßt sind, bevor sie es an die soziale Gruppe sind, sind aus ihnen unbekannten Gründen Erwachsene, die aus ihrer ersten, schlecht kastrierten Kindheit eine Angst bewahrt haben, die ihre Beziehung zu ihrem Kind wiedererweckt, wenn sich der Wunsch in der oralen, analen oder genitalen Stufe ausdrückt. Sie versetzen ihr Kind (aufgrund einer unbewußten emotionalen Beziehung kommunizierender Röhren) in einen dauernden Zustand der Unsicherheit gegenüber ihrem Wunsch; daher gestattet kein Verbot der Ziele dieses Wunsches einer Organisation, sich davon zu lösen.

6 Unüberlegte Impulsivität.

klasse so stark desorganisiert haben, vor allem wenn die Zeit der Unangepaßtheit einen großen Abschnitt der Kindheit in Anspruch genommen hat, denjenigen, in dem die meisten schulischen Grundkenntnisse, zwischen fünf und acht Jahren, sodann nach dem Ödipuskomplex die kulturellen Kenntnisse erworben werden.

Selbst wenn es sich um eine Psychose handelt, die bei einem Heranwachsenden oder einem Erwachsenen aufgetreten ist, erweisen sich seine genitalen Triebe aufgrund des stillschweigend diesseits des Ödipuskomplexes gebliebenen regressiven Teils als desorganisierend für das, was organisiert zu sein schien. Das Individuum muß noch, nachdem seine ödipale Struktur verspätet wiederhergestellt wurde, eine künstliche Phase der Pseudo-Latenz erleben, durchzogen von selten vermeidbaren *acting outs,* und zu einer in der Gesellschaft gültigen Kreativität gelangen bezüglich seines Triebkapitals, seines familiären und sozialen Milieus und seiner Altersklasse. Dafür ist nicht die Psychoanalyse zuständig, sondern ein sowohl psychotherapeutisches wie erzieherisches oder berufliches Milieu. Wichtig sind dann die sozialen Mittel, die diesen Subjekten zur Verfügung stehen, die zwar von der Psychose geheilt sind, aber, verglichen mit ihren Altersgenossen, noch wenig kompetitive Kraft besitzen und folglich, wenn sie dabei stehenbleiben, unfähig sind, ihre genitalen Triebe in der schulischen und beruflichen Realität auf sich zu nehmen. Das gleiche gilt für die Realität des sozialen und kulturellen Umgangs, der der Wahl eines Ehegatten vorausgeht, wenn diese nicht nur eine augenblickliche obligatorische narzißtische Wahl sein soll, vor der Erreichung einer Reife, die es erlaubt, die Vaterschaft oder die Mutterschaft zu erfüllen.

Daher ist die Stützung der Familie des psychotischen Kindes oder Heranwachsenden wünschenswert, und daher ist es auch wichtig, sich um diese Familie zu kümmern, damit das Kind, der Heranwachsende oder der Erwachsene, wenn sie von ihrer Psychose geheilt sind, in der Gesellschaft seiner Familiengruppe oder einer sozialen Übergangsgruppe eine zusätzliche Stütze findet. Die Gesellschaft unseres sogenannten entwickelten Landes ist leider noch nicht hinreichend ausgerüstet für diese Art von nachträglicher schulischer Pädagogik oder für eine Arbeit ohne Diplom, zu der Kinder und Heranwachsende fähig wären, die, ohne davon profitieren zu können, aufgrund der Psychose das Schulalter oder das Alter der Berufsausbildung überschritten haben, oder auch Erwachsene, die anläßlich einer psychotischen Auflösung ihre Arbeit verloren haben. Wieder bestehen nur individuelle und kostspielige Lösungen, die den privilegierten Schichten der Gesellschaft vorbehalten sind.

Schlußfolgerung: Darf man eine Prophylaxe der Neurosen und Psychosen von Kindern erhoffen?

All dies spricht dafür, daß sich die Psychoanalyse weiterentwikkelt und die Pädiater immer mehr Kinder unter drei Jahren erfassen, die ohne Wissen ihrer Familie bereits unangepaßt sind an das kollektive Leben ihres Alters und deren Schwierigkeiten sich mit der Unterbringung in einem Kindergarten nur verschlimmern können, wenn ihr nicht eine psychoanalytische Psychotherapie von Eltern und Kind vorausgeht und sie begleitet.

Man muß sich auch um die Erfassung von Kindern unter acht Jahren ohne offenkundige Störungen kümmern, die intellektuell zwar an die Schule angepaßt, aber sexuell und affektiv zurückgeblieben sind: das gute schulische oder intellektuelle Niveau eines Kindes oder Heranwachsenden – man kann es nicht oft genug wiederholen – ist kein Kriterium, weder für affektive noch für geistige Gesundheit. Ebensowenig ist das schlechte schulische und intellektuelle Niveau das Kriterium einer Neurose, wiewohl es, durch die Gefühle der Minderwertigkeit und des sozialen Versagens, die es zuweilen entwickelt, die passive Unangepaßtheit oder die Delinquenz in der Adoleszenz begünstigen kann.

Der schulische Rückstand eines affektiv gesunden, manuell geschickten Kindes, das sich in der Gesellschaft zurechtfindet, ist für es und seine weitere Entwicklung weniger gefährlich als der schulische Erfolg eines ängstlichen, phobischen, skrupulösen, zur Autonomie unfähigen Kindes, das außerhalb des behüteten Milieus der Familie oder des Internats weder zur Autonomie noch zu einem sozialen Leben fähig ist.
Es stimmt nicht, wie oft gesagt wurde, daß alle zwanzig Minuten ein unangepaßtes Kind zur Welt kommt. Aber es stimmt, daß es, bei dem sich ausbreitenden Stadtleben, dem Rückgang der Kindersterblichkeit, der fehlenden Kinderpolitik und der Unzulänglichkeit erzieherischer Hilfe für Mütter und Väter (die zudem noch vom Trauma zweier Kriege geprägt sind), über 45 % aller Säuglinge und Kleinkinder an einem spielerischen Leben hinsichtlich der Stimme, der Imagination und der Motorik mangelt, daß ihnen Kontakt und Kommunikation mit anderen gleichaltrigen Kindern fehlen, die sie notwendig brauchen, um sich bis zum dritten Lebensjahr gesund entwickeln zu können; denn das menschliche Wesen ist ein Wesen der Beziehung und Kommunikation, das der Freiheit des Ausdrucks und Austauschs mit seinesgleichen bedarf.[7]
Der riesige Aufschwung der Medizin, der Chirurgie und das Bemühen um die Prophylaxe der körperlichen Krankheiten müssen nun fortgesetzt werden durch eine riesige soziale Anstrengung zur Information von Ärzten und Pflegepersonal über die Notwendigkeit, das Kind nicht aus seinem Familienmilieu zu reißen und dabei das letztere bei der Erziehung der Kleinkinder vom Laufalter bis zum Kindergartenalter sowie bei der Prophylaxe der affektiven und sexuellen Störungen im Laufe des Schullebens bis zum 8./9. Lebensjahr zu unterstützen. Eine große Anstrengung muß unternommen werden bei der Erzie-

7 All dies fordert der Geist der Erziehung; denn das Kind humanisiert sich im Laufe seiner Entwicklung nur zum Preis operationeller Kastrationen, d. h. die zur rechten und nicht zur unrechten Zeit kommen, ich meine, wenn die von den Verboten verdrängten Triebe zugleich fähig sind, sich in festen unbewußten Tabus zu organisieren, während die freien Triebe bei den Eroberungen der folgenden libidinösen Stufe zur Lust gelangen können.

hung der Mädchen und Knaben, die ihnen vom 8. bis zum 14. Lebensjahr musikalische, körperliche, spielerische und sportliche kulturelle Möglichkeiten, aber auch manuelle schöpferische Möglichkeiten eröffnet – ihr ganzes Schulleben hindurch und lange vor dem Alter der Berufsausbildung. Schließlich bedarf es einer sexuellen und entsprechenden juristischen Information schon vor der Pubertät, dem Alter des Wunsches nach Verantwortung, über die Teilnahme am kommunalen oder staatsbürgerlichen Leben, indem die partielle Eingliederung in die Arbeit gleichzeitig mit der intellektuellen, kulturellen und beruflichen Weiterbildung geleistet wird. Die ausschließliche Sorge um die organische Gesundheit des Säuglings und der Kleinkinder – in Verkennung der pathogenen Prozesse der Angst aufgrund von Störungen in der symbolischen Vater-Mutter-Kind-Beziehung, als Ursprung für organische Störungen des Kindes, oder der pathogenen seelischen Rolle der Angst vor der Trennung von Mutter und Kind in den Entbindungsstationen und, noch vor neun Monaten, anläßlich von Krankenhausaufenthalten, sowie der Trennung der Familie durch Entfernungen aus sogenannten sanitären Gründen vor dem fünften Lebensjahr – all dies sind Ursachen für phonatorische und psychomotorische Störungen, phobische und zwanghafte Zustände, später auftretende falsche Debilität, Zeichen für eine sehr frühe traumatische Neurose.
Die unzulängliche Information der Pädiater bezüglich der psychosomatischen Entwicklung im ersten und zweiten Lebensjahr kommt hier mit ins Spiel. Es ist äußerst bedauerlich, daß die Pädiater noch keine Information erhalten – nicht eine psychiatrische, die ihnen überhaupt nichts nützt –, die klare Begriffe mentaler Prophylaxe für die landläufigen Zwischenfälle und Unfälle der psychischen und affektiven Struktur zwischen 0 und 7 Jahren in der Eltern-Kind-Beziehung schafft. Zu Beginn der Störungen können eine verständnisvolle, vernünftig hilfreiche Haltung, richtige Worte des dem Kind bekannten Arztes an seine und seiner Eltern Adresse, einfache Ratschläge an den Vater und die Mutter dem Kind ermöglichen, die regressive re-

aktionelle Haltung abzulegen, in der es häufig mangels Hilfe dahindämmert und die indes noch umkehrbar wäre, wenn es aufrichtig sprechen und verstanden werden könnte. Einige Monate oder Jahre nach der traumatischen Episode, die es in die Regression getrieben hatte, erheischt das gleiche Resultat eine lange Psychotherapie, weil zu den anfänglichen Hemmungen noch neue Symptome hinzugekommen sind, die sich zu einer Art der Anpassung an die Welt organisieren und deren Folge die Unangepaßtheit an die Kreativität seines Alters, an die Kommunikation ist: alles Verhaltensweisen, die eine fortschreitende Enthumanisierung ausdrücken.

Noch allzuoft empfangen wir Eltern, die nach vielem Suchen nach Hilfe und Verständnis zu uns kommen, ohne etwas anderes erhalten zu haben als Medikamente und gute Ratschläge zur Toleranz und Geduld – »das gibt sich mit der Zeit«, »behalten Sie ihn bei sich, bis Sie ihn nicht mehr ertragen können« –, oder aber endgültige Diagnosen der Unheilbarkeit, Ratschläge zur Unterbringung in Klassen für Unangepaßte und Spezialheimen, in denen Kinder, wie ausrangierte Gegenstände von ihrer Altersklasse und ihrer Familie abgesondert, von Lehrern und Erziehern betreut werden, die in bezug auf ihre Kollegen ebenfalls abgesondert sind. Das zuweilen außergewöhnliche pädagogische Talent dieser Lehrer, das für alle sogenannten angepaßten Kinder ein Gewinn wäre, ist, auch wenn es ihm gelingt, die Schüler zum Schulbesuch zu befähigen, nicht imstande, eine gesunde symbolische Struktur bei Kindern wiederherzustellen, für deren Verwirrung einzig eine psychoanalytische psychotherapeutische Arbeit zuständig ist, eine Arbeit, deren Wirksamkeit ebenso von der Beteiligung der Eltern wie von der des Kindes abhängt, das die Gewißheit haben muß, daß es niemals, es sei denn auf persönlichen Wunsch, von seiner Familie getrennt wird, wobei dieser geholfen wird, es wie ein angepaßtes Kind bis zur ödipalen Auflösung auf sich zu nehmen.

Sicher haben wir selbst, die Psychoanalytiker, keine hinreichende Informationsarbeit bei den Pädiatern geleistet. Sicher haben wir nicht rechtzeitig und laut genug vor jenen *instrumen-*

tellen Reeduationen gewarnt, die Kinder wie Sachen behandeln: Kinder, deren Symptome eine *strukturelle,* in einem *ausgeschlossenen Wunsch* gründende Verwirrung aufweisen, die es nicht zu »korrigieren«, vielmehr zu analysieren gilt, statt deren offenkundige instrumentelle Ohnmacht zu bekräftigen. Die Zukunft von Kindern, die, in ihrem Wert als menschliche Subjekte verkannt, für ein schulisches und berufliches Verhalten »dressiert« werden, das von ihrem autonomen libidinösen Wunsch abweicht, ist eine finstere Zukunft. Erwachsen geworden, sind sie Staatsbürger, werden fleischliche Kinder empfangen, für die sie nicht verantwortlich sind, selbst wenn ihnen ihre Arbeit das Überleben gestattet. Ihre Nachkommenschaft, geboren von Eltern, die von Kindheit auf daran gehindert wurden, frei und menschlich ihre Wünsche sowie ihre Eingliederung in die Gesellschaft auf sich zu nehmen, ist zum Scheitern verurteilt. Die Verantwortlichen der sogenannten sozialen Krankenversicherung und der sogenannten nationalen Erziehung, denken sie daran in ihrer derzeitigen Euphorie der »Hilfe« für die unangepaßte Kindheit? Bis zum Überdruß erzählt man uns, daß in Frankreich täglich 75 unangepaßte Kinder geboren werden, wo es sich um Kinder handelt, die (mit Ausnahme derjenigen, deren Gebrechen angeboren ist, wenn überhaupt!) frühzeitig in der symbolischen Funktion des Wunschs traumatisiert sein werden und deren Unangepaßtheit der Modus symbolischer Angepaßtheit an unbewußt beschnittene, verängstigte, traumatisierte Eltern ist. Methoden der Pflege und sogenannter alimentärer, mütterlicher, pädiatrischer und schulischer Hygiene legen ihnen zusätzliche Prüfungen auf, die der emotionalen Struktur des im Wachstum begriffenen kleinen Menschen zuwiderlaufen; er oder sie, dem Wesen nach ein sprachbegabtes Wesen, das ohne symbolische Lebensgefahr zunächst nicht getrennt werden darf von seinem Vornamen und seinem Nachnamen, sodann, vor dem 8. Lebensjahr, auf keinen Fall von seiner Mutter, seinem Vater und seinen Geschwistern, wie diese auch aussehen mögen, oder, wenn diese fehlen, nicht vom ersten nährenden Milieu vor dem Auftauchen der Autonomie, mindestens bis zum 5. Lebensjahr, und wenn sich in diesem Augenblick eine Trennung als notwendig erweisen sollte, dann müßte es vom 5. Lebensjahr bis zur Pubertät im selben Erziehungsmilieu bleiben.

An allen Arbeitsplätzen der Mütter müßten Krippen eingerichtet werden, wo sie während des Tages ihre Kinder bis zum Laufalter nähren und sehen könnten. Es müßten Stätten zur Aufbewahrung von Kleinkindern eingerichtet werden, zu denen Väter, Mütter und Geschwister häufig Zugang haben; Müttergenesungsheime, die überarbeitete Mütter mit ihren noch abhängigen Kindern aufnehmen und wo der Vater sie abends oder an Feiertagen besuchen könnte. Es bedürfte zahlreicher Aufenthaltsstätten für Kinder vom Laufalter bis zum Kindergartenalter, die für Eltern offenstehen; dort könnten sie ihr Kind im Kontakt mit anderen sehen, die Bedeutung ihres erzieherischen Verhaltens erkennen, durch das Beispiel und Gespräche mit Erzieherinnen, die jeweils nur vier oder fünf Kinder beaufsichtigen und sich ihrer erzieherischen Rolle als Helfer der Eltern bewußt sind, einzig auf der Ebene des Spiels und der Anpassung der Kinder aneinander, in einer absolut nichtschulischen Atmosphäre; duldsam gegenüber den momentanen und nachholenden Regressionen, die alle affektiv leidgeprüften Kinder unter drei Jahren notwendig brauchen; gleichzeitig die Autonomie fördernd bei allem, was beim Kind die Pflege seines Körpers, die gesprochene Sprache, die körperliche und manuelle Geschicklichkeit im Rhythmus und in der Musik betrifft. So könnten alle Kinder, bereits in ihrer Altersklasse eingegliedert und niemals aus ihrer Familie ausgegliedert, das Kindergartenalter erreichen: ein Alter, das je nach den Kindern zwischen 3 und 5 Jahren schwankt und das man noch vorverlegt, weil die Kinder den Umgang mit anderen brauchen, weil die Mütter arbeiten müssen und weil es zur Zeit leider keine andere Lösung gibt, aber in dem es einer noch so vollkommenen Lehrerin unmöglich ist, eine sinnvolle Arbeit zu leisten, wenn sie mehr als fünfzehn Kinder zu betreuen hat, selbst unter der Bedingung, daß sie befähigt sind, untereinander

und mit ihr durch den zuvor erworbenen vollkommenen Besitz der Sprache zu kommunizieren.
Wie wir sehen, geht es um eine Politik, die darauf abzielt, daß das Kind, wiewohl es in seiner Familie bleibt, von frühster Kindheit an passiv oder aktiv tagtäglich mit Kindern seiner Altersklasse zusammenkommt und niemals im Namen seiner Unangepaßtheit von der Gesellschaft der anderen vorübergehend oder vielleicht für dauernd abgesondert wird; und zwar je nach den Kindern bis zum Alter von 7 oder 8 Jahren. Und um jeden Preis, gleich welche gesundheitliche Schäden sie haben. Es geht um eine Politik präödipaler Erziehung, in der das Kind niemals isoliert noch vom häufigen Kontakt mit seinen Eltern und Geschwistern getrennt wird.
Ich glaube schon die Einwände mancher Leute zu hören: es gibt unmögliche, unfähige Familienverhältnisse; andere wieder werden sich auf das Recht der Eltern berufen, ihre Kinder so zu erziehen, wie sie es für richtig halten. Darauf möchte ich antworten, daß die Autorität des Staats z. B. zur medizinischen Überwachung und Vorsorge, zu Impfungen zwingt; daß ein zivilisiertes Land sich seines Gesundheitszustands, des Rückgangs der Kindersterblichkeit rühmt. Doch wenn es um die symbolische Morbidität und Sterblichkeit, um die Neurosen, die Psychosen und die meisten geistigen und affektiven Wachstumsschwierigkeiten geht und man sogar deren frühen strukturellen Ursprung kennt (Mangel an wahrer zwischenmenschlicher Kommunikation, ja Mangel an »Erziehung« im Sinne einer Antwort auf das Verlangen jedes kleinen Menschen, sich zu humanisieren), darf man dann weiterhin erst nachträglich korrigieren, erst nachträglich helfen, wo man Vorsorge treffen könnte?
Wäre es heutzutage eine Utopie, sich eine Politik der Kindheit und der frühen Jugend zu wünschen, eine Politik, die die grundlegende Originalität eines jeden Vater-Mutter-Kind-Dreiecks respektierte, indem sie das Kind niemals vor dem Augenblick von seinen Erzeugern trennt, da sein Wunsch erwacht, ein Wunsch, den es kraftvoll nur auf sich nehmen kann, wenn die

präödipale Struktur sehr solide war, wenn es in der Nähe seiner Quelle, doch freudig umgeben von Kindern anderer Familien aufgewachsen ist? Es besteht kein Gegensatz zwischen dem sozialen Leben und dem Familienleben, für alle Kinder besteht Komplementarität. Ist eine zivilisierte Gesellschaft, wie die unsere es sein sollte, es sich nicht schuldig,

– jedes Mitglied seiner kindlichen Bevölkerung zu schützen und zur Sprache und zum kreativen Austausch heranzubilden?

– die Erlangung des Selbstbewußtseins und die Eingliederung durch freie entlohnte Arbeit zu ermöglichen, die der Gruppe effektiv nützt, und zwar jedem Mitglied der präadoleszenten Bevölkerung, wobei durch zur Verfügung gestellte Einrichtungen seine Kreativität in der Kultur sowie seine Freizeit und sein außerfamiliärer Aufschwung durch Aufenthalte in anderen Familien oder beaufsichtigten Spielgruppen begünstigt wird? Dort wird es, durch die Beobachtung und die Vielfalt der Situationen und seiner Rollen in diesen zeitlich begrenzten Gruppen, in die es sich eine Weile integrieren muß, seine Urteile spezifizieren, die in der ersten Kindheit stets durch eine ausschließliche Abhängigkeit vom Sprach- und Verhaltensstil beeinflußt werden, über den ihn sein ursprüngliches Familienmilieu informiert;

– bei jedem jungen Menschen von der Grundschule an das Bewußtsein für seine interpersonelle, sexuelle, politische Verantwortung und seine freie Emanzipation vom Rahmen seiner Kindheit zu unterstützen, sobald sein Wunsch ihn dazu drängt, sich selbst zu leiten? Es bedürfte vieler Zentren für größere Kinder und Heranwachsende, eines Orts, wo sie sich von einer Familie emanzipieren könnten, in der sie ersticken, und trotzdem vor den Gefahren der Straße oder der Ausbeutung durch Arbeitgeber oder perverse »Beschützer« sicher wären und gleichzeitig ermutigt würden, eine ergänzende Schulausbildung zu machen;

– jedem Erwachsenen den Sinn der Verantwortung in seiner Fruchtbarkeit wie in der Erziehung zu erschließen, die er seinen Kindern durch das Beispiel seiner staatsbürgerlichen und familiären Tätigkeit gibt? Es müßten Elterngruppen organisiert werden, die sich beim Verständnis ihrer Schwierigkeiten gegenseitig helfen;

– durch eine kommunale Wohnungspolitik die soziale Eingliederung jedes Mitglieds der alternden Bevölkerung aufrechtzuerhalten und anzuregen, eine erneute Eingliederung, aufgewertet durch die Erfahrung des Alters in vielen Aktivitäten, bei denen es an Verantwortlichen mangelt? Es ist unannehmbar, daß die höhere Lebenserwartung und das viel zu spät angesetzte »Pensionsalter« nach einer Tätigkeit, an die der Erwachsene angepaßt war, für die meisten ein Trauma symbolischen Tods, die Verwerfung eines Mannes oder einer Frau bedeutet, so als wäre das Alter selbst nicht mehr menschlich. Die Gesundheit der alten Erwachsenen wäre nur um so besser, wenn sie sich nützlich fühlten, denn ich spreche hier nicht von einer Unterstützung beschäftigungsloser Greise, mit der sich bereits viele Kommunen, parallel zu Privatinitiativen, befassen; ich spreche vielmehr von den noch rüstigen, arbeitsfähigen Männern und Frauen zwischen 60 und 70 Jahren, die zur Einsamkeit verdammt sind und mangels einer Beschäftigung in psychosomatischen Störungen dahindämmern oder, in den großen Städten, parasitär im Haushalt ihrer Kinder leben, sich bewußt und darüber verbittert, daß sie zur Last fallen und in engen Wohnungen die Familienverhältnisse komplizieren.

Wäre eine solche Kette der Kommunikation zwischen allen Mitgliedern einer Gesellschaft nicht die symbolische Vitalität einer Kultur, die einzig die Sprache ordnet, die zwischenmenschliche und interfamiliäre Sprache sowie die Kommunikation, die sie zwischen allen ihren lebenden Mitgliedern schafft? Müßte die Hauptsorge der Gesetzgeber und Verantwortlichen auf allen Ebenen, statt der bürokratischen effektiven Anonymität, nicht die Achtung vor der Individuation jedes einzelnen sein, die allein den Gesetzen Wert verleiht, die sich eine Gesellschaft für ihren lebendigen Zusammenhalt gibt?

Von Françoise Dolto
erschien im Suhrkamp Verlag

Psychoanalyse und Kinderheilkunde. Die großen Begriffe der Psychoanalyse. Sechzehn Kinderbeobachtungen. Aus dem Französischen von Eva Moldenhauer. Literatur der Psychoanalyse.

st 114 David Riesman
Wohlstand für wen?
Aus dem Amerikanischen von Gert H. Müller
128 Seiten
Ausgehend von den Theorien von Thorstein Veblen über die »müßige Klasse« untersucht der berühmte amerikanische Soziologe Riesman in *Wohlstand für wen?* die nationale und internationale Verteilung des Reichtums und damit auch die Wirkungen, die das Gerücht vom Wohlstand und sein Abglanz auf diejenigen ausübt, die keinen Teil an ihm haben.

st 115 Wolfgang Koeppen
Nach Rußland und anderswohin
Empfindsame Reisen
272 Seiten
Diese Aufzeichnungen mit dem Untertitel »Empfindsame Reisen« führen nach Spanien, Holland, England und in die UdSSR. Unmöglich die Vorstellung, der Autor orientiere sich an einem Reiseführer. Er absolviert kein Bildungspensum, sondern hält sich offen für das Erlebnis, für die »Zufälle« des Augenblicks und sieht gerade das, was wahrzunehmen das präparierte Reiseabenteuer verhindert. In seinen Reiseberichten nicht weniger als in seinen Romanen und Erzählungen erweist sich Koeppen als minuziöser Beobachter, dessen sprachliche Potenz hinter der Schärfe des Wahrgenommenen nicht zurückbleibt. Wie wenige zeitgenössische Autoren versteht er es, trotz kritischer Analyse Atmosphäre und Lokalkolorit zu vermitteln.

st 116 Hermann Hesse
Klein und Wagner. Novelle
112 Seiten
Die Novelle *Klein und Wagner* ist einer der Höhepunkte der Prosa Hermann Hesses. Friedrich Klein, der ehrbare Beamte, treusorgende Ehegatte und Familienvater, durchbricht plötzlich, belastet mit einem imaginären Verbrechen, dem vierfachen Mord an Frau und Kindern, mit falschem Paß, einem Revolver und unterschlagenem Geld, seine hausbackene Respektabilität. Die Figur des Beamten Klein mit dem beziehungsreichen Decknamen Wagner ist eine frühe Inkarnation von Hesses Steppenwolf.

st 117 Lars Norén
Die Bienenväter. Roman
Aus dem Schwedischen von Dorothea Bjelfvenstam
176 Seiten
Das Meisterstück dieses jungen Dichters ist eine Geschichte, die während einer Woche im heißen Sommer 1969 in Stockholm spielt und von Simon erzählt wird. Simon, kaum von einem Nervenzusammenbruch erholt, lebt von Alkohol und Tabletten, bei schon zugrunde gerichteten Mädchen, verfolgt von der Polizei, unterwegs zum Rauschgifthändler Staffan, um sich Geld zu borgen, zur Heilung seines Trippers, vor allem aber für das Begräbnis seines Vaters. Einmal besaß der Vater Bienenstöcke, die er vor den Augen des Jungen verbrannte.

st 118 Walter von Baeyer, Wanda von Baeyer-Katte
Angst
272 Seiten
Das vorliegende Buch gibt eine Übersicht über die Ergebnisse der neueren erfahrungswissenschaftlichen Angstforschung, wobei zwei »Hauptfundstellen der Angstforschung« im Vordergrund stehen: die Psychopathologie und die historisch-psychologische Terrorforschung. Diesen Kapiteln gehen kürzere Übersichten voran: über sprachlich-begriffliche Unterscheidungen, über Biologie, Physiologie und experimentelle Psychologie.

st 120 Günter Eich
Fünfzehn Hörspiele
608 Seiten
Der Band enthält *Geh nicht nach El Kuhwed!; Träume;*

Sabeth; Die Andere und ich; Blick auf Venedig; Der Tiger Jussuf; Meine sieben jungen Freunde; Die Mädchen aus Viterbo; Das Jahr Lazertis; Zinngeschrei; Die Stunde des Huflattichs; Die Brandung vor Setúbal; Allah hat hundert Namen; Festianus, Märtyrer; Man bittet zu läuten.

st 121 Bernard Shaw,
Der Sozialismus und die Natur des Menschen
272 Seiten
Der Band vereinigt die wichtigsten der bis vor kurzem verschollenen, erst in den sechziger Jahren wiederentdeckten politischen Essays aus den Jahren 1884–1918. Shaws Witz, sein Gespür für das Paradoxe und Absurde, sein Scharfblick für die Kausalitäten der Unmenschlichkeit machen diese Texte zu einer nach wie vor aktuellen und gewiß zur amüsantesten Anleitung volkswirtschaftlicher Bewußtseinsbildung, die sich denken läßt. Shaw gibt eine Entwicklungsgeschichte der sozialistischen Bewegung von Lassalle bis Marx und Bakunin.

st 122 Ror Wolf, Punkt ist Punkt. Fußball-Spiele
Erweiterte Ausgabe
176 Seiten
In kurzen Prosastücken – Spielszenen, Nachrichtenbündeln, Dialogen und Zitaten aus Fachpresse und Fernsehberichten, vom Platz und vom Stammtisch – wird ein literarisch kaum entdeckter Stoff präsentiert: der Fußball. Die Taschenbuchausgabe wurde erweitert durch neues Bildmaterial und durch bisher unveröffentlichte Texte, z. B. die »Fußballballade« aus dem Jahr 1965 und »Der Schuhkrieg 1966–1972«.

st 123 George Steiner
Sprache und Schweigen
Essays über Sprache, Literatur und das Unmenschliche
Deutsch von Axel Kaun
336 Seiten
Mit diesem Werk, das in viele Sprachen übersetzt wurde, erregte George Steiner internationales Aufsehen. Es ging um die Frage: »Verflechten sich die Wurzeln des Unmenschlichen mit denen der Hochzivilisation? Ist es möglich, daß im klassischen Humanismus selbst, in sei-

ner Neigung zur Abstraktion und zum ästhetischen Werturteil, ein radikales Versagen angelegt ist?«

st 124 Adolf Portmann
Biologie und Geist
Vierzehn Vorträge
Mit Kunstdrucktafeln
352 Seiten
Adolf Portmann gehört zu den führenden Verhaltensforschern der Gegenwart. Für Portmann entscheidend sind einerseits Probleme der Gestaltlehre, andererseits Probleme des Soziallebens von Tier und Mensch. Sein Ansatzpunkt liegt bei der Frage, wieviel Kunstform in dem enthalten sei, was uns als Naturform erscheint. Seiner Definition nach herrschen Kunstformen dort, wo Soziales in Erscheinung tritt.

st 125 Jürgen Habermas, Kultur und Kritik. Verstreute Aufsätze
224 Seiten
Dieser Band versammelt zum ersten Mal an einem Ort siebzehn bisher verstreute Beiträge aus den letzten eineinhalb Jahrzehnten. Den substantiellen Kern des Bandes bilden anthropologische Versuche zu einer Theorie der Kultur und Untersuchungen zum Problemkreis Hermeneutik, Ästhetik und Ideologiekritik. Sie ergänzen die *Theorie des kommunikativen Handelns,* die der Autor demnächst vorlegen möchte. Die Repliken machen die zeitgenössischen Diskussionszusammenhänge, mitunter auch polemisch, deutlich.

st 127 Hans Fallada
Tankred Dorst
Kleiner Mann – was nun?
Eine Revue von Tankred Dorst und Peter Zadek
208 Seiten
Tankred Dorst hat Hans Falladas 1932 erschienenen Roman »Kleiner Mann – was nun?« dramatisiert, der zu einem der größten Bucherfolge seiner Zeit wurde. In der Geschichte des kleinen Angestellten Pinneberg und der Arbeitertochter Lämmchen in den Jahren der großen Arbeitslosigkeit erkannten Hunderttausende ihre eigene

Geschichte, ihren Alltag, ihre Welt. Die Dramatisierung von Tankred Dorst wurde für die Neueröffnung der Städtischen Bühnen Bochum unter der Leitung von Peter Zadek vorgenommen.

st 128 Thomas Bernhard, Das Kalkwerk
224 Seiten
In der Nacht vom 24. zum 25. Dezember erschießt Konrad seine verkrüppelte, seit Jahren an den Rollstuhl gefesselte Frau. Zwei Tage später findet ihn die Polizei halberfroren in einer ausgetrockneten Jauchegrube. Er läßt sich widerstandslos abführen. »Thomas Bernhards Welt, ist man erst einmal mit ihr in Berührung gekommen, ist ganz und gar unausweichlich.« *Peter Hamm*

st 130 Paul Reiwald, Die Gesellschaft und ihre Verbrecher
Neu herausgegeben mit Beiträgen von Herbert Jäger und Tilmann Moser
272 Seiten
In diesem Buch versucht der psychoanalytisch geschulte Strafrechtler Paul Reiwald die Frage zu beantworten: Was geht psychologisch gesehen eigentlich in Strafprozessen vor zwischen Angeklagten, Richtern, Staatsanwälten und Verteidigern? Was ist die psychologische Bedeutung von Sühne und Rache, vom öffentlichen Strafbedürfnis, von der Faszination des Kriminalromans? Die Einführung von Herbert Jäger und Tilmann Moser weist diesem hier zum ersten Mal in leicht gekürzter Form neu vorgelegten Buch seinen gebührenden Platz in der heutigen Diskussion über Kriminalität und Strafe zu.

st 131 Ödön von Horváth, Der ewige Spießer. Roman
144 Seiten
Horváth selbst hat diesen seinen ersten 1930 erschienenen Roman einen »Beitrag zur Biologie des werdenden Spießers« genannt. Der ewige Spießer hat so viele Gesichter wie die Gesellschaft Hintertüren bereithält. An diesen Hintertüren hat sich Horváth zur Beobachtung aufgestellt und belauscht seinen Helden in dem Moment, in dem er sich am sichersten fühlt.

st 132 Werner Koch, See-Leben I
128 Seiten
See-Leben I ist der Versuch, ein utopisches Leben so darzustellen, als sei es die alltäglichste Realität. Der Mann, der *See-Leben I* erzählt, ist angestellt bei einer Kölner Firma. Nach seinem Urlaub weigert er sich, in die Firma zurückzukehren; er stellt sein Büro am See auf. Funktioniert das? Man wird sehen. »Dieses schlanke Buch von Werner Koch ist listig, tückisch, scheinbar mit der sogenannten leichten Hand geschrieben und hat doch einen merkwürdigen melancholischen Tief- und Schwergang.« *Heinrich Böll*

st 133 Hans Erich Nossack, Der jüngere Bruder. Roman
Erweiterte Ausgabe. Mit einem Nachwort von Christof Schmid
336 Seiten
Der Ingenieur Stefan Schneider kehrt nach einem langjährigen Exil in unwegsamen Gegenden Brasiliens nach Hamburg zurück. Er findet ein Deutschland vor, das zwar noch die Spuren der Zerstörung des Zweiten Weltkriegs trägt, im übrigen aber weiterlebt, als sei nichts geschehen. Schneiders Frau war während des Krieges auf merkwürdige Weise gestorben. Bei der Aufklärung ihres Todes stößt Schneider auf das Geheimnis eines jungen Mannes, der auf alle, die ihm begegneten, eine ungewöhnliche Wirkung ausübte. – Die Taschenbuchausgabe dieses großen Romans ist um die Kapitel *Der Gast, Im Atelier, Der Brief* erweitert. Christof Schmid geht in seinem Nachwort auf die Entstehungsgeschichte des Romans und seine Stellung im Gesamtwerk Nossacks ein.

st 134 Theodor W. Adorno, Zur Dialektik des Engagements
Aufsätze zur Literatur des 20. Jahrhunderts II
208 Seiten
Während der erste Band der *Aufsätze zur Literatur des 20. Jahrhunderts* (st 72) Adornos Auseinandersetzungen mit dem sogenannten Absurdismus dokumentierte, so sammelt der zweite Band Aufsätze zu politischen Aspekten der heutigen Literatur. Auf die programmatische Auseinandersetzung mit Sartre und seiner Konzeption einer engagierten Literatur folgt die Beschäftigung mit

Valéry, gewissermaßen dem Gegenbild des »engagierten« Schriftstellers, mit der ästhetizistischen Utopie von Stefan George und Hugo von Hofmannsthal, mit der Lyrik von Rudolf Borchardt, mit dem Werk von Thomas Mann, mit dem Utopisten Aldous Huxley. Der Band schließt mit dem berühmten offenen Brief an Rolf Hochhuth.

st 135 Wer ist das eigentlich – Gott?
Essays
Herausgegeben von Hans Jürgen Schultz
304 Seiten
Die Frage »Wer ist das eigentlich – Gott?« stammt von Kurt Tucholsky. Nicht ironisch oder polemisch wird sie heute formuliert, sondern neugierig und interessiert. Die Beiträge dieses Buches wollen von verschiedenen Gesichtspunkten aus und unter Beteiligung zahlreicher namhafter Autoren eine Antwort geben.

st 136 H. C. Artmann, How much, schatzi?
176 Seiten
Artmann – ein Name als Programm. Artistisches und Artifizielles sind Merkmale seines Werkes. H. C. Artmann ist Sprachfex und Lustspieler, Jargon-Jongleur und Reim-Rastelli, ein Tausendsassa der Literatur. Er kann Worte verwandeln – und sich selbst. »Fast jedes Wort, jede Wendung tritt wie eine geballte Ladung auf, deren Donner auf die Dauer taub machen würde, wenn nicht eben das Interesse an der Handlung die Lektüre weitertreiben würde.« *Wolfgang Maier*

st 137 Zivilmacht Europa – Supermacht oder Partner?
Herausgegeben von Max Kohnstamm und Wolfgang Hager. Deutsch von Ruprecht Paqué
384 Seiten
Das Brüsseler Institut der Europäischen Gemeinschaft für Hochschulstudien versucht, mit diesem Band einen Überblick über die wichtigsten außenpolitischen Probleme zu geben, denen sich die jetzt neun Mitglieder der Europäischen Gemeinschaft gegenübersehen.

st 138 Paul Goma, Ostinato. Roman
Aus dem Rumänischen von Marie Thérèse Kerschbaumer
496 Seiten
»Weltliterarisches Lebenszeichen aus Rumänien: Ein Roman aus Rumänien, der zu Hause nicht erscheinen darf.

Ein rumänischer Solschenizyn, jedoch auch eine Literatur, die über die realistischen Schilderungen des Nobelpreisträgers hinausgeht und die Erfahrungen jener Zeit zum geistigen Vehikel macht, um die seelische Katastrophe der fünfziger Jahre genauer zu bestimmen. Zentralere Bewußtseinsdaten individueller und kollektiver Erfahrung sind beim Rumänen nachzulesen. Das nationale Trauma der Stalin-Jahre verwandelt sich nun zum erstenmal literarisch befreit zur besten inneren Darstellung jener Epoche.« *Dieter Schlesak*

st 139 Hannes Alfvén, Atome, Mensch und Universum
Aus dem Amerikanischen von Jens Peter Kaufmann
128 Seiten
Der Leser, gerade jener Leser mit wenigen oder gar keinen Kenntnissen in den Naturwissenschaften, findet hier eine ausgezeichnete und fundierte erste Einführung in Entwicklung, Probleme und Argumentation naturwissenschaftlichen Denkens.

st 140 Françoise Dolto, Der Fall Dominique. Bericht einer Kinderanalyse
Aus dem Französischen von Eva Moldenhauer
288 Seiten
Wir haben es hier mit dem ganz seltenen Glücksfall des lückenlosen Berichts einer gelungenen Kinderanalyse zu tun. Dieser Bericht der berühmten Kinderanalytikerin läßt uns den erregenden Behandlungsprozeß miterleben, in dem ein vierzehnjähriger Junge, der wie ein Schlafwandler in einer völlig irrealen Welt lebt, allmählich die Realität zu akzeptieren lernt und ein wirklichkeitsgemäßes Verhältnis zu seiner Umwelt findet.

st 141 Frederic Ewen, Bertolt Brecht. Sein Leben, sein Werk, seine Zeit
Deutsch von Hans-Peter Baum und Klaus-Dietrich Petersen
528 Seiten
Vor dem zeitgeschichtlichen Hintergrund von zwei Weltkriegen, der Revolution in Rußland und China und dem Aufstieg und Fall des Nationalsozialismus werden Brechts bedeutendere Werke interpretiert. Die umfassende Darstellung basiert auf Quellen des Bertolt Brecht-Archivs in Ost-Berlin und beruht zum nicht geringen Maß auf Ge-

sprächen mit Freunden und Mitarbeitern sowie auf persönlichen Studien des *Berliner Ensembles* bei den Proben und Aufführungen.

st 142 Magda Szabó, I. Moses 22. Roman
Aus dem Ungarischen von Henriette Schade und Géza Engl
224 Seiten
Magda Szabó hat dem Verhältnis zwischen den Generationen in ihrem Buch die Unmittelbarkeit der gelebten Wirklichkeit gegeben: in Ungarn, im Budapest des Jahres 1966. Die Gáls, Apothekenbesitzer, nach dem Krieg enteignet, gehören jetzt zu den »Gezeichneten«. Die Bartos, ehemals biedere Handwerker, haben jetzt ein Dienstauto, sie sind Stützen der Gesellschaft geworden. Für die Kinder beider macht das keinen Unterschied. Über die Köpfe der Eltern hinweg sind sie Freunde geworden; sie haben dasselbe Problem: gegängelt und doch sich selbst überlassen neben den Eltern zu leben. Die Welt der Eltern ist ihnen gleichgültig geworden, eine Scheinwelt, die sie nicht mehr betrifft, ja, mit der auseinanderzusetzen sich kaum lohnt.

st 143 Hermann Hesse
Eine Werkgeschichte von Siegfried Unseld
320 Seiten
Der Band enthält den Vortrag *Hermann Hesse heute,* in dem Siegfried Unseld versucht, die heutige Wirkung Hesses bei jungen Menschen zu erklären und den Standort der Werke Hesses neu zu bestimmen. Die *Werkgeschichte* ist eine überarbeitete, auf den neuesten Stand gebrachte Biobibliographie des Lebens und Werkes von Hermann Hesse. Eine knappe Bibliographie verzeichnet die wichtigsten älteren und neueren Schriften über Hesse.

st 144 Ernst Bloch, Atheismus im Christentum
Zur Religion des Exodus und des Reichs
320 Seiten
Atheisten, nicht an Gott und Kaiser Glaubende, wurden erstmals die Urchristen Roms von Nero genannt, und das gibt dem Atheismus auch heute eine andere Dimension: eine so kräftig unzufriedene, offene, bei aller Negation so wenig nihilistische oder gar banale Dimension, daß, wie Bloch sagt, endlich unser bester Teil, nämlich moralischer Lebensmut, Transzendieren ohne Tanszendenz, als Menscheneinsatz in ein früher nur geglaubtes Jenseits

Platz hat. Ein ungeahntes Licht entspringt hier aus Bibelkritik, aus unterdrücktem oder verfälschtem Religionstext: Das Beste an der Religion ist, daß sie Ketzer schafft.

st 145 Der Friede und die Unruhestifter.
Herausforderungen deutschsprachiger Schriftsteller im 20. Jahrhundert
Herausgegeben von Hans Jürgen Schultz
368 Seiten
Dargestellt werden die Friedensvorstellungen der Klassiker der deutschen Literatur dieses Jahrhunderts: Brecht, Broch, Hesse, Kafka, Thomas Mann, Heinrich Mann, wie auch jene heutiger Schriftsteller: Böll, Dürrenmatt, Frisch, Grass, Peter Huchel und Peter Weiss.

st 150 Zur Aktualität Walter Benjamins
Aus Anlaß des 80. Geburtstags von Walter Benjamin herausgegeben von Siegfried Unseld
288 Seiten
Der vorliegende Band »Zur Aktualität Walter Benjamins« nimmt wichtige, hier erstmals publizierte Abhandlungen auf, die aus diesem Anlaß geschrieben worden sind, und Texte von Walter Benjamin, seine »Lehre vom Ähnlichen«, eine umfangreiche Variante der Arbeit »Über das mimetische Vermögen«, den autobiographisch bedeutenden Text »Agesilaus Santander«, den Briefwechsel mit Bertolt Brecht und drei Lebensläufe, deren letzter kurz vor seinem Tod geschrieben wurde.

st 151 Hermann Broch
Barbara und andere Novellen
384 Seiten
Dieser Band legt eine Sammlung von 13 Novellen vor, die besten aus Brochs Gesamtwerk. Die früheste, *Eine methodologische Novelle,* wurde 1917 geschrieben, die späteste, *Die Erzählung der Magd Zerline,* 1949. Die Besonderheit dieser Sammlung besteht in der erstmaligen Präsentation aller vorhandenen Tierkreisnovellen in ihrer Ursprungsfassung.

st 168 Peter Handke, Die Unvernünftigen sterben aus
112 Seiten
Peter Handkes neues Stück ist eine Studie über Unternehmer. Über die Automatismen ihrer Sprache und ihrer Gesten, über ihre Macht und ein Stück über die Funk-

tionsmechanismen der Marktwirtschaft und das nahezu perfekte Rollenspiel derer, die sie steuern. Ein Stück über die Fremdbestimmtheit auch der Herrschenden.

st 169 Uwe Johnson, Das dritte Buch über Achim. Roman
304 Seiten
Der Journalist Karsch fährt durch die DDR, um den Lebenslauf des gefeierten Radsportlers Achim T. zu beschreiben. Was die Beschreibung des wahren Lebensbildes des Rennfahrers Achim T. unmöglich macht, ist nichts anderes als die Grenze selbst, die Ost und West trennt. »Herr Johnson, dessen Prosa Schlagworte, Umgangssprache, Schlageridiom und Jargon aller Arten frei ausbeutet, hat einen großen ironischen Roman über ein eigentlich tragisches Thema geschrieben.«

The Times Literary Supplement

st 201 Bertolt Brecht, Frühe Stücke
224 Seiten.
Baal. Trommeln in der Nacht. Im Dickicht der Städte. Brechts Entwicklung zur großen epischen Dramatik, zum »wissenschaftlichen Theater« ist erst aus der Kenntnis seiner Jugendwerke, in denen schon wesentliche Themen seiner Welt vorgezeichnet sind, richtig zu verstehen. Alle Stücke »zeigen ohne Bedauern, wie die große Sintflut über die bürgerliche Welt hereinbricht...«

Bertolt Brecht

st 203 Hans Werner Riedel, Die Kontrolle des Luftverkehrs. Flugsicherung und Fluglotsen
Mit zahlreichen Abbildungen
208 Seiten
Die Kontrolle des Luftverkehrs, die Flugsicherung, ist ein Detail in der Welt der Technologie. Was sich dort wirklich abspielt, welche Mittel und Leistungen eingesetzt werden, welchen Schwierigkeiten der Fluglotse in einem Mensch-Maschine-System ausgesetzt ist, darauf versucht dieses Taschenbuch eine Antwort zu geben.

Alphabetisches Gesamtverzeichnis der suhrkamp taschenbücher